高等院校旅游管理系列教材
Gaodeng Yuanxiao
Lüyou Guanli Xilie Jiaocai

主编◆刘 莉

餐饮服务与管理

Food and Beverage Service and Management

安徽人民出版社

图书在版编目(CIP)数据

餐饮服务与管理 / 刘莉主编 . — 合肥：安徽人民出版社，2008.12
ISBN 978-7-212-03412-2

Ⅰ.餐…　Ⅱ.刘…　Ⅲ.①饮食业—商业服务 ②饮食业—企业管理
Ⅳ.F719.3

中国版本图书馆 CIP 数据核字（2008）第 190340 号

餐饮服务与管理

刘 莉 主编

出版发行：安徽人民出版社
地　　址：合肥市政务文化新区圣泉路 1118 号出版传媒大厦 8 楼
发 行 部：0551－3533258　3533292（传真）　邮编：230071
组　　编：安徽师范大学编辑部　电话：0553-3937079 3883579
经　　销：新华书店
印　　制：虎彩印艺股份有限公司
开　　本：787×960　1/16　印张：20　字数：344 千
版　　次：2009 年 11 月第 1 版　2016 年 7 月第 1 次印刷
标准书号：ISBN 978-7-212-03412-2
定　　价：32.00 元

前 言

旅游学科是一门新兴学科,教材建设是旅游教育的主要任务之一,是旅游教学管理和旅游专业建设的重要环节,也是保证旅游学科教学质量的重要途径。餐饮服务与管理是现代酒店运行与管理的重要组成部分。作为酒店业一部分的餐饮产业,呈现出经营规模化、服务同步化、主题多元化、企业巨大化、消费理性化、洋快餐本地化的趋势,但也存在着发展不平衡、扩张盲目化、竞争无序化、餐品同质化、人才匮乏、原材料涨价等制约产业进一步发展的问题。本教材针对这些问题,以充分体现高等院校培养目标和办学特色为指导思想,编者的选择以位于旅游院校教学一线的、富有教学经验的双师型专任教师为主,教材的内容遵循理论与实践相结合原则、实用性原则、针对性原则,紧跟餐饮业发展形势,有较强的时效性、理论性、科学性、系统性和实用性;并根据旅游管理专业学生发展要求特点,以酒店餐饮基本知识介绍和能力培养为主线,既有助于学生对关键知识点的把握和理解,又起到引导学生提高发现问题、分析问题和解决问题纳能力。本教材充分注意体现了以下特点:

第一,以市场为导向,以行业适用为基础,紧紧体现职业教育所特有的基础性、可操作性和实用性等特点。本书在编写过程中,坚持注重基础、强化能力、突出重点、学以致用的原则,既注重阐述餐饮服务与管理的基础知识,又力求理论联系实际,具有较强的可操作性。专业教师在教授过程中,可根据具体内容和教学实际,结合图片资料、实物样品、操作练习等,使学生在掌握基础理论和基础知识的情况下,熟悉餐厅运行与管理的基本程序和方法,掌握服务与管理的基本技能。

第二,充分体现教材内容的先进性和科学性。尽量反映现代科技在餐饮业中广泛应用的新原料、新工艺、新技术、新设备、新理念等内容,适当介绍本学科最新研究成果和国内先进经验，以体现本教材的时代特色和前瞻性特点。

第三，以体现行业标准为原则，操作技巧规范到位。根据职业教育以技能为基础而非以知识为基础的特点，尽可能以实践操作来阐述理论，做到以技能定目标，以目标定内容，学以致用，以用促学。

本书不仅适用于高等院校旅游管理专业及相关专业师生作为教学用书，也可作为旅游经济研究与管理人员的参考用书。由于时间仓促、水平有限，本教材的编写一定还存在一些缺陷，恳请同行、专家和读者批评指正。

参加本书编写的有：刘莉、钱璐、漆小迅、许静、汪淑敏、何丽娟、邱竹青、闵勇、江磊、郑晖、马桂玲、章建秋、宋影、朱颖、戴艳艳、相敏等同志，全书由刘莉修改定稿。在本书的编写过程中，我们参阅了国内外同行的有关教材及资料，在此表示谢意。

本书编写得到安徽省级质量工程项目《高校旅游管理专业应用型人才培养模式创新与实践研究》(2008jyxm387)资助。

刘　莉

2009 年 9 月

目　录

第一章
餐饮概述

餐饮,作为人类赖以生存的首要物质基础和社会前进的重要条件,其发展水平不仅反映着一个国家或地区在开发和利用自然资源方面的能力,而且也标志着一个国家和民族的物质文明和精神文明程度。同时,餐饮服务的水平和特色在很大程度上反映了饭店企业的总体水平和特色,而且餐饮部通常是一家饭店职工最集中,业务环节最繁多,技术水平要求最高,牵涉到的学科知识最广泛的一个业务部门,因而其服务与管理也最显复杂。

通过本章的学习,可以使初学者了解餐饮简史与发展趋势;掌握餐厅种类及餐饮服务特点;熟知餐饮部的组织机构、职能与部际关系;了解餐饮部的岗位设置及岗位职责;认识餐饮部的地位和任务;把握餐饮业发展的趋势。

第一节 餐饮简史与发展趋势

“民以食为天”,饮食是人类最基本的生理需求。自从有人类起,就有了饮食活动。人类的发展史也是一部饮食业发展的历史,不同的国家其饮食发展的历程也不同。

一、中国餐饮发展历程

中国餐饮的发展已经有几千年的历史,大体上可以划分为秦朝以前、秦汉魏晋南北朝、隋唐宋元和明清四个时期。

(一)秦朝以前

秦朝以前也称为先秦时期,即从烹饪诞生之日起,到公元前期221年秦始皇统一中国止,共约7800年。此时属于中国烹饪的草创时期,其中包括新石器时代(约6000年)、夏商周(约1300年)、春秋战国(约500年)三个各有特色的发展阶段。

1. 新石器时代的餐饮

由于新石器时代没有文字,因此只能依靠出土文物、神话传说以及后世史籍的追记来推断烹饪演变的概况。其大致情况为:

(1)食物原料方面:主料是水鲜和野兽,偶尔有禽畜、采集的草果和试种的五谷,种类不是很充裕。在调味品方面,主要有粗盐、梅子、苦果、香草和野蜜。

(2)炊具方面:炊具包括陶制的鼎、甑、鬲、釜、罐,灶具是地灶、砖灶和石灶;柴草是主要的燃料;食具为粗制的钵、碗、盘、盆。烹调方法较为粗放。

(3)食礼方面:祭祀频繁,常常以饮食取悦于鬼神,求其荫庇。开始有了原始的饮食审美意识,如食器的美化,喜宴时的欢呼跳跃等。这是后世筵宴的前身,也是人们社交娱乐生活的重要组成部分。

总之,新石器时代的烹饪好似初出娘胎的婴儿,既虚弱、幼稚,又充满生命活力,为夏商周三代饮食文明的兴盛奠定了良好的基石。

2. 夏商周三代的餐饮

夏商周是中国烹饪发展史上的"初潮",它在许多方面都有突破,对后世影响深远。

(1)烹调原料显著增加。如主食中有粟、豆、麻、麦、稻;素菜有韭菜、茭头、冬苋菜、葱、豆子叶;荤菜有牛肉、羊肉、猪肉、狗肉、鸡肉;水果有枣子、李子、栗子、杏子、桃子;调味品有米醋、米酒、糖、姜、盐等。由此可知,当时食物资源已比较丰富,人工栽培的原料成了主体。

(2)餐具有了革新,精致轻巧的青铜食具登上了烹饪舞台。我国现已出土的4000余件商周青铜器物中,大多都为炊餐具。青铜器的出现,代表餐饮的炊、餐具进入金属器具时代,促进了烹饪技术的发展和提高。青铜器不仅利于传热,提高了烹饪工效和菜品质量,还显示礼仪,装饰筵席,展现出奴隶主贵族饮食文化的高贵气质。

(3)菜品质量飞速提高,推出著名的"周代八珍"。由于原料充实和炊具改进,这时的烹调技术有了长足进步。该时期,宫廷菜肴的丰盛与精致程度足以使现代人叹服。一方面,饭、粥、糕、点等饭食品种初具雏型,肉酱制品和羹汤菜品多达百种,花色品种大大增加;另一方面,可以较好运用烘、煨、烤、烧、煮、蒸、渍、糟等10多种方法,烹出淳熬(肉酱油浇大米饭)、淳母(肉酱油浇黍米饭)、炮豚(煨烤炸炖乳猪)、炮牂(煨烤炸炖母羊羔)、捣珍(合烧牛、羊、鹿的里脊肉)、渍(酒糟牛羊肉)、熬(类似五香牛肉干)、肝(烧烤肉油包狗肝)等著名的"周代八珍"。从《楚辞》中,我们可以看到所举的酒类和食品已相当丰富,如《招魂》篇中所列的一份菜单,记有:红烧甲鱼、挂炉羊羔、炸烹天鹅、红焖野鸭、铁扒肥雁和大鹤、卤汁油鸡、清炖大鱼等。

(4)在饮食制度等方面也有新的建树。夏商周时期,由于生产力的提高,食物进一步丰富,在王室及诸侯国,筵席发展到国家政事各方面,且对宴会的仪式和内容都有详细的规定,这从就餐垫坐的筵席数量和动用的鼎数多少就能反映出来:就垫坐的筵席而言,规定天子之席五重,诸侯之席三重,大夫之席二重;就盛装菜肴等的鼎而言,天子九鼎,诸侯七鼎,大夫五鼎,士三鼎,后来,鼎不仅是盛装食物的用具,亦成了王权的象征,故有"问鼎"一说。

商周时期,音乐助餐已经出现。《周礼·天宫》云:"以乐侑食,膳夫受祭,品尝食,王乃食,卒食,以乐彻子造。"可见,餐后将剩余的食品撤入厨房这一过程,也是在音乐伴奏下完成的。

另外,宫廷宴会由尚食、尚酒等内侍人员担任服务,为防止下毒,他们先尝食而后献食。据专家统计,周朝王室管理饮食的机构就有22个,管理人员有2332个。

所以,夏商周三代在中国烹饪史上开了一个好头,后人有"百世相传三代艺,烹坛奠基开新篇"的评语。

3. 春秋战国的餐饮

春秋战国是我国奴隶制社会向封建制社会过渡的动荡时期。连年征战,群雄并立,战争造成人口频繁迁徙,刺激农业生产技术迅速发展,学术思想异常活跃。此时烹饪中也出现了许多新的因素,为后世所瞩目。

(1)饮食原料进一步丰富。这时由于大量垦荒,兴修水利,使用牛耕和铁制农具,农产品的数量增多,质量也提高了。不仅家畜野味共登盘餐,蔬果五谷俱列食谱,而且注意水产资源的开发,在南方的许多地区鱼虾龟蚌与猪狗牛羊同处于重要的位置,这是前所未有的。

(2)铁质锅釜开始出现。它较之青铜炊具更为先进,为油烹法的问世准备了条件。与此同时,猪油、牛油、羊油、狗油、鸡油、鱼油等动物性油脂开始增多,花椒、生姜、桂皮、小蒜等调味品运用普遍,并且出现了简单的冷饮制品和蜜渍、油炸点心。

(3)出现南北风味的分野,地方菜种初露苗头。其中的北菜,以现今的豫、陕、晋、鲁一带为中心,活跃在黄河流域,它以猪犬牛羊为主料,注重烧烤煮烩,崇尚鲜咸,汤汁醇浓。而南菜以现今的鄂、湘、苏、浙一带为中心,遍及长江中下游,它是淡水鱼鲜辅以野味,鲜蔬拼配佳果,注重蒸酿煨炖,酸辣中调以滑甘,还喜爱冷食。这一分野到汉魏六朝时继续演进,由二变四,逐步显示出四大菜系的雏型。

(4)餐饮理论初有建树,推出《吕览本味》和《黄帝内经》。《吕览本味》是战国末年秦国相国吕不韦组织门客编著的,被后世尊为"厨艺界的圣经"。其贡献主要是:正确指出动物原料的性味与其生活环境和食源相关;强调火候和调味在制菜中的作用,并介绍了一些方法,归纳出菜肴质量检测的 8 条标准,并主张"适口者珍",开列出当时各地著名的土特原料,以供厨师择用。《黄帝内经》是这时期的医家总结劳动人民同疾病作斗争的经验, 托名黄帝与歧伯君臣之间的对话而陆续写成的。该书除了论述人体生理活动以及病理变化规律外,还依据自然环境与健康的关系,提出了"六淫"(中医指风、寒、暑、湿、燥、火等六种气候太过,易使人致病)、"七情"(中医指喜、怒、忧、悲、恐、惊等七种情志)、饮食不当、劳倦内伤等病因说,告诫人们注意饮膳和生理功能的自我调适。这两部著作在 2200 年前可以列为"世界级"的科研成果,它们为先秦时期的烹饪画上了圆满的句号。

(二)秦汉魏晋南北朝时期

秦汉魏晋南北朝时期是我国封建社会的早期,农业、手工业、商业和城镇都有较大的发展,民族之间的沟通与对外交往也日益频繁,烹饪文化不断出现新的特色。汉朝与西域的贸易通商,使西部少数民族的饮食习俗传入内地,而内地的饮食习惯又传入西域,促进了民族文化的交流与融合。汉朝与西域的通商贸易使原产西域的各种原料传入中原,各种新原料的开发和引进丰富了食物的品种,促进了中原与西域饮食文化的交流。另一方面,铁器大量出现并用于烹饪之中,同时,早期的瓷器已经出现,被广泛用于餐饮活动,使餐饮业在炊、餐具方面也大为讲究。

1. 烹调原料进一步扩充

张骞通西域后,相继从阿拉伯等地引进了茄子、大蒜、西瓜、黄瓜、扁豆、刀豆等新蔬菜，增加了素食的品种。《齐民要术》记载了黄河流域的31种蔬菜，以及小盆温室育根苗，韭菜捉子发芽和韭菜挑根复土等生产技术。杨雄的《蜀都赋》中还介绍了天府之国出产的菱根、茱萸、竹笋、莲藕、瓜、瓠、椒、茄，以及果品中的枇杷、樱梅、甜柿与榛仁等食物原料。有"植物肉"之誉的豆腐，相传也出自汉代，是淮南王刘安的方士发明的，不久，豆腐干、腐竹、千张、豆腐乳等也相继问世。此外，在主食中，由于水稻跃居粮食作物的首位，米制品开始出现。

2. 调味品生产规模扩大

《史记》记述了汉代大商人酿制酒、醋各1000多缸的盛况。《齐民要术》还汇集了白饧糖、黑饴糖稀、琥珀饧、煮脯等糖制品的生产方法。特别重要的是，从西域引进芝麻后，人们学会了用它榨油。从此，植物油(包括稍后出现的豆油、菜油等)，便登上中国烹饪的大舞台，促使油烹法的诞生。当时植物油的产量很大，不仅供食用，还作为军需品使用。据说，在赤壁之战中，芝麻油曾发挥过很大的用途。

3. 动物原料种类更加丰富

在动物原料方面，这时猪的饲养量已占世界首位，取代牛、羊、狗的位置而成为肉食品中的主角。汉武帝在长安挖昆明池养鱼，周长达20公里，水产品上市量很多。再如岭南的蛇虫、江浙的虾蟹、西南的山鸡、东北的熊鹿，都开始上餐桌。《齐民要术》记载的肉酱品，就分别是用牛肉、羊肉、獐肉、兔肉等制作的。

4. 餐馆的诞生

我国古代地广人稀，自秦汉以来，为方便官差长途跋涉传送文件，便有"驿站"的设置，提供住宿与餐食，好令他们翌日能够继续另一段漫长的传递工作，其实这就是中国餐饮业的雏型。实则在秦朝制定货币政策后，民间社会开始有大规模的交易现象，市集应运产生，民以食为天的本性自然在交易现象中流露无疑。交易的性质则是以物易物或以钱易物，所谓的"物"，自然就是指一些生活用品与食物，既然食物可以从交易中获得，餐食贩卖于是酝酿而生，具体言之，餐饮业宜溯源人类开始有交易现象之时，算来也有四千年的历史了。

中国从史前时代的生食到发现食物可以熟食后，餐食烹调一直不断在变化。餐馆在古代当时称谓很多种，文献尚有考据的有"旗"、"酒家"、"酒肆"、"客栈"等。

(三)隋唐宋元时期

隋唐宋元尤其是南宋时期餐饮业已具相当规模。唐以前饮食筵席都是席地而坐。唐朝开始，餐饮宴席已从席地而坐发展成为坐椅而餐。皇宫宴会上的椅子还加有软垫，皇帝高高在上，面南而坐；大臣们分列两厢，宴会时还有歌舞助兴。唐朝时酒店可以将几百人的酒席立即办好，可见当时餐饮经营的规模和厨房的生产能力。

宋朝的大型宴会可以从早吃到晚，菜品多达220多个。北宋名画家张择端的《清明上河图》以不朽的画卷向后人展示了当时汴梁人的市井生活，酒楼、茶馆成为画面的重要组成部分。当时的酒店可将三五百人的酒席立即办妥，可见规模之大、分工之细、组织之健全。南宋时期，杭州的各类餐饮店从服务内容分有：直卖店(只卖酒)、分茶酒店、包子酒店、散酒店(普通酒店)、巷酒店(有娼妓服务的酒店)、面食店、荤素饮食店、茶坊、北食店、南食店、川饭店、罗酒店(山东、河南风味)等；从等级上讲有高级酒店、花园酒店、普通酒店、低档酒店和走街串巷的饮食挑子。在西湖上还出现了提供餐食的游船，其中最大的游船可同时提供百十人的宴会，与今天纽约市的哈德逊河上的游船餐厅相比要早近千年。这种把宴会与旅游结合在一起的做法一直保留到今天。

(四)明清时期

明清时期的民族大融合更加丰富了餐饮业的发展，国内民族大融合，中国筵席已经成熟，并走向鼎盛。中国的宫廷菜在清代达到了顶峰。满汉合璧，品种繁多，满汉全席宴会菜品多达180余种，标志着近代中国餐饮的最高水平。

此外，民族的大交融使饮食市场不仅有汉食，还有回族饮食、维吾尔茶饭、满族饮食，形成能满足各地区、各民族、各种消费水平及习惯的多层次、多方位、较完善的市场格局。在各地各有特色的烹饪饮食风格的基础上，清代形成了较稳定的地方风味流派，成为各大菜系形成发展的基础。

晚清时期在通商口岸及沿海城市出现了西菜馆。西方列强用坚船利炮打开了中国的国门之后，西方的经济、文化、生活习惯如潮而来，西菜在中国的沿海城市，如广州、福州、厦门、宁波、上海以及大都市北京、天津等地纷纷登场。

1911年，持续了2000年的君王政治被推翻，中国处于军阀混战时期。但具讽刺意味的是，这个时期反而是中国各地地方招牌菜融合与进步的时期，其中最具代表性的是上海菜。这时期西方列强强占上海租界地，并成立了各自的商行、机关。洋化的风气促成上海食物千变万化，如法国、意大利、英国、俄国、印度等各国佳肴和美酒无一不具备。上海饮食同时也包容了中国各地名菜，俨然是杭州、宁波、扬州、无锡等地方菜的综合体。中国传统式菜肴受地方菜及西洋菜的影响,"原味"渐渐有所变化,并且与西洋菜杂混在一块,新式的中国饮食店从此诞生。所以说,上海菜是现代中国菜的缩影,更是一部活生生的中国菜变迁史。

同时,中国各地传统菜肴也受到商业竞争气息和西方饮食文化引进的影响,纷纷在烹调与口味上树立招牌独立门户自成"本色",发展出中国非常有名的八大菜系—徽菜、苏菜、浙菜、闽菜、川菜、湘菜、粤菜、鲁菜。虽然如此,中国无论大江南北,中华美食一直承传老祖宗"色、香、味"俱全的烹调精髓,在世界食艺舞台上永远绽放光芒。

二、外国餐饮发展简史

外国餐饮业起源于公元前 1 700 年的小客栈,这种小客栈是一种小规模、形式简单的饮食店。从所挖出的公元 70 年左右被火山灰覆盖的赫冈兰城(Herculanerum)废墟中,可以看到各式各样的餐饮店铺,足见当时古罗马帝国人民的饮食习惯因商旅活动频繁而普及。但是真正具规模、有系统的餐饮经营,则要到 16、17 世纪以后。这时店家开始讲究精致的烹调,使用较好的餐具以招徕顾客。如英国于 1650 年在牛津出现的咖啡屋,就是现代餐饮业的前身。西餐发展大致可以分为三个阶段。

(一)中世纪前外国餐饮概况

尼罗河流域土地肥沃，盛产粮食，高度文明的社会创造了灿烂的艺术和文化,其中包括西餐的出现和发展。公元前 2 500 年,古埃及在世界上占有重要的地位,古埃及的等级观念在餐厅的装修和家具使用上得以充分的反映:农夫与普通艺人只使用简单的陶器,坐在未经修饰的长条凳上,在低矮的泥屋中进餐;而富人的餐厅则如同宫殿一般。当时埃及是法老统治的王国,法老们自以为是地球上的主宰,其食物要经过精心制作。当时,富人的菜单上已经出现了烤羊肉、烤牛肉和水果等菜肴。

公元后不久,希腊受埃及文化的影响成为欧洲文化的中心。经济的发展带来了丰富的农产品、纺织品、陶器、酒和油。当时希腊的贵族很讲究饮食,日常食物已经有羊肉、牛肉、鱼类、奶酪、面包和经过填食后足够肥硕的鹅肉等;餐厅服务用具也制作得更加精细,还出现了冷盘手推车,这些都对今天的餐饮业产生了巨大的影响。

大约在公元200年,古罗马的文化和社会高度发达,烹调方式汲取了希腊烹调的精华。罗马人尤其擅长制作面食,至今,意大利的比萨饼和面条仍享誉世界,就餐时使用餐巾也是古罗马人引入餐馆的。除此之外,在餐馆的餐桌上放置玫瑰花,重大宴会叫报每道菜菜名的做法等,均由古罗马人最早在餐厅使用。

(二)中世纪外国餐饮概况

1066年诺曼底公爵渡海征服英格兰,使当时说英语的人们在生活习惯、语言和烹调方法等各方面都受到法国人的影响。1183年,伦敦出现了第一家出售以鱼类、牛肉、鹿肉、家禽为原料制作菜肴的小餐馆。

至16世纪末为止,意大利几乎具备了现在意大利菜使用的所有原料,其中包括引自世界各国与新大陆的材料在内,其烹饪技术以及饮食习惯也已定型。

16世纪至17世纪,意大利的烹调方法传到法国后,由于历史上路易王朝中好几位国王对西餐烹饪、服务的重视和讲究,使得法式餐带有宫廷华贵、高雅的气度与风格。

(三)中世纪后到近现代的外国餐饮概况

自1650年英国牛津出现第一家咖啡厅以后,咖啡厅就雨后春笋般地接连出现,到1700年仅伦敦就有200余家。

法国更将这风气发扬光大。1765年,巴黎一名叫布朗杰(Boulanger)的人制作了一种称之为"恢复之神"(Le Restaurant Divin)的汤给上门的客人享用,之后他又增加了多种菜肴供顾客选用。这种餐饮形式在当地大为风行,不少人纷纷开始仿效,人们将这一类场所用"恢复之神"的"Restaurant"来称呼,延用至今,就成了餐厅的代号了。

18世纪以来,法国涌现了许多著名的西餐烹饪大师,这些大师们设计并制作了许多著名的菜肴,至今都在扒房菜单上受到顾客的青睐。由于法国有好的材料、好的厨师、好的烹饪环境和好的美味欣赏者,使得西餐的发展达到了极高程度。当今法式西餐的选料、烹饪,甚至法式西餐的服务,在全世界都富有盛名。

至于美国餐饮业则多来自于旅行途中的需求,开始时就像一般的饮食店。1670年美国出现了第一家咖啡屋,后来美国人学习法国烹饪,力求精致味美,并研究经营方式。第一家法式的美国餐厅Delmonico于1827年在纽约开始营业,其家族式的经营标榜着最高级精致的餐厅，并且历经4代，统管9个餐厅，使其餐饮业横跨美国1个世纪之久(1827—1923)。到了现代，美国更以连锁经营来发展国际性的餐饮企业，世界驰名的快餐和其他餐饮的连锁店遍布全球，其餐饮霸业瓜分了世界较大消费市场。

1920年，美国开始了汽车窗口饮食服务。1950年以后，西式快餐首先在美国发展起来，而后遍及世界。当今的西餐更讲究营养、卫生与实用性。

三、未来我国餐饮发展趋势

随着我国经济的持续快速发展，作为第三产业市场化程度最高而竞争又最为激烈的餐饮业，又一次迎来了她的发展高峰期。过去10年，是我国餐饮业蓬勃发展的黄金时期，整个行业经历了从无序到有序，从小草到参天大树的逐步发展壮大。餐饮业在国民经济中的比重，从无足轻重的位置飞速增长到年营业收入上千亿元，已成长为我国经济发展不可忽视的重要力量。但是，因为市场的巨大，也吸引了更多的人前来分食餐饮这块大蛋糕，正所谓“你方唱罢我登场，各领风骚一两年”。未来餐饮业的发展趋势主要表现在以下几方面：

(一)商务餐成为个热

伴随着我国市场经济的发展，各类商务人士在外用餐会逐步增多，会议餐和商务宴请将会成为又一个增长点，并且还会呈现出两极分化的可能，高档宴请和商务用餐齐头并进。

(二)旅游休闲餐饮将会逐步升温

从最近几年“清明”、“五一”、“端午”小长假和“十一”黄金周等假期的增多，业界经济组织曾经做出预测，到2020年，我国将会成为世界第一旅游大国。可以预见，随着人们消费水平的不断提高和旅游热的持续升温，旅游用餐和休闲用餐将会有更大的发展。

(三)高档消费将会趋于理性，家常菜将持续流行

最近几年，燕、鲍、翅、参等高档菜品可以说是火遍了大江南北，一度给人留下了“旧时王榭堂前燕，飞入寻常百姓家”的印象，可是从价位上来看，能消费得起的人毕竟是少数。在经历了最初的辉煌之后，目前市场上经营燕、鲍、翅、参者

鱼目混珠，加之高档消费日益趋于理性，将会导致经营状况不佳者退出市场。而家常菜由于迎合了人们的消费心理和口味习惯，且价位低，大众化，能很好地满足工薪阶层和城乡居民的饮食需求，因而家常菜能够拥有一个比较稳定的消费群体，并将持续火爆下去。

（四）天然、绿色、健康和保健食品将会越来越被人们认可和追捧

随着人们生活水平的提高，各个年龄段的消费者都将会注重饮食营养和饮食健康。老年人希望通过饮食调节，达到健康长寿的目的；父母们希望通过饮食调节，使自己的孩子更聪明伶俐、健康活泼；中年人、白领阶层更希望通过饮食的调节，缓冲工作压力所带来的不利影响，达到提神醒脑、精力充沛的目的。一些"三低、两高、多素"（即低脂肪、低盐、低热量、无胆固醇，高蛋白、高纤维，多种维生素、微量元素、矿物质）的食品及天然野生菌类、绿色及黑色食品将成为人们饮食的首要选择。

（五）连锁经营经过淘汰会有更大的发展

特许经营加盟连锁进入中国市场是近几年的事，但在短短的时间内已经有了长足的发展。目前的市场情形比较混乱，有一些店开张一两年，没有一点实力就想搞连锁，结果是连的越多，"死"得越快。现在又到了争夺市场份额的时候，随着一部分没有连锁能力、管理混乱的连锁公司逐步退出市场，一些有实力、管理好的优秀连锁企业定会成长起来，共同把餐饮市场做大做好，促进餐饮业的繁荣。

综上所述，在未来几年内，餐饮业将会走上快速、健康发展的快车道，但市场的残酷竞争，将有一批不适应市场竞争的企业会被逐步淘汰，取而代之的是一批竞争力强、有发展前途的现代化餐饮公司。

综合目前现状，在改革开放的大环境下，餐饮市场已日趋成熟，并逐步成长起一批有规模、有实力，而且具有持续发展的现代化餐饮公司。在未来一段时间内，他们仍将会是餐饮业发展的中坚力量。伴随我国经济的飞速发展，顺势而为，餐饮业又将会登上一个新的台阶。

第二节 餐厅及餐饮服务

餐厅是为消费者提供食品与饮料的场所，并在人们就餐的同时提供相应

的服务。随着餐饮业的不断发展,出现了各种不同的餐厅,并且其服务也各不相同。

一、餐厅的种类

人们对饮食的需求是多样和复杂的,为了满足不同顾客对饮食的需求,市场上出现了不同的餐厅。

(一)以目标市场分类

1. 高级餐厅

高级餐厅通常提供特色菜肴,出售美味精致的餐饮产品,提供周到细致的餐饮服务,具有雅致的空间、豪华的装饰、温柔的色调和照明,播放古典和传统音乐,用餐环境宁静优雅。

2. 大众餐厅

大众餐厅常常是向顾客提供大众化菜肴的餐厅,具有实用的空间、典雅的装饰、明快的色调和照明,播放传统音乐或现代音乐,提供比较周到的餐饮服务。

3. 多功能厅

多功能厅是饭店中最大的餐厅,用于举行各种宴会、酒会、自助餐会、鸡尾酒会、报告会、展览会和其他各种会议的活动场所。

(二)以经营方式分类

1. 传统餐厅

传统餐厅也称为服务上桌的餐厅。由于传统服务是将菜肴和酒水送上餐桌,只要餐厅的服务是上桌服务,这个餐厅就被认为是传统餐厅。

2. 自助餐厅

自助餐厅是顾客自己到餐台拿取适合自己需要的菜肴和酒水,然后经过收款台结账付款的餐厅。大多数自助餐厅的餐桌上不摆台,顾客自己在餐台上取餐具,如麦当劳、肯德基都属于自助餐厅。

3. 快餐厅

快餐厅是销售有限品种菜肴的餐厅,菜肴可以快速制熟,并且快速服务。餐厅的布局明亮爽快,菜肴价格大众化。

(三)以经营品种分类

1. 各种风味中餐厅

根据中餐菜肴的风味,分为广东风味中餐厅、潮州风味中餐厅、北京风味中餐厅、上海风味中餐厅、四川风味中餐厅、淮扬风味中餐厅等。风味中餐厅的特色通过菜单、服务、餐具、摆台及餐厅的装饰体现。

2. 各种风味西餐厅

风味西餐厅包括法国风味餐厅、意大利风味餐厅、美国风味餐厅、俄国风味餐厅等。风味西餐厅的风格必须通过菜单的特色、服务的特色、餐具的特色、摆台的特色、餐厅的装饰、餐厅的文化和语言体现出来。

3. 咖啡厅

咖啡厅是销售大众化菜肴和小吃的餐厅。在非用餐时间,它还是销售咖啡饮料,供人们聚会和聊天的场所。

二、餐饮服务的概念及特点

餐饮服务与其它行业的服务有所不同,餐饮业既是服务业,也属于生产行业,它的服务是有形与无形的集合。

(一)服务的概念

“服务”一词在汉语中的解释就是为了集体(或别人)的利益或为某种事业而工作,它不以实物形式而以提供活劳动的形式满足他人的某种特殊需要。

1. “服务”一词在英文 Service(服务)中的解释

(1)Smile(微笑):Smile for everyone,意指微笑待客;

(2)Excellence(优秀):Excellence in everything you do,意指精通业务;

(3)Ready(准备好):Ready at all times,意指随时准备为客人提供服务;

(4)Viewing(看待):Viewing every customer as special,意指将每一位客人都视为特殊的和重要的人物;

(5)Invitation(邀请):Inviting your customer to return,意指要真诚邀请每一位顾客下次再度光临;

(6)Creating(创造):Creating a warm atmosphere,意指为客人创造一个温馨的气氛;

(7)Eye(眼神):Eye contact that shows we care,意指要用眼神表达对客人的关心。

2. 餐饮服务的概念

结合上面的7个方面，餐饮服务是指餐饮部工作人员为就餐客人提供餐饮产品的一系列行为的总和。只有通过优质的服务才能有稳定的客源,使餐厅长期保持较高的市场占有率。

餐饮服务理念的具体表现

1. 态度决定一切;

2. 强调友好、高效和温馨的服务氛围;

3. 每一个员工(含管理者)都要做到眼里有活;

4. 每一个员工(含管理者)都要有预见客人服务需求的能力;

5. 有工作激情才能做好每一件事情;

6. 追求个性化服务;

7. 追求人性化服务;

8. 追求零缺点服务(注意服务员吃饭时段的服务真空问题);

9. 服务无小事;

10. 大事做细,小事做透;

11. 服务无止境;

12. 无数点点滴滴的服务小细节(如帮客人拉椅让座、帮左撇子客人把筷子调整到左边、热毛巾不能太干要有一定湿度等)升华成为让客人满意的优质服务;

13. 展现在客人面前的永远是最美好的、高品位高质量的东西,诸如抹布、盆是不应该让客人看见的;

14. 服务公式:100−1≤0;

15. 服务准则:热情、周到、耐心、细致、快捷、准确、安全、大方(不卑不亢);

16. 茶水要烫、心要热、腿要勤、嘴要甜、手要麻利、眼要灵;

17. 悟性很重要,做什么事情多想想为什么是这样做,有没有其他别的方法?哪种做法最好?

18. 经常性地进行换位思考:如果你是客人,如果你是清洁阿姨,如果你是厨师,如果你是管理者,如果你是老板……这样你就能体会到客人花钱是来享受的而不是来受气的,也能体会到清洁阿姨打扫卫生的艰辛,能体会到厨师做菜的不易;

19. 不要忽视每一位潜在客人!不要放过来餐厅的每一位客人!哪怕他只要了一盘青菜或是一碗面条;

20. 不要忽视与客人的沟通交流。在和客人沟通时要注意说话技巧,杜绝生硬、套话;要好好揣摩,不同场合,不同时机,话应该怎么说,比如在送客人时可以这样说:"各位,吃好了,今天的菜怎么样?好吃吗?服务怎么样?请多提宝贵意见。"

(二)餐饮服务的特点

1. 无形性

指餐饮服务只能凭客人对就餐过程中服务员所提供服务的感觉好坏、是否满意来衡量,而服务本身是看不到摸不着的。尽管餐饮服务是具有实物形态的饭店产品,但它仍然具有服务的无形性特点。当宾客在商店购买商品时,他们有机会检查商品的质量和性能,如买衣服可以试穿,买录音机可以试听,但他们购买饭店服务时却不可能有同样的机会。就像住饭店不能试住一样,上餐厅用餐也不能尝试。服务最简单的定义是"为他人完成某一工作或任务的行为",而行为本身是看不见、摸不到的无形的东西。消费者不能把服务本身购买回家,他带回去的只是服务产生的效果,是服务对消费者所产生的生理、心理、感官上的作用和影响。对餐厅就餐宾客来说,他享受到的除了餐饮实物给予的饱足之外,更重要的是食物的色、香、味、形,餐厅的环境气氛,服务员的热情服务所给予的感官上和心理上的满足和舒适。而这一切正是无形服务的结果。

2. 一次性

指餐饮服务只能当场使用,当场享受,过时不补。国外服务行业有句行话:世界上有三件最不容易保存的东西:一是飞机的座位,二是饭店的客房,三是律师的时间。飞机起飞了而座位空着,一天过去了客房租不出去,律师空等一天并无客户上门,那么这空着的飞机座位、客房以及时间便成了无法挽回的损失,因为它们永远失去了这一天的销售机会。餐饮服务的一次性特点表现在餐饮服务不能被保存储藏以应付将来之需这一点上。虽然仓库可以储藏餐厅在数月内所需的食品原料,但厨房却不能在一天内生产一周营业所需的餐饮食品。同样,餐饮服务员由于闲着无事而浪费掉的时光,不可能延迟到第二天再使用。同时,由于餐厅的接待能力在一定时期内一般都固定不变,而宾客的需求量却在不断地变化,因而造成了厨房、餐厅应付需求波动的困难,特别是当就餐宾客突然大量增加时,会不可避免地给厨房、餐厅带来胁迫感。餐饮服务一次性的特点告诉我们,餐厅必须采用措施,主动改变宾客的需求波动,使宾客的需求量尽量接近餐厅的接待能力,减少因接待能力不足或宾客不足所造成的损失。

3. 同步性

指餐饮产品的生产、销售、消费是同步进行的,生产服务过程同时也是客人的消费过程。即当场生产当场销售,中间不存在产品贮存、运输过程的特点。这是餐饮业不同于工厂企业的一个方面。工厂企业产品的生产和销售是两个分离的一前一后的过程,可以在不同的时间、不同的地点发生,但餐厅服务却没有这种机动性,一家餐厅的服务不可能输送到外地销售。这一特点决定了餐厅的规模必须受到区域性的限制,市场范围受到一定的局限,因而必须根据目标市场的大小决定企业设施和接待能力。同时性特点也决定了餐厅必须既重视销售环境,也重视生产环境,因为在绝大多数情况下,餐厅既是生产场所,又是服务和销售场所。餐饮服务同时性的特点为餐厅创造了工矿企业所没有的当场推销的机会,餐厅服务员有机会直接向宾客介绍、推荐食品饮料,促进销售。然而,这又要求餐厅服务员必须具有双重技能,即服务技能和推销技能。事实上,一位称职的餐厅服务员必须精于服务,善于推销。

4. 差异性

指餐饮服务会因不同的客人、不同的服务员、不同的场合、不同的时间以及客人的不同情绪阶段而形成服务差异。由于餐饮服务包含着大量的手工劳动,少有机器控制,又由于职工的工作态度、技能技巧各有好坏和高低,因此,餐饮服务便不可避免地产生质量和水平上的差异。服务的差异性并非指一家餐厅和另一家餐厅的服务之间存在着差异,而是指同一家餐厅所提供的服务存在着差异。具体表现为同一职工在不同的时间、不同的场合或对于不同的对象所提供的同一餐饮产品或服务往往水平不一,质量不同。例如,酒吧调酒员如果不使用电子饮料配出器或量杯来控制份量,那他调制的鸡尾酒便难免会出现质与量不一致的现象;餐厅服务员在整个服务期间,也必然由于体力、情绪变化的影响,难以自始至终提供同一质量的服务。因此,制定并执行严格的质量标准,加强职工培训,不断地改善、端正服务态度,提高技术技能,是餐饮服务取得成功的必要手段。

5. 复杂性

餐饮管理是牵涉到专业技艺、学科知识最多的一种业务活动。所谓管理艺术和管理科学,乃是职业技能和专业技能的结合。职业技能指现代管理理论和方法的应用,这在各行各业大同小异;而这些理论和方法必须得到某种专业技能的辅助，管理者才能从事某一特定企业的管理工作。

因此，餐饮部经理不仅必须掌握一定的现代管理理论，而且还必须通晓烹饪技术，掌握与食品饮料及其服务相关的其他学科的知识，如心理学、化学、物理学、食品卫生、营养学等等。许多心理学的基本原理多被用于管理，例如，管理者应如何激发职工的积极性；厨房职工的地位、等级是怎样影响工作效率的；如何刺激或改变时常需求；宾客站队等候与坐在餐桌前等候对其心理会产生什么不同影响和作用；餐厅的布置、色调、气氛、灯光、音响对客人进餐时的情绪有何影响；甚至餐盘的大小或食品的形状与客人接受该食品的关系等等都可以用心理学原理加以研究。餐饮服务遇到的许多问题很可能与食品饮料本身无关，而是由餐厅服务不周或布置装饰不妥引起的。有经验的管理者认为，一个餐厅供应的酒水菜肴质量可以一般，但只要服务出色，环境气氛宜人，便仍能赢得相当一部分宾客；相反，虽有第一流的酒水菜肴，其服务如果粗鲁怠慢，环境布置不堪入目，这样的餐厅便断无成功之日。

物理学和化学的某些原理在厨房中也得到应用。例如，厨房洗碗机的工作原理，对流烤箱的原理，只能用物理学的原理才能解释。又如，为什么微波烤箱加热如此迅速，而烤出的食品从食物内部先熟；为什么厨师喜欢用煤气烹烧胜于电炉，尽管两者所散发的热量相等。化学原理的应用则更加广泛，更加引人入胜。为什么蔬菜烹烧以后会改变颜色，要怎样才能使其色泽更加悦目；为什么有的肉容易煮烂，而有的却永远煮不烂而必须依靠其他方法；为什么马铃薯冷藏后即做油炸极易炸焦变黑；而玉米在新鲜时其味甘甜，数小时后便甜味尽失；烹调中牛奶遇到酸性食物极易结块，应该怎样防止；油锅温度不高时炸出来的食物为什么特别油腻？这些虽都是些极普通平常的问题，但要了解其究竟，却需要学些有机化学知识。

食品卫生和营养学千万不能被忽视。不论是管理者还是职工都必须掌握常见致病细菌知识；懂得食品贮藏的温度、湿度和时间要求；怎样控制食品原料中微生物、细菌的繁殖生长；同时还必须清楚什么是食物中毒，能够识别各种食物中毒的症状并懂得怎样预防和怎样处理。

管理者还应该掌握营养素的基本分类及其对人体的作用，了解不同年龄、不同性别的人的正常摄入量。懂得这些，有助于科学地制定菜单，为宾客提供营养丰富的餐食。随着生活水平的提高，人们已从追求吃饱转向追求吃好。然而，吃好往往并不意味着科学饮食，因此，向广大宾客提供富有营养、搭配科学的餐饮，也无疑是餐饮业义不容辞的职责。营养学对餐饮部来说显得格外重要。许多宾客多有自己特殊的饮食要求和忌食习惯，应严格规定各种营养成分的摄入量，这就要求餐厅厨房能根据不同的需要，选菜配料，力求达到各种营养成分的平衡。

三、餐厅的服务项目

餐饮服务过程复杂，涉及的环节多，从客人进餐厅到最后离开餐厅，这中间的服务内容牵涉到餐厅的各个方面。

(一)餐饮设施设备

餐饮设施设备具体包括：前厅的配置；各类餐厅、宴会厅、酒吧等设施设备的设置、容量和布局；厨房的设置、容量、布局及各种设备；辅助区设施设备的配置；公共区域的楼道、走廊、卫生间及休息区设施设备的配置等。

餐饮设施设备可分为生产性和客用性两大类。生产性的餐饮设施设备是提供餐饮产品的手段和物质基础，作为餐饮服务的依托和凭借，体现目标市场对餐饮设施设备的要求，反映餐饮服务的能力与品位，影响服务质量和服务效率。客用性餐饮设施设备发挥着服务的功能，其舒适、美观、完善程度影响服务质量或客人的满意程度，作为满足客人心理、生理需要的手段，成为客人餐饮消费中享受的内容。

对餐饮设施设备的要求是：

(1)等级。体现餐厅设定的定场定位，按规定的等级标准进行配置。

(2)效用性。这是指满足使用要求必须具备的功能。要求设施设备充分发挥其功能，提高设施设备的效用性。

(3)时代性。由于餐饮产品属高消费和高气氛性产品，其设施设备就应该具有时代气息，讲究造型、颜色、风格和装饰性，以设施设备来体现餐厅的时代潮流。

(4)经济性。涉及其使用寿命、使用频率、效率及使用成本。

(5)完好率。应该保证设施设备处于良好的工作状态。

(二)餐饮服务环境

高品位的餐饮产品离不开良好的餐饮服务环境，它能够提供舒适、方便、周到、快捷、安全的服务，可以满足宾客心理、情感等方面的需要。

餐饮劳务服务及其他公共服务设施设备的配置、设施的装饰、微小气候、环境美化和绿色装点、音响、餐位结构、清洁卫生等方面构成餐饮服务环境的内涵和整体效果。要创造良好的餐饮服务环境除了餐饮设施设备的配置外还包括：

1. 设施的装饰

设施的装饰是由饭店建筑设计和建造完成的，形成接待风格和品位。要搞好设施的装饰，就应与设计、施工部门密切协调，遵循美观、经济、适用的原则，体现餐饮风格特色，反映餐厅等级和礼仪规格。设施的装饰应保证：

(1)符合消费服务场所的功能。消费服务场所的功能不同，其装饰要求也不同。如宴会厅应体现豪华、美观、热烈、典雅；咖啡厅要重点体现舒适、自由、活泼。

(2)装饰效果。为保证装饰效果，装饰的重点是栅顶、墙面、窗、门、地面材料和色彩的选择及结构设计，灯具、家具的式样、色调和布局，灯光色彩的处理等。设施的装饰在设计手法上可以采取布景、借景、透景、对称、协调等，并通过设计手法的运用和具体施工装饰来保证消费服务场所的功能和装饰效果，体现服务设施的风格特点和品位。

2. 环境的美化

这主要指在设施装饰基础上，采用盆栽、盆景、花草、喷水池、假山、雕塑、字画、条幅等来美化服务现场。

(1)就餐服务场所，如餐厅、宴会厅、咖啡厅、酒吧、KTV 包间及娱乐场所等，应根据消费服务场所的功能来美化服务场所，通过消费场所的风格和品位，反映饭店的总体形象。

(2)就餐服务以外场所，如饭店周围和门前的空地、饭店建筑楼体和门面、前厅、内庭花园、休息厅(廊)、楼梯等，应特别注意能够为宾客留下美好的第一印象，以便迎合客人对饭店选择的心理要求或用以招揽顾客。

3. 就餐环境的微小气候

餐厅是客人涉足区域，经检测，许多餐厅微小气候不能全面达标，尤其是经营火锅和烧烤的餐厅，污染程度更为严重。餐厅内微小气候直接影响客人健康，必须引起足够的重视，要保持通风，冬季温度保持在 22℃左右，夏季在 25℃左右，相对湿度 40%～60%；餐厅内噪音不超过 50 分贝；光照适度，营造安全温馨的就餐环境。

4. 室内外的环境卫生

力争天花板、墙面无蛛网灰尘，地面边角无餐纸杂物，门窗玻璃无污点印迹，盆栽盆景新鲜洁净，餐桌坐椅清洁美观。

（三）餐饮食品

光临餐厅购买餐饮食品是多数就餐宾客最直接、最明确的购买内容，也是宾客购买的最基本目的。餐饮食品能够满足人们对营养、风味、生理或心理等多方面的消费需求。对于经营者来说，餐饮食品是餐厅推销餐饮服务的载体，它构成餐饮产品的基础。

餐饮食品的生产加工，从菜单设计开始，经过食品原料的采购、验收、保管、发放、初加工、切配、烹调和装盘等一系列生产经营活动，最后，通过餐厅服务员的餐桌服务摆到宾客面前餐桌上。餐饮食品体现着餐厅各部门、各环节的协调配合，是各部门员工共同劳动的成果。对餐饮食品加工生产的基本要求是：

（1）严选料。食品原料质量的好坏对生产加工出的成品质量影响很大，食品原料构成餐饮食品的物质基础。食品原料选择要精细、新鲜，使生产加工出的菜肴各具应有的风味和特点。

（2）细加工。细加工中所采用的各种加工方法与刀工技术应做到合理、规范、整齐、均匀，便于原料的烹调，切实保证成品质量。

（3）准配料。餐饮食品一般由主料、配料和调味料经烹制而成。应该根据生产加工后的成品质量要求，切实保证主料、配料和调味料的数量、品种或比例。

（4）精心烹制。烹制菜肴的方法很多，如炸、溜、炒、爆、烩、炖、烧、煎、烤、蒸、煮等。精心烹制，就是应该根据菜肴的风味和特点，采用恰当的烹制技法，掌握好火候，确保成品的色、香、味、形和质。

（5）严把出品关。生产加工出的各种美味佳肴所盛放的器皿和方法应符合标准菜谱的要求；放置的时间长短、温度和湿度应合理，确保宾客就餐的要求。

（四）餐饮服务用品

餐饮服务用品分为生产服务用品（如台布、推车、托盘等）和客用品（如餐具、茶具、酒具、口布、餐巾纸等）。生产服务用品是提供优质服务的物质保证；

客用品是全面满足就餐宾客餐饮消费需求的重要方面。对餐饮服务用品的要求是：

(1)符合餐厅的市场定位。

(2)符合餐饮消费场所的功能及风格。

(3)经济、美观、适用，齐全、配套、规范、定额配备。

(4)卫生、安全，适时更换。

(五)餐厅餐饮服务

餐厅餐饮服务指餐厅、宴会厅、咖啡厅、酒吧或客房送餐等餐饮消费场所的就餐服务，亦称餐饮服务。对餐厅餐饮服务的要求是：主动热情的服务态度；端庄的仪表仪容，讲究礼仪，举止文雅；耐心、周到、殷勤、快捷的服务；娴熟的服务技能，规范化操作。

餐中服务规范

1. 站在指定位置上，恭候客人到来。站立要端正，不倚不靠任何物体，双腿不可交叉，双手自然交叠在腹前，仪态端庄，精神饱满。

2. 当领位将客人带入本区域时，应立即上前，微笑问候，表示欢迎。

3. 协助领位拉椅，请客人入座，为客人轻轻展开口布。

4. 若客人需要解下外套时，为客人挂好衣服。

5. 若客人就餐人数与餐位不等，需要增加或撤掉部分餐具和食品时必须使用托盘。

6. 用托盘、毛巾夹从客人的右边为客人上热(冷)的小毛巾，并礼貌地向客人说："请用毛巾。"并遵循先女宾、后男宾，先贵宾、后主人的次序，为客人服务。

7. 打开菜单第一页，礼貌地呈送给客人，并说："这是菜单，女士(或先生)请您点菜。"

8. 为客人上调味品。

9. 为客人撤去筷套和用过的小毛巾。

10. 站在适当的位置接受客人的点单，在客人拿不定主意时，可向客人介绍菜肴的特色或口味，建议客人可点些什么菜，或向客人推销时令菜和特色菜。

11. 开订单时，字迹要清楚，注明日期、台号、人数，大、中、小客的客数、本人的姓名，并重复一遍客人所点的菜肴、饮料，待客人确认后再叫菜。酒单、冷菜、热菜、点心要分别开订单。

12. 订单的第一联交收银员，第二联让收银员盖章后，由传菜员交厨房或酒吧作为领取菜肴和饮料的凭据，第三联传跑菜员划单用。

13. 用托盘将饮料、酒类按订单上的座号顺序，准确地呈送给每一位客人，并为客人斟酒水。

14. 第一道菜不能让客人久等，最多不超过10～15分钟，并不时地向客人打招呼。

15. 上菜的顺序：冷菜、热菜(羹、大菜、蔬菜、汤)、饭或点心、甜品、水果、茶。每上一道菜的同时，在订单上注销一道，防止漏上或错上。

16. 每上一道菜，必须礼貌地向客人清楚地报出菜名，并进行分菜。

17. 不停地巡台，随时为客人添加酒水，更换骨盆。

18. 烟灰缸里超过两个烟头时，应立即撤换。

19. 随时撤去空盆、空酒瓶，及时整理餐台，应有求必应，有问必答，态度和蔼，语言亲切，服务周到，毋须客人举手，就已经满足了客人的要求。

20. 客人的酒水、菜肴、饭点全都上齐后，要告知客人，并询问客人还需添加些什么。

21. 客人点菜时，若遇售缺，要及时礼貌地告知客人，并表示歉意，向客人征询是否要改点别的菜，或向客人推荐菜式，如客人认可，即开订单，以最快速度让厨房烹制。

22. 如客人有特别要求时，应尽量给予解决，不可说"不行"、"没有"、"不知道"等不礼貌的语言。如确有困难，应向客人打招呼，说："对不起，请稍等。"然后立即向领班或经理报告，给客人一个答复或请酒楼经理出面解决。

23. 如遇客人的筷子、口布等掉在地上，应立即换上干净的，将脏的撤掉。

24. 开餐过程中，若客人碰翻了茶杯、饮料等，弄脏了客人的衣服和台面，要迅速用干净的口布或小毛巾帮助客人擦拭，并用干净的口布覆盖弄脏的台面部分。

25. 客人用餐结束时，应征求客人意见，填写宾客意见征询单，并将意见转呈领班或经理。

26. 客人用餐完毕，及时为客人送上一杯热茶和小毛布。

27. 及时清点客人所点的食品与饮料，告诉收银员准备结账，并经核对后方能将账单放入收银夹内。

28. 当客人要求结账时，立即向前，将收银夹从客人的右后方呈上。

29. 找回零钱，应连同账单票据，用收银夹一同呈送给客人。

30. 当客人要离去时，轻轻拉开椅子，提醒客人不要忘记所带物品，并热情地表示欢迎客人再次光临。

第三节　餐饮部的组织机构、职能与部际关系

餐饮部是整个饭店组织机构中的重要组成部分，餐饮部门所管辖的面广，环节多，各经营点分散在饭店的不同区域。从人员结构上讲，餐饮部拥有的员工数一般占饭店的第一位，且工种多、文化程度差异大。要将这样一个复杂的部门管理好，首先必须建立起合理有效的组织网络，进行科学分工，使各部门各尽其责，保证餐饮部门的正常运作，并出色完成本部门的各项职责。

一、组织机构

餐饮部门的组织结构是确定该部门各成员之间、所属部门之间相互关系的结构。其目的是为了增强实现本部门经营目标的能力,更好地组织和控制所属职工和群体活动。

餐饮部门的内部组织结构，因饭店规模的大小和餐饮部门本身职能的不同而形式各异。但是一般的,国际国内的饭店餐饮部门大多采用四级管理编制,即:部门经理、主管、领班和服务员。在内部关系上采用垂直领导、横向协调的方法,使餐饮部门成为一个有机的整体。

现代化的餐饮经营管理已改变了传统家族式的经营方式,逐渐走向企业化科学管理,讲究统一指挥,分层负责,因此每个餐厅均有其特定的组织系统,在这个系统下分设许多不同部门,使其分工合作相辅相成,以达到餐厅最高劳动目标。

餐饮业组织结构的具体形式主要受企业规模、接待能力、餐厅类型等因素的影响,其一般模式主要有以下几种:

(一)小型餐厅的简单模式

大部分小型的餐饮业都会采取简单型结构，其特点是组织结构扁平化（图1-1),决策权操控在一人手里,并且作决策时大都以口头传授的形式,比较不正式。但是面对餐饮这种顾客需求变化多端的行业,扁平化的组织却十分有利,原因是决策者能够立即获得主要信息,迅速地回应并解决问题。

图 1-1　小型餐厅的组织结构图

(二)中型餐厅的复杂模式

中型餐厅一般规模比较大,若是隶属于饭店(Hotel)的餐厅,则这个饭店一般有 300 ~ 500 间左右的客房。餐厅类型比较齐全,厨房与餐厅配套,内部分工比较精细，餐饮经营管理组织结构相对复杂，其结构形式可参见图 1-2。

酒吧

图 1-2 中型饭店餐饮管理组织结构图

（三）大型餐厅的专业化模式

这种餐厅若属于大型饭店，则有 5～8 个以上餐厅，多的可达十几个、几十个餐厅，中西餐、宴会、酒吧、客房送餐等各类餐厅齐全。厨房与各种类型的餐厅配套，内部分工十分精细，组织结构专业化程度高。在餐厅管理的具体组织形式上又分为两种：一种与中型饭店基本类似，每个餐厅都设有与之配套的厨房，各个厨房分别负责自己食品的原材料加工，其组织结构形式可在参阅中型饭店的基础上，增加餐厅和厨房；另一种是厨房实行专业化管理。全店设立中心厨房，各个餐厅设立卫星厨房。中心厨房统一为各卫星厨房加工食品原材料，按量装袋，供各卫星厨房使用，各卫星厨房主要负责菜点的炉灶烹制。只有需要现场加工的特殊产品才在卫星厨房现场加工烹制，由此形成专业化组织结构模式，具体形式可参见图 1-3。

图 1-3 大型饭店餐饮管理组织结构图

二、职　能

餐厅的种类繁多，且本身营业性质及规模大小不同，因而内部组织系统各异。一般说来,大型餐厅通常下设餐厅部、餐务部、饮务部、宴会部、厨房部、采购部、管理部等七大部门。

(一)餐厅部

负责各餐厅食物及饮料的销售,以及餐厅内的布置、管理、清洁、安全与卫生,内设有各餐厅经理、领班、领台、餐厅服务员及其他服务员。

(二)餐务部

负责一切餐具管理、清洁、维护、换发,以及废物处理、消毒清洁、洗刷炊具、搬运等工作。它在餐饮部门中属于协调工作的性质。

(三)饮务部

是负责各种饮料的管理、储存、销售与服务的单位。

(四)宴会部

负责接洽一切订席、会议、酒会、聚会、展览等业务,并负责场地布置、现场服务等工作。

(五)厨房部

负责食物、点心的制作及烹调,控制食品的申领,协助宴会的安排与餐厅菜单的拟订。

(六)采购部

负责一切用品、器具的采购,对餐厅十分重要,凡餐厅所需要的一切食品、饮料餐具、日用品等均由此单位负责采购。此外采购部尚有审理食品价格、市场订价的职责。

(七)管理部

负责餐饮部一切食品和饮料的控制、管理、成本分析、核算报表、预测等工作。它不直接属于餐饮部,为一独立作业单位,直接向上级负责。

三、部际关系

餐厅作为饭店的一个部门，它的经营离不开各个部门与其他机构的协作与支持。因此,餐饮部应该处理好与其它相关部门的关系。

(一)与前厅接待部的关系

前厅部负责接待客人,并向客人介绍饭店的情况。餐饮部与前厅部的关系体现在:

(1)餐饮部要根据前厅部提供的客情信息来预测销售量;根据前厅部提供的贵宾入住通知单及接待规格给客人送水果、花盆、点心、茶水等。

(2)餐饮部门也应该及时主动与前厅部联系,将各种信息(如大型餐饮活动计划、重要宴会等)及时告知前厅部,以便前厅部回答客人查询。

(二)与销售部的关系

销售部负责餐饮部门大型销售活动的推销和承接会议、宴会等活动。二者的关系主要有:

(1)餐饮部必须与销售部互通信息,向销售部提供各种促销资料。

(2)及时了解销售部掌握的客人对本餐厅的反应和投诉;共同制定年度和临时推销计划及促销组织安排。

(三)与采购部之间的关系

饭店规模不同,部门的设置也有所区别。大型饭店会专设一个采购部负责各种材料物资的采购。餐饮部与采购部的关系为:

(1)餐饮部应与采购部协商,制定合理的采购量和采购计划,避免和减少计划外采购。

(2)制定新菜单时,应征求采购部对其原材料行情方面的意见,列出采购产品规格书。

(3)采购部与餐饮部之间要加强信息沟通,及时掌握新设备、新原料和时令菜的行情。

(四)与人事部之间的关系

人事部负责员工的招聘与培训工作。餐饮部与人事部要协调关系,共同做好餐饮员工的招聘与培训。

(1)餐饮部与人事部密切合作,制定餐饮部所需员工的招聘与培训。

(2)共同对员工进行考核,定期评审员工业绩,作为提升、奖励、处分的依据。

(五)与财务部之间的关系

(1)及时、准确的做好营业日报表并交给财务部门,以便其正确掌握实际经营情况。

(2)及时提供餐饮成本的波动情况,与财务部共同做好成本的控制。

(六)与工程部之间的关系

工程部负责餐饮设备的维修保养工作。餐饮部与工程部的关系有:

(1)餐饮部要经常检查设备的运转情况,发现问题立即报工程部派专业人员维修,非专业人员不得随便拆修机器设备。

(2)与工程部一道制定设备的保养、维护计划,分工明确,责任到人,日常维护与计划保养相结合,减少人为的机器设备损坏。

餐厅人员工作职责

餐饮服务人员的全部工作和活动可分为三大部分:第一,接待,接受预订、迎宾、衣帽服务、领座、递送菜单等;第二,销售,招待顾客,协助或指导选菜,回答各种有关问题;第三,销售控制,检查餐饮质量和数量、结账、收款等。

为了顺利完成上述三方面的活动,餐饮工作人员必须合理分工,必须明确规定每一个人员的职责和权力,包括经理、领班、领座员、服务员等,并按照组织的原则,发布命令、接受命令、完成工作。具体见附表1-1。

表 1-1 餐厅人员具体工作职表

岗位	职责
餐厅经理的职责	营业前的职责： 1.保证餐厅空调的温度适中； 2.检查餐厅内的灯泡及灯光； 3.检查餐厅内所有装饰品是否摆正； 4.检查餐桌餐椅放置地点是否正确，是否摆放整齐，餐桌摆设是否正确完整； 5.检查餐厅内的清洁工作是否落实； 6.检查客用洗手间； 7.与厨房确认订席情形(特别是有规模较大的订席时)，并了解厨房存货情况； 8.确定服务员出勤人数； 9.检查菜单内页与封面是否完整干净； 10.查验每个备餐台的各种应用物品是否备齐； 11.检查餐厅内的卫生与安全； 12.检查服务人员的服装仪容； 13.宣布订席状况(强调 VIP 客人及熟客习惯、主人姓氏及头衔、用餐特殊要求、餐席标准、餐席总数等)； 14.检讨前日工作疏失或客人抱怨，并提出改进措施与以后防范措施； 15.给各领班分配责任区及通告注意事项； 16.宣布今日特别菜肴或饮料，以利于服务人员推销； 17.公布其他餐厅正举行或将要举行的促销活动； 18.传达上级指示。 营业中的责任： 1.迎宾(问候客人并与熟客亲切寒暄)，领座(特别是 VIP 客人)； 2.向客人提供有关食品、饮料的信息，并作必要的推销； 3.确定全体人员提供的是高效率与殷勤的服务； 4.随时注意餐厅内的任何动态(服务与客人的满意度)； 5.客人若有抱怨必须亲自解决，谨慎处理难缠的客人； 6.实施安全措施； 7.与厨房保持密切联系； 8.维持餐厅内适宜的气氛，随时掌握座位状况； 9.当客人或服务人员发生意外时，马上采取必要行动； 10. 满足客人合理的要求； 11.督导服务。 结束后的责任： 1.检查足以引起火灾的危险之处(如垃圾桶内是否仍有未熄灭的烟蒂)； 2.查验餐厅内电器是否已经关掉或在适当的位置； 3.所有电灯是否关掉； 4.检查各个橱柜、房门是否上锁； 5.填写营业日志(营业额、客人抱怨或建议、特殊状况等)； 6.填写交接本，交代领班有何特别重要事项； 7.查看第二天的订席情形并了解是否有特别注意事项； 8.离开餐厅之前再巡视一次。 其他责任： 1.指导所有员工的在职培训； 2.参加餐饮部会议及其他必要会议； 3.定期变换菜单，适时推出促销活动，以提高营业收入及餐厅形象； 4.随时注意所属员工的出勤状况； 5.领导员工遵循员工守则； 6.负责招募新进员工与面试，并指导领班培训新员工；

续　表

岗位	职责
餐厅经理的职责	7.预先向新进员工说明餐厅的特别规定； 8.根据生意淡旺调整人员； 9.坚守顾客至上原则，认真带领服务人员向顾客提供主动、周到、亲切、有礼的服务； 10.随时机动地调整人力分配； 11.指导训练员工，丰富员工的安全、卫生、消防知识； 12.随时注意餐饮的成本控制； 13.指导服务人员正确的推销技巧； 14.观察并记录所属员工的工作表现，作为评估参考； 15.建议适任员工的晋升； 16.每星期至少作一次餐厅总检查； 17.随时注意餐厅内各式物品、器皿、器具、桌布、家具的消耗、破损与维修情况。
餐厅领班的职责	1.营业前巡视所负责区域是否整洁，设施与各项器具是否完善； 2.了解订席情形，做好准备工作，指挥餐桌摆设及各项清洁工作； 3.与厨房沟通以了解当日菜肴，并转告所属员工； 4.协助主管主持简报； 5.替客人点菜时须注意适量与客人的喜好； 6.营业中随时注意客人动态，以提供周全的服务，必要时协助服务工作，点菜或点饮料时积极地推荐及推销； 7.在服务员上菜前应注意是否有所遗漏或菜肴是否正确； 8.客人结账时应检查账单是否正确无误； 9.视客人消费情况提供免费停车证明； 10.营业结束后督导所属员工清理器具、物品并归位； 11.整理第二天的营业场所； 12.培训与指导所属服务员，丰富他们的餐饮知识与技巧，提高他们的服务水平； 13.考核员工出勤，编制员工排班表； 14.接受上级主管的指示及完成分派的工作； 15.处理顾客抱怨并向主管报告； 16.督导服务员的服装仪容及服务礼仪与态度，强化他们的卫生观念及安全观念； 17.向主管汇报服务中的不足之处，并提出改进意见，做好领班间的协调工作； 18.处理客人的遗留物品； 19.协助接听电话； 20.负责盘点与器皿的报废工作，填写报修单，并追踪结果。
餐厅接待员/领座员的职责	1.接听电话并代为转达； 2.接受与安排订位； 3.负责门口区域的环境与海报架的清洁； 4.负责订位台及订席簿的整齐与清洁； 5.熟悉餐厅各项设施，以便随时回答客人的询问； 6.谨尊“顾客至上”的信条，与客人交谈时要诚恳亲切； 7.熟悉餐厅所提供的菜肴与饮料； 8.随时注意自己的站立姿势，保持端庄大方的仪态； 9.随时检视服装仪容； 10.接受并完成上级交办的任务。

续 表

岗位	职责
餐厅服务员的工作职责	1.负责桌面的摆设,并确定所需物品一应俱全; 2.熟悉餐厅服务流程及各式器皿的正确使用方法,熟练掌握服务技巧及餐饮实务知识; 3.顾客入座后正确递送菜单,并按人数增减餐具; 4.了解菜色内容,以作适当的推销; 5.采用正确的上菜方式,并能正确端送给客人而不必问客人哪一位吃什么; 6.随时替客人添加茶水; 7.帮忙盘点,保持服务区域内的整齐与清洁; 8.将用过的餐具分类送洗,并清点桌布送洗; 9.熟悉多种餐巾(口布)的折叠方式; 10.在服务区内准备所有备用品,保持餐具柜的整齐; 11.随时补充各式餐具与备用品; 12.注意自己的服务仪容及个人卫生; 13.谨尊"顾客至上"、"顾客满意"的格言; 14.随时注意客人所点菜肴是否有延误,若有问题马上通知主管,客人离开后迅速而轻巧地收拾餐具; 15.熟悉买单流程; 16.将客人遗留的物品(通知主管后)送交有关部门处理; 17.负责擦拭各种餐具; 18.客人若有抱怨或意见,马上通知主管处理; 19.遇见客人以亲切态度打招呼,善用服务用语(如:"欢迎光临"、"谢谢"、"对不起"、"请"); 20.完成主管指派的工作。
主厨的职责	1.负责主持厨房(中或西)的日常事务工作; 2.根据客源、货源及厨房技术力量和设备条件,准备宴会菜单,每天提供各班组所需食品原料的请购单,交采购供应部; 3.协调各班组间的工作,检查各项工作任务的落实完成情况,及时向部门经理汇报,提出改进意见; 4.负责对菜点质量的全面检查,对不符合烹任要求的原料,及不符合规格、质量要求的成品和半成品有权督促重做或补足,并对制作者给予相应处罚; 5.负责检查各组的卫生情况,检查各组的冰箱、橱柜、抽屉、工作台、门窗等的清洁卫生,并审核各组的卫生用品的领用情况; 6.负责各组人员的考勤,合理排班,根据工作需要决定加班人员和加班时间的安排,指导所属各组领班的工作,检查各项任务的执行情况; 7.负责安排每周菜单,根据客人不同口味要求安排点菜单和特定菜单,并指派专人制作; 8.经常与餐厅经理、业务经理取得联系,并虚心听取宾客意见,不断研究菜肴品质,满足宾客需要。

第四节 餐饮部的地位和任务

餐饮部作为现代旅游饭店必不可少的一个主要对客服务的部门和创收部门,正发挥着越来越重要的的作用。人们头脑中传统的轻视餐饮经营,认为餐饮生意本大利小的错误观念必须加以纠正。作为餐饮从业者，应该正确认识餐饮部门在饭店中的地位，明确餐饮部的主要任务，了解餐饮经营的特点，从而最大限度发挥餐饮部门的作用。

一、餐饮部的地位

21世纪以来，随着社会生产力的发展，国际间的社会、经济交往日益频繁，旅游业也得到了迅猛发展，饭店间的竞争也日益激烈。饭店的经营者们都争相利用自己的餐饮优势来吸引客人，竞争促进了餐饮的发展，提高了其在饭店中的地位。餐饮部门的地位主要体现在：

（一）餐饮服务是饭店服务的重要组成部分

我国民间自古流传“民以食为天”，在旅游业“吃、住、行、游、购、娱”六要素中，吃占第一位。而作为提供饮食的部门——餐饮部，就显得尤为重要，成为饭店为旅游者提供各项服务的重要内容之一，构成饭店服务的主要组成部分。离开了餐饮部门的饭店就不是健全的饭店。没有一个完善的、与客人要求相适应的餐饮服务部门，势必会影响到饭店的生存、影响到我国旅游业的发展。

（二）餐饮服务是饭店营业收入的主要来源之一

餐饮部是饭店的主要营业部门。在欧美国家，餐饮的营业收入达到饭店总收入的35%左右，仅次于客房收入。我国餐饮部门的收入约占饭店营业的三分之一左右。对于餐饮经营较好的饭店，可高达二分之一，甚至超过客房的收入。餐饮营业收入与客房、商场的营业收入一起被称为饭店营业收入的三大支柱。

另外，餐饮业也是平衡饭店经营季节性差异的重要手段之一。我国大多数旅游饭店经营中的季节性比较强。在旅游者相对比较集中的春秋季节，饭店往往是满负荷运转；而冬夏季节，饭店则相对比较清淡，设施、设备闲置较多。应加强餐饮部门在淡季的经营，如举办各种风味的美食节、餐饮推广活动、娱乐活动和招揽会议等，也可以加强外卖，将餐饮服务的外延由店内扩大到店外，打破用餐场地的束缚，扩大饭店的营业收入。

（三）餐饮部是饭店营销活动的重要组成部分

餐饮部门在饭店市场激烈的竞争中占有重要的地位，常常充当饭店营销活动的排头兵。相对于客房部门来说，它在竞争中更有灵活性、多变性和出奇性的能力。卓越的餐饮经营，必然会对饭店客房的销售产生良好的影响。一位成功的饭店经营者曾说过，他如果不拥有本市最佳的餐厅，他的饭店很可能成为无人问津的“破落的小客栈”。这句话风趣而深刻地揭示了餐饮部门在饭店营销中的地位。

（四）餐饮服务的特色能够提高国家和饭店的知名度

现代社会中，一国的餐饮早已经成为吸引国际旅游者的重要资源。中国的烹饪艺术，博大精深、历史悠久、享誉天下，已成为吸引众多外宾来华的因素之一。作为饭店的餐饮部门正处于这样一个宣扬我国传统烹饪艺术的重要地位，担负着弘扬我国饮食文化、挖掘我国旅游资源的重任。作为餐饮部门的经理，首先必须对此有正确的认识，培养自己在这方面的能力，才能胜任餐饮部门重要而艰巨的工作。

二、餐饮部的任务

餐饮部担任着向国内外宾客提供高品质的菜肴、饮料和优良服务的重任，并通过满足他们越来越高、越来越多样化的用餐要求，为饭店创造更多的营业收入。餐饮部门的具体任务分述如下：

（一）提供基本的餐饮服务

餐饮部门最基本的任务就是向宾客提供优质的菜肴和饮料。菜肴等实物产品是宾客可以直接感受的餐饮产品，也是饭店餐饮部能够取得成功的关键。为了保证能提供满足客人的优质产品，餐饮部需做到：掌握并满足各种不同客人的饮食需求，这是获得客人满意的前提；同时准确把握优质饮食产品的含义，精心策划饮食产品的各种组合；要加强饮食产品生产过程的管理，保证文明生产、卫生操作，稳定与提高食品质量。

（二）提高餐饮部的服务质量

一个餐饮部门的经理必须时刻为客人着想，精心策划自己独特的服务项目和服务特色，尽可能地扩大服务范围和提高服务质量。客人在购买饮食产品的同时，更期望得到与菜肴同时销售的服务，并期求获得方便、周到、舒适、友好、愉快等方面的精神享受。因此,餐饮部必须及时根据客人的需求来提供有效服务,不断努力提高服务质量。

(三)提高营业收入和创利水平

创收、创利是餐饮部门的经营目标之一,也是一项重要任务。而要达到和超额完成餐饮部门的营业收入计划与目标利润,餐饮部就应该分析和研究市场变化,适时调整经营策略,采取灵活多样的推销方式,开发市场,组织客源,扩大销售。要加强饮食成本控制,减少利润流失。

(四)为树立饭店的高品质形象服务

由于餐饮部门与客人的接触面广、量大、面对面服务时间长,从而对客人心理因素影响较大,并直接影响宾客对整个饭店的评价。要树立饭店的高品质形象,首先必须加强餐饮部门自身的高品质形象建设。应该不断提高员工的服务质量与服务水平,让每个员工都认识到自己对于餐饮部乃至整个饭店的重要性。

第五节 餐饮服务发展的趋势与措施

随着人们生活水平和经济水平的发展提高,人们对餐饮的需求和要求也越来越高,餐饮业必须不断调整自己的服务内容与项目,把握餐饮发展的趋势,才能满足人们的需求。

一、餐饮经营发展新趋向

今天的餐饮经营早已从过去的卖方市场转移到买方市场,消费者的消费趋向决定了餐饮经营的着位点,餐厅的工作重点应该从过去的注重内部管理向研究市场开拓市场转变。作为餐饮经营者要时刻关注市场,注重研究消费者的变化,抓住市场,赢得市场的发展先机。随着人们生活水平的提高,消费者对餐饮业提出越来越高的要求,不仅要求吃饱吃好,价廉物美,还要求获得良好的心理和精神享受。消费者在餐饮消费时带有许多感情成分,容易受环境的影响,在注重食物味道的同时,更注重就餐时的环境。环境、食品、服务是构成餐饮消费的三大因素,是餐厅必须全面打造的服务内容。

二、关注客人的隐性需求

餐饮业竞争日益激烈,饭店产品的同质化非常普遍,行业之间的技术壁垒已不复存在。餐厅优势的产品,很容易形成竞争对手效仿的对象。竞争者在不断研究优势餐厅,使优势餐厅的产品成为基准营销的参照标准。当餐厅的优势产品被别人模仿后,餐厅的优势已不再存在,满意的顾客已经不再是餐厅的忠实顾客,只有享受到惊喜的顾客才会对餐厅的产品产生好感。餐厅获取竞争优势的关键是不断为客户提供超出行业标准的期望值。只有不断地为客户提供热情、周到的服务,并能迅速响应宾客的需求,餐厅的顾客才能感受到因服务而带来的愉悦。餐厅应致力于以"客户为中心",为宾客提供持续优质的服务,这是餐厅对宾客服务过程中最难得的一种能力,也是优质服务的根本保证。当餐厅能够持续提供优质服务时,餐厅就逐步获得一种服务品牌的竞争优势。世界著名酒店经营人科迪斯·塞缪尔斯曾说过:"酒店本身就是商品,任何酒店实质上没有什么特别之处,除少数与众不同的酒店外,消费者看重的是与价格相匹配的服务。"因此,餐厅要想在行业竞争中取胜,就必须提高自身的服务水平,为宾客提供卓越的服务,满足顾客追求的需求。

三、打造卓越服务,餐厅应做些什么

卓越服务是一种感觉,是餐厅为客人提供服务时,服务超出了客人的期望值,从而给客人带来的一种满足感和愉悦感。那么应该如何做到卓越服务呢? 一般要经历四个层次,即规范化服务→个性化服务→精细化服务→卓越服务。规范化服务是餐厅服务的基本水准,是餐厅质量管理的底线,也是实施卓越服务的根本基础。个性化服务不是餐厅服务标准需求的,而是超出标准之外的。员工的满意度是餐厅提供个性化服务的基础,只有员工具有了高度的敬业精神和良好的职业习惯,才能为宾客提供个性化服务。卓越服务是留住顾客最有效的服务,也是餐厅在服务业追求的工作目标。因此,餐厅必须推行卓越服务来追寻顾客的需求,获得顾客的赞誉,用卓越的服务来塑造餐厅的品牌。

实际上卓越服务是一个大课题,也是当今餐饮发展的一个新潮流,是对传统餐饮服务的有力提升,真正做到这一点还需要我们餐饮人在经营和管理上付出相应的投入,从而形成一种文化和理念。

餐饮部工作人员素质要求

餐饮部的工作人员必须具备高度的工作责任心和敬业奉献精神，坚持让客人完全满意的服务宗旨和餐饮管理实务所规定的岗位职责和质量标准，要求身体健康，外貌端正，精力充沛；职业道德和行业准则符合《员工手册》的要求。各岗位的知识要求、能力要求和经历要求如表 1-2：

表 1-2 餐饮部工作人员具体素质要求

岗位	知识要求	能力要求	经历要求
餐饮部经理	1.大专毕业以上或具有同等学历 2. 掌握餐饮管理基本理论，熟悉烹饪、酒水、成本核算、预算控制、市场调研、制订价格等专业知识和餐饮服务接待礼仪 3.熟悉外事纪律，旅游法规，食品卫生法以及国家有关价格政策 4.了解市场营销、服务心理学以及营养卫生知识和国内外各地区各民族的风俗习惯和口味特点	1. 有指挥控制和组织实施本部门工作、全面完成预算管理目标和成本核算经济分析的能力 2.有与其它部门协调工作，坚持以市场为导向、以成本为中心，参与市场竞争，扩大营收、提高质量、创新品种、控制成本、增创效益、领导组织接待各种大型宴会与会议的能力 3.有较好的语言表达能力 4.爱护和关心员工，有激励和调动员工积极性的能力 5.掌握酒店日常英语，能用流利的英语口语与外宾沟通，通过酒店 A 级英语考核	1.曾任餐饮部副经理一年以上 2.担任本部门管理干部二年以上
中西餐厅经理	1.大专毕业以上或具有同等学历 2.掌握中西餐管理的基本理论，熟悉各岗位服务程序和质量标准以及烹饪知识、酒水菜单、成本核算、市场调研等专业知识 3.掌握外事纪律、旅游法规、食品卫生法以及治安消防法规 4. 掌握国内外各地区各民族的风俗习惯和口味特点	1. 有指挥控制和组织实施本部门工作，全面完成预算目标及成本核算的能力 2. 能搞好本部门餐厅和厨房的沟通协作，提高服务质量，创新菜品，控制成本能力 3.有组织领导接待 VIP 和大型宴会与会议的能力 4.爱护和关心员工，有激励和调动员工积极性的能力 5.掌握酒店日常英语，通过酒店 A 级英语考核	从事餐厅或厨房管理工作三年以上且有突出表现
饼房厨师长	1.中等职业学校或具有同等学历 2. 熟悉中西点心的制作方法及质量标准，懂得食品原料知识、成本核算方法及厨房各类机械器具的使用和保养知识 3.熟悉外事纪律、食品卫生法、国家有关价格政策以及服务心理学、安全消防知识 4.了解市场营销学、食品营养原理、各国和各民族饮食风俗习惯	1.有指挥控制和组织实施饼房全面管理工作和成本核算的能力，严把质量关和食品卫生关，有创新菜品的能力 2.有与其他部门协调沟通的能力 3.爱护和关心员工，有激励和调动员工积极性的能力 4.能提供优质的对客外卖食品服务，有完成预算目标及成本核算的能力 5.掌握酒店日常英语，通过酒店 A 级英语考核	任厨房厨师长三年以上，专业技术达到特一级水平
西餐厅主管	1.大专毕业或具有同等学历 2.掌握餐厅管理的一般理论知识，熟悉本餐厅各岗位的职责和工作程序，懂得接待礼仪 3.熟悉外事纪律和食品卫生法，掌握治安消防知识	1.组织指挥本餐厅员工按服务工作规范完成各项接待任务 2.语言表达能力强，有较好的推销意识 3.掌握员工的思想状况，做好员工的思想工作 4. 掌握大型宴会和各种会议的接待程序，保证接待工作万无一失 5.熟练掌握酒店日常英语，能用流利的英语与外宾沟通，通过酒店 A 级英语考核	曾任餐厅领班一年以上或从事餐厅工作三年以上且有突出表现

续　表

岗位	知识要求	能力要求	经历要求
管事部领班	1.中等职业学校或高中毕业 2. 熟悉管事部领班的工作程序和要求，掌握厨具、餐具的清洁保养工作，懂得各种清洁机械和清洁剂的使用知识 3.熟悉冷库、干库库房管理知识及食品卫生法，了解治安消防条例	1.有独立工作和督导员工按照工作规范和质量要求做好部门工作的能力 2.控制成本，做好库存管理，严格保证各种领用制度及进货制度 3.掌握员工的思想状况，做好思想工作 4.外语熟练，通过酒店 A 级英语考核	同西餐厅主管
中西厨房领班	1.中等职业学校或高中毕业 2.掌握厨房管理基础理论，熟悉中西菜点的烹饪知识和要求及其操作特点，懂得食品原料知识、成本核算方法以及厨房仓储知识，了解厨房各类机械器具的使用规范和保养方法 3.熟悉食品卫生法、外事纪律和国家有关价格政策 4.了解市场营销、食品营养原理、各国各民族饮食习惯及安全消防知识	1.有指挥控制和组织实施厨房全面管理工作和成本核算、经济分析、严把质量关和食品卫生关、创新菜品的能力 2.有与餐厅做好沟通，收集客人反馈意见，改进菜品的能力 3.语言表达能力强，有与其他部门协调工作的能力 4.有大型宴会及会议的接待能力，能较好的编写菜单 5.通过酒店英语 B 级考核	任厨房领班五年以上，专业技术水平达到特一级
点心外卖领班	1.中等职业学校或高中毕业 2. 熟悉各种中西点心的制作工艺和口味特点，掌握外卖工作的程序和服务标准 3. 熟悉食品卫生法及国家有关的价格政策	1.有对本班组实施全面管理工作的能力和成本核算，合理定价的能力 2.有与饼房制作间及时沟通以及与其它部门协调工作的能力 3.语言表达能力强，有较强的推销技巧 4.通过酒店英语 B 级考核	
中西餐厅领班	1.中等职业学校或高中毕业 2.熟知菜肴酒水知识，熟知餐厅服务的工作程序及质量标准，熟知接待服务中的礼节礼仪	1.有独立工作和协助经理按照服务工作程序和质量要求，做好餐厅的管理和服务工作 2.有较强的语言表达能力及推销能力 3.基本掌握酒店日常英语，能用英语为宾客提供服务，通过酒店 B 级英语考核	从事餐厅工作二年以上
中西餐厅迎宾员	1.中等职业学校或高中毕业 2.掌握餐厅服务知识，掌握餐厅格局和排位情况，熟悉餐厅服务工作程序及质量标准 3.熟知接待礼仪及外事纪律	1.能按工作规程和质量标准要求，独立进行工作 2.有较强的语言表达能力，语言清晰得体 3.通过酒店英语 B 级考核	165cm 身高以上，从事餐厅工作一年以上
中西餐厅服务员	1.中等职业学校或高中毕业 2. 掌握餐厅服务工作的程序及要求标准，了解菜肴烹调知识，掌握餐厅设施设备及各种餐具、酒具、布件的使用和保养知识 3. 熟知菜单上菜品的价格及口味特点，懂得接待礼仪	1.能按工作规程和质量标准要求独立进行工作 2.有较强的推销能力，语言礼貌得体 3.有良好的人际关系处理能力，尊重领导，团结同事 4.通过酒店外语 B 级考核	
中西餐厅传菜员	1.中等职业学校或高中毕业 2. 了解餐厅服务知识和菜肴烹饪基础知识 3.掌握上菜顺序和托盘技术 4.熟悉餐厅服务工作程序和要求，懂得接待礼仪	1.能按工作规程和质量标准要求独立进行工作 2.具有一般的文字和语文表达能力 3.通过酒店英语 C 级考核	

续 表

岗位	知识要求	能力要求	经历要求
酒吧咖啡厅服务员	1.中等职业学校或高中毕业 2.熟悉酒吧、咖啡厅服务规程和质量标准,掌握酒水、饮料等知识 3.掌握接待礼仪 4.掌握酒水单的内容及各种价格,酒水产地等	1.能按工作规程和质量标准要求独立进行工作 2.有较强的推销能力,语言礼貌得体 3.熟练掌握酒店常用英语,能与外宾沟通,通过酒店英语A级考核	
中西餐炉灶厨师	1.中等职业学校或高中毕业 2.熟悉中西炉灶工作程序及质量要求,掌握各自主要菜肴的烹饪知识和操作方法,了解食品原料、调料知识 3. 熟悉中西厨房炉灶设备的使用和维护知识	1.能按工作规程和质量标准要求独立进行工作,具有相应的技术等级 2.具有一般的文字和语文表达能力 3.通过酒店英语C级考核	从事厨房工作三年以上
中西切配厨师	1.中等职业学校或高中毕业 2. 熟悉中西切配操作规程和质量要求，掌握菜肴基础知识及切配操作技能，了解食品原料知识和各种切配机械器具的使用和保养知识	1.能按工作程序和质量标准要求独立进行工作,并具有相应的技术等级 2.通过酒店英语C级考核	
中西打荷厨师	1.中等职业学校或高中毕业 2.熟悉打荷工作程序及要求,掌握配菜的各种操作技术的质量要求 3.了解食品卫生法	1.能按工作程序和质量标准要求独立进行工作,并有相应的技术等级 2.具有一般的文字语文表达能力 3.通过酒店英语C级考核	
中西蒸灶厨师	1.中等职业学校或高中毕业 2.熟悉笼锅工作程序及要求,掌握烧饭及蒸制菜点的操作技术和质量要求 3.掌握蒸汽设备使用和维护保养知识	1.能按工作程序和质量标准要求独立进行工作,并有相应的技术等级 2.具有一般的文字语文表达能力 3.通过酒店英语C级考核	
中西冷盆厨师	1.中等职业学校或高中毕业 2.熟悉中西冷盆、烤鸭工作程序及要求，掌握中西冷盆及烤鸭烹制方法和操作方法 3.了解有关食品原料的知识及食品卫生、消毒知识	1.能按工作程序和质量标准要求独立进行工作,并有相应的技术等级 2.具有一般的文字语文表达能力 3.通过酒店英语C级考核	
中西划菜围边厨师	1.中等职业学校或高中毕业 2.熟悉划菜围边工作程序及要求,掌握菜肴烹饪基础知识和上菜顺序 3. 了解围边装饰艺术和餐具的合理使用	1.能按工作程序和质量标准要求独立进行工作,并有相应的技术等级 2.具有一般的文字语文表达能力 3.通过酒店英语C级考核	
饼房外卖服务员	1.中等职业学校或高中毕业 2.掌握各种中西点心的口味特点及制作方法，掌握各种外卖设备的使用和保养知识 3.懂得接待礼仪	1.能按工作规程和质量标准要求独立进行工作 2.有较强的推销能力,语言礼貌得体 3.掌握酒店常用英语,能与外宾用英语沟通,通过酒店英语B级考核	
保管员	1.初中毕业或具有同等学历 2.熟悉岗位工作规程和要求,掌握保管知识及各种物资进出库的要求	1.能按工作规范和质量要求独立进行工作的能力 2.具有一般的语言文字能力 3.通过酒店英语C级考核	

续 表

岗位	知识要求	能力要求	经历要求
成本核算员	1.中等职业学校或高中毕业 2.掌握酒店餐饮基本业务知识，了解菜单定价原则 3.懂得菜肴烹饪和食品原料知识 4.掌握食品成本核算和预算控制的理论和方法	1.具有熟练进行食品成品核算和预算控制的能力 2.能依据食品的原、辅料制定菜肴的价格，掌握毛利率、成本率 3.文字清晰，有书写一般工作报告的能力 4.通过酒店英语B级考核 5.熟练操作电脑	
洗碗工	1.初中毕业或具有同等学历 2.熟悉各岗位工作规程和要求，掌握厨具、餐具的洗涤知识，懂得清洁剂和清洁机械的使用和维护保养知识	1.能按工作程序和质量要求独立进行工作 2.敬岗爱业，配合好餐厅和厨房的工作。 3.具有一般的语言文字能力	

复习思考题

1. 谈谈你对餐饮业发展的理解。
2. 简述餐厅种类及餐饮服务特点。
3. 简述餐饮服务内容。
4. 简述餐饮部的地位和任务。
5. 谈谈餐饮服务发展的趋势。

主要参考文献

黄文波.餐饮管理[M].天津：南开大学出版社，2003.

李勇平，王晓晓.饭店餐饮部的运行与管理[M].北京：旅游教育出版社，2004.

赵承金，赵倩.现代饭店餐饮管理[M].大连：东北财经大学出版社，2003.

中国烹饪发展史[EB/OL].http://bbs.qdit.com/dispbbs.asp?boardid=22&Id=100900.

追求卓越服务，顺应餐饮发展新趋势[EB/OL]. http://www.rz.gov.cn/rzly/lydt/20080104155722.htm.

第二章 餐饮服务礼仪规范

餐饮部是许多饭店招徕客人和行业竞争的重要部门，在饭店中具有举足轻重的作用。餐饮服务是由餐饮部服务人员通过具体劳动来完成的。这些餐厅服务人员，每天需要直接与宾客接触，其服务态度、业务水平、操作技能等都直观地反映在宾客面前，其举手投足、只言片语都有可能让宾客产生深刻印象。而每一名服务人员的年龄、性格、文化水平、职业培训等方面程度不一，导致了他们为宾客提供的服务质量不同；另一方面，同一服务员在不同时间、不同场所，其服务态度、服务方式等都可能存在差异。如果宾客要在就餐时享受到周到、热情的服务，餐饮服务礼仪就显得格外重要了。

通过本章的学习，可以了解餐饮服务工作的范围；掌握对餐饮服务人员仪容仪表和餐饮服务中基本礼貌的要求；熟悉餐饮服务人员的言行举止和餐饮服务中的礼节；知道餐饮服务人员应该具备的基本素质；理解餐饮服务规则；熟悉餐饮卫生服务规范。

第一节　餐饮服务工作范围

餐厅是宾客用餐的主要场所，其提供的是面对面的服务，特点是时间长，需求多。为了能使宾客在享用美味佳肴的同时感受到餐厅热情周到的服务，餐厅服务员要做好客人就餐前后的各项工作，随时准备向前来就餐的宾客提供优质服务。

一、服务前的准备工作

餐厅服务员在宾客未到之前，要按照餐厅经理或领班的安排以及餐厅服务程序，做好开餐前的准备工作，这是做好餐饮服务工作的前提和基础。

(一)整理餐厅

按照领班的安排,检查自己所负责区域内餐桌设备等是否完好;检查桌椅是否摆放整齐、美观;同时打扫好餐桌、地面以及门窗等处卫生。以期用最整洁、最优雅的环境迎接宾客就餐。

(二)摆台、准备备品

按照餐别标准摆放相应餐具和台上用品,并在备齐当日开餐所需的餐具、酒水、辅助用品的基础上多备一些备品,以防急用之需。

(三)熟悉菜单

餐厅服务员必须熟悉当日菜单,大致了解菜点的原料、风味特色、烹饪方法,熟悉菜肴、酒水的价格和上菜顺序。

(四)整理自身仪容仪表

餐厅服务员上岗前,应做好仪容仪表的自我检查,做到面容整洁、化妆淡雅、服饰美观合体、饰物适当、仪容端庄、举止优雅、精神饱满。

二、餐饮过程中的服务工作

餐饮服务员在宾客进入餐厅的那刻开始，就要时刻准备为就餐客人提供及时周到的服务。

(一)迎宾服务

当客人进入餐厅,服务员应面带笑容引导宾客就座:如有儿童就餐,要主动调整座椅,方便儿童就座;如有宾客需要脱外套或安放随身物品,餐厅服务员应主动协助。

客人入座后为其送上毛巾和茶水。

(二)点菜服务

客人进入餐厅，服务人员要主动微笑送上菜单，然后站在一旁等待客人点菜。当客人对菜点有疑问时,要及时给予明确细致的回答,并把餐厅的特色菜肴介绍给客人，介绍菜肴时要保持亲切的语气，尽可能给客人最大的自由选择空间，不要给客人兜售菜肴的感觉。点菜结束后要询问客人的禁忌和口味，以免造成客人的不便从而影响餐厅的声誉。

（三）就餐服务

1. 上菜服务

餐饮服务中上菜具有一定的技巧和规则，它是宾客进餐服务过程的中心环节，也是餐饮服务人员必须掌握的基本技能之一。上菜服务最重要一点就是要保证菜肴应有的温度。中餐上菜的服务顺序是冷菜先上，接着上热菜、主食、汤，最后上餐后点心、水果等。服务员在上菜时要特别注意上菜的时机和节奏，上菜的速度并不一定是越快越好，当为客人上第一道菜时要主动对客人讲："您的菜上来了，让您久等了。"上完最后一道菜时也应提醒客人："您的菜上齐了，请慢用！"让客人心中有数。此外，上主食和汤的时间要视客人用餐情况和要求而定。

2. 餐间服务

在客人就餐服务中要眼观六路、耳听八方，眼睛应该始终注意就餐客人的情况，发现客人在需要帮助时表现出来的各种迹象如手势、表情等，要及时上前询问，并随时迅速应答宾客的招呼。

对已有醉意的宾客要注意观察，给予特别关注，要以礼相待，掌握宾客的心理。在发生意外情况时，要保持头脑冷静，及时向主管反映，以便妥善处理。

3. 巡视服务

服务人员在服务过程中，要时常巡视每桌客人的就餐情况，经常为客人撤换烟缸，及时收去餐台上的空盘、空瓶、空罐等。若客人在餐碟中盛满了骨壳和其他脏物，应随即更换；要不时地为客人斟倒酒水饮料；客人在进餐过程中由于菜不够吃，或对某一道菜特别提出加菜要求时，应快速了解其情况，开单下厨，给予满意的处理。当客人对某菜肴的质量有意见时，服务人员应冷静考虑，认真对待，按实际情况妥善解决。

（四）餐后服务

1. 结账服务

宾客示意结账时，不要用手直接把账单递送给宾客，而是尽快将账单放在小托盘中递到客人面前，请客人核对。为了表示尊重和礼貌，放在托盘内的账单正面朝下，反面朝上。宾客无意离开时，切不可催促，要求宾客提前付款结账。宾客付账后，要表示感谢。

2. 送客服务

送客是礼貌服务的具体体现，表示餐厅对宾客的尊重、关心、欢迎和爱护，在星级饭店的餐饮服务中是不可缺少的项目。在送客过程中，服务人员应做到礼貌、耐心、细致、周到。客人就餐结束后，服务人员要主动征求客人对菜品、服务的意见，看看还有哪些需要改进的地方，最后不要忘了感谢客人的惠顾，欢迎客人再次光临。

三、餐饮服务结束后的清理工作

在客人就餐结束后，服务人员要进行收台检查工作。按照先口布、毛巾，后酒杯、碗碟、筷子的顺序分类收拾。收台时要检查有无客人遗留的物品，如有，应及时送还客人。然后整理台面，收好菜单；换台布、摆花瓶，打扫餐厅，整理桌椅；洗涤、消毒餐具，按照规定存放餐具。

第二节　餐饮服务人员的仪容仪表

现代社会餐饮服务业日益发展，人们与餐饮业的联系越来越多，对服务水平的要求越来越高。餐饮的服务礼仪是服务质量、服务态度的直接表现，在服务礼仪中，个人基础礼仪就是其中重要的组成部分。

一、仪　容

仪容就是容貌，由发式、面容以及人体所未被服饰遮掩的肌肤所构成，是个人仪表的基本内容。

走进餐厅，顾客最先接触的就是餐厅服务员，其一言一行都是对餐厅整体形象的体现，会给顾客留下深刻的印象。注重仪容仪表对于酒店员工而言，重要性极其显著。

（一）注重仪容美，体现了餐厅整体形象

客人对餐厅员工的第一印象至关重要，很可能就是客人对餐厅的第一印象。餐厅员工的工作特点就是直接面向客人提供服务，而第一印象的产生首先就来

自于服务人员的仪表仪容。良好的仪表仪容,会令人产生较好的第一印象,从而对餐厅产生积极的宣传作用,更能体现餐厅的整体形象。

(二)注重仪容美,有利于增强人际交往

一个人的仪容仪表在人际交往中会被对方直接感受,并由此反映出个性、修养以及工作作风、生活态度等最直接的个人信息,进而影响进一步的沟通与交往。餐厅服务人员整齐、得体的仪表仪容在一定程度上容易满足人追求美的心理需求,从而留下美好的印象,产生良好的社会效果。

(三)注重仪容美,反映了餐厅的管理水平和服务质量

在餐饮业激烈竞争的今天,餐厅的设施设备等硬件的竞争不再是竞争的全部,作为软件的服务水平和服务质量的竞争开始发挥越来越大的作用。而服务人员的仪容仪表在一定程度上反映了服务人员的素质。因此,餐厅服务人员的仪容美是反映餐厅管理水平和服务水平的重要组成部分。

作为餐厅服务人员,其仪容的具体要求有:男服务员不留大鬓角,后面的头发不能长到衣领,不留胡须,常修面。女服务员的头发不可长到披肩,必须化淡妆,不准佩戴任何首饰,不准留长指甲、涂指甲油。男女服务员均不得抹刺激性的香水。要注意保持头发、皮肤、牙齿、手指的清洁,口腔的清新。要勤理发、洗头、修面;勤洗澡、更衣;勤剪指甲、勤洗手。上班前应认真地对从头到脚的各部位的外表进行检查,绝不能疏忽了任何一方面。但切记不可在餐厅有客人的地方化妆和梳头,整理仪容应到指定化妆间或更衣室。

二、着　装

佛要金装,人要衣装。古今中外,着装从来都体现着一种社会文化,体现着一个人的文化修养和审美情趣,是一个人的身份、气质、内在素质无言的介绍信。从某种意义上说,服饰是一门艺术,服饰所能传达的情感与意蕴甚至不是用语言所能替代的。在不同场合,穿着得体、适度的人,给人留下良好的印象;而穿着不当,则会降低人的身份,损害自身的形象。在社交场合,得体的服饰是一种礼貌,一定程度上直接影响着人际关系的和谐。

餐厅员工的着装代表着餐厅的整体形象,整洁端庄的服饰可以表达出对他人的尊敬,表明了员工的责任感和可信程度,同时也是自身素质的体现。在着装

时应注意服饰穿着的TPO原则。TPO是英文Time、Place、Object三个词首字母的缩写。T代表时间、季节、时令、时代;P代表地点、场合、职位;O代表目的、对象。着装的TPO原则是世界通行的着装打扮的最基本原则。它要求人们的服饰应力求和谐,以和谐为美。着装要与时间、季节相吻合,符合时令;要与所处场合环境,与不同国家、区域、民族的不同习俗相吻合;符合着装人的身份;要根据不同的交往目的、交往对象选择服饰,从而给人留下良好的印象。

作为餐厅服务人员,其着装的具体要求有:餐饮服务人员在岗位上要着工作制服。工作制服是岗位和职责的标志,不得互相借换穿用,要求保持整齐清洁,熨烫笔挺;衬衣必须扎在裤内、裙内。领带、领结要按规定系好,而且随时检查,有污渍和破损的要及时清洗和更换。工号牌要求统一印制,并佩带在规定的部位上(一般戴在左胸)。首饰一般不用,用则求简、不戴项链、手镯、戒指等装饰物品。鞋一般要求为黑色的皮鞋或者布鞋;皮鞋要经常擦拭光亮,布鞋要无破损;袜子具有衔接裤子和鞋的作用,其颜色一般与裤子、鞋颜色相同或者相近,注意袜口不要露在裤子或者裙子之外;袜子要每天换洗,穿着时无破损。

三、整体仪表要求

仪表,也就是人的外表,包括仪容、服饰、姿态和风度,是一个人教养、性格内涵的外在表现。对餐厅服务员的仪表要求是:

(一)要有重视仪表的强烈意识

爱美之心,人皆有之。仪表堂堂、穿戴整齐者比不修边幅、衣冠不整者显得较体面、有教养,更受人尊重,这已经成为一般人的思维定势。作为餐厅服务人员,为了能够给顾客留下最好的印象,更应该有意识的注重自身的仪容仪表。

(二)经常检点自己的容貌举止

餐厅服务人员在工作中应经常检点自己的形象,要时刻保持端庄得体的仪表、仪容、仪态,处处注意自己的容貌举止,保持自己的良好形象,同时也保持餐厅的良好形象。

(三)保持整洁的形象

要塑造良好的自我形象,首要是整洁卫生。讲究个人卫生,保持衣着整洁是仪表美的最基本要求。因此在日常生活中,必须勤梳洗,讲卫生,尤其是在工作时要穿戴整齐,振作精神。员工清新的工作服会强化餐厅的形象,员工着装的基本要求就是"清洁整齐",清洁整齐的服装反映员工的精神面貌和餐厅服务的严格性,若穿戴不整齐,则会损害餐厅的形象。

第三节 餐饮服务人员的言行举止

餐饮服务人员的言行举止不仅仅代表着员工自身的素质，更是餐厅形象的代表。言行举止主要包括以下内容。

一、语 言

语言是人类交往的工具,是文明的标志。餐厅服务人员接待客人自始至终都离不开语言。因此，饭店的每一位工作人员都应该会一口流利的普通话,语调清楚,声音柔和,不能大声喧哗,在客人面前不能使用方言讲话,以免客人产生误会。

语言是服务过程中影响服务质量的主要因素之一。得体的语言、动听的声音,不仅体现了个人涵养,还能迅速拉近人与人之间的距离,化干戈为玉帛。作为酒店服务人员,在与客人沟通的过程中,得体的语言是至关重要的,不经意的一句话,就能赢得信任与好感。客人不满时,真诚的语言也能得到客人的谅解。

提升服务水平的核心在于提升服务人员的素质，服务语言则是服务人员素质的最直接体现。抓好服务语言工作,只需要制定相应培训计划,按照程序和标准对服务员实施培训,并按照这套程序和标准,不断地去检查、纠正服务过程中出现的问题,便能有效地提高从业人员的素质与服务质量。

(一)服务语言基本要求

1. 恰到好处,点到为止

服务不是演讲也不是讲课,服务人员在服务时只要清楚、亲切、准确地表达出自己的意思即可,不宜多说话。主要是启发顾客多说话,让他们能在这里得到尊重,得到放松,释放自己心理的压力,尽可能地表达自己消费的意愿和对餐厅的意见。

2. 有声服务

没有声音的服务，是缺乏热情与没有魅力的。服务过程中不能只有鞠躬、点头，没有问候，或只有手势，没有语言的配合。

3. 轻声服务

传统服务是吆喝服务，鸣堂叫菜、唱收唱付；现代服务则讲究轻声服务，为客人保留一片宁静的天地，要求三轻（即说话轻、走路轻、操作轻）。

4. 清楚服务

一些服务人员往往由于腼腆，或者普通话说得不好，在服务过程中不能向客人提供清楚明了的服务，造成了客人的不满。如菜名报得不清楚，顾客听得一头雾水，不得不再问，由此妨碍主客之间的沟通，耽误正常的工作。

5. 普通话服务

即使餐厅因为地方风味和风格突出，要采用方言服务才能显现出个性，但也不能妨碍正常的交流。因此，这类餐厅的服务员也应该会说普通话，或者要求领班以上的管理人员会说普通话，以便用双语服务，既能体现其个性，又能使交流做到通畅明白。

（二）交谈的语言艺术

1. 言辞礼貌，平等互敬

在交谈时无论在任何方面都要体现对客人的尊重，在口头语言表达中应尽量使用礼貌用语，正确地使用敬语和谦语，显示出个人的修养、风度和礼貌。

2. 措辞准确，表达灵活

在交谈中，如果词不达意很容易被人误解，达不到交际的目的。在措辞上要针对不同的对象、不同的性别和年龄、不同的场合，灵活使用不同的用语，避免矛盾的产生，利于沟通和理解。

3. 语言生动，机智幽默

幽默是一种艺术，常被用于化解尴尬场面和增强语言的感染力。生动幽默的语言能使得气氛活跃、感情融洽。幽默中含有理解，能使人在感到轻松愉快的同时，在笑意中去领悟真正的含义。但是，机智幽默不是耍小聪明或是耍嘴皮子，它应使语言表达入情入理，体现一定的修养和素质。

4. 举止文雅，姿态得体

在交谈中举止和语言是相辅相成的。如果交谈中有恰如其分的表情、动作相辅助,可以使得语言更加生动。一个具有良好修养和高雅气质的人,他优秀的内在素质会通过仪态、举止显示出来。

二、表 情

礼仪的情感表达是指人们在讲究礼节时，内心情感在面部上的表现，即表情。表情是人际交往中,相互沟通的形式之一。美国心理学家艾伯特·梅拉比安把人的感情表达效果总结了一个公式:感情的表达=语言(7%)+声音(38%)+表情(55%),这个公式是否科学合理且不去深究,但它说明了表情在人际间沟通时能够恰如其分地表现出人的内在感情。

在人际交往中,表情真实可信地反映着人们的思想、情感及其心理活动与变化。而且,表情传达的感情信息要比语言来得巧妙得多。当然,把握表情,并不是一件容易的事。大体上说,人的眼神、笑容、面容是表达感情最主要的三个方面。

(一)眼 睛

面部表情中起主导作用的是眼睛,眼睛对内心情感的传递主要是靠眼神。在社交礼仪中,目光是受感情制约的,人的眼睛的表现力极为丰富、极为微妙,很难规定出一定的模式。正确地运用目光,能恰当地表现出内心的情感。人与人之间在进行交流时,目光的交流总是处于最重要的地位。交流过程中,双方要不断地应用目光表达自己的意愿、情感,还要适当观察对方的目光,探测“虚实”。交流结束时,也要用目光作一个圆满的结尾。在各种礼仪形式中,目光有重要的作用,目光运用得当与否,直接影响礼仪的质量。在人际交往中,目光交流不仅可以表示对他人正在述说的事情的重视,也可以表达对他人的兴趣和喜爱。为此,餐厅服务人员要学会正确地运用眼神。在谈话时,目光要注视讲话的人。如果眼睛东张西望,表现出一副心不在焉的样子,则会被人认为是不礼貌的。

(二)微 笑

笑是眼、眉、嘴和脸部动作的集合,它是多样的:有皮笑肉不笑、有开怀大笑、回头一笑等等。而微笑是其中最常见的,用途最为广泛。

微笑可以表现出温馨、亲切的表情,能有效地缩短沟通双方的距离,给对方留下美好的心理感受,从而形成融洽的交往氛围,因而微笑不仅是一种外化的形象，也是内心情感的写照。美国希尔顿旅馆总公司董事长康纳·希尔顿50多年里，不断地到他设在世界各国的希尔顿旅馆视察，视察中他经常问下级的一句话是：“你今天对客人微笑了没有？”这足以说明微笑对人际交往的突出效用。

对餐厅员工来说，其微笑的要求是：发自内心、自然大方，显示出亲切，要由眼神、眉毛、嘴巴、表情等方面协调动作来完成。

三、站 姿

站姿是最容易表现姿势特征的姿势。在餐饮服务中要求做到站有站相，女服务员站姿应亭亭玉立，文静优雅，男服务员站姿应是刚劲挺拔，器宇轩昂。

（一）正确的站姿

站立是人们生活交往中一种最基本的仪态，它指的是人在站立时呈现出的具体姿态。餐厅服务员在任何时刻都要力求做到“站如松”，其意思是站得要像松树一样挺拔，同时还需注意站姿的优美和典雅。这是一种静态美，是培养优美仪态的起点。站立时，上下看要有直立感，即以鼻子、肚脐为中线的人体大致垂直于地面；左右看要有开阔感，即肢体和身段给人舒展的感觉；侧面看也要有直立感，即从耳朵到脚踝骨所形成的直线也大致垂直于地面。

1. 站立的要求

首先要求头正。抬头，两眼平视前方，嘴微闭，收颌直颈，表情自然，稍带微笑。同时两肩平正，微微放松，稍向后下沉。两肩平整，两臂自然下垂。女士可前搭手，男士一般两手置于体侧，中指对准裤缝。并且胸部挺起，使背部平整。腹部往里收，不能随意凸起，腰部正直，臀部向内、向上收紧。最后两腿立直（图 2-1）。忌一些不雅观的站姿（图 2-2）。

女标准站姿 男标准站姿

图 2-1 标准站姿

不雅男姿 不雅女姿

图 2-2 不雅站姿图

男站姿

图 2-3 男站姿

2. 具体的站姿

(1)男士的站姿。男士站立时,要表现出刚健、强壮、英武、潇洒的风采。具体要求是:下颌微收,双目平视,身体立直,挺胸抬头,挺髋立腰,吸腹收臀,两膝并严,两脚靠紧,双手置于身体两侧,自然下垂,这是标准的立正姿势。也可以脚跟靠近,脚掌分开呈"V"字形,或者两腿分开,两脚平行,但不可超过肩宽,双手叠放于身后,掌心向外,形成背手(图 2-3),背手有时会给人盛气凌人的感觉,在正式场合或者有领导和长辈在场时要慎用。

(2)女士的站姿。女士站立时,要表现出轻盈、娴静、典雅、优美的韵味。具体要求是:身体立直,挺胸收腹;双手自然下垂,也可相叠或相握放在腹前,两膝并严,两脚并拢,也可以脚跟并拢,脚尖微微张开,两脚尖之间大致相距 10 厘米,其张角约为 45 度,形成"V"字形,或者两脚一前一后,前脚脚跟紧靠后脚内侧足弓,形成"丁"字形。

(3)站姿的调整。同别人站着交谈时,如果空着手,男士可以双手相握或叠放于身后,女士可以双手相握或叠放于腹前。

身着礼服或旗袍时,绝对不要两脚并列,而要两脚一前一后,相距 5 厘米左右,以一只脚为重心。

向他人问候、做介绍、握手、鞠躬时,两脚要并立,相距约 10 厘米,膝盖要挺直。

等待时两脚位置可以一前一后,保持 45 度角,肌肉放松而自然,但仍保持身体的挺直。

站立过久时,可以把脚后撤一小步,后面的脚跟可以稍微抬起一点,身体的重心置于前面的脚上。

3. 站立时禁忌的姿势

(1)手的错位。站立时双手可以随谈话的内容做一些适当的动作,来帮助对方理解谈话的内容,但双手的动作宜少不宜多,宜小不宜大,切不可做一些乱指乱点、乱动乱摸、乱举乱扶、将手插入裤袋、左右交叉抓住胳膊压在胸前、摆弄小东西、咬手指甲等不合礼仪要求的动作。

(2)脚的错位。双脚站累时可以把身体的重心从两脚挪到任何一只脚上,但不可把两膝弯曲,双脚摆成外八字(图 2-2),用脚做一些乱指乱点、乱踢乱画、乱蹦乱跳、勾东西、蹭痒痒、脱鞋子或者半脱不脱、脚后跟踩在鞋帮上、一半在鞋里一半在鞋外等不合礼仪要求的动作。

(3)腿的错位。站立时双腿不可叉开过宽,不可交叉形成别腿,或把脚踩、蹬、勾在别的东西上以及把腿搭在或跨在别的东西上，使腿部错位，更不可抖动双腿或一条腿。

(4)上身错位。上身表现自由散漫，东倒西歪，或随意倚、靠、趴在别的东西上，或肩斜、胸凹、腹凸、背驼、臀撅，显得无精打采，萎靡不振。

(5)头部错位。脖子没有伸直，使得头部向左或向右歪斜，头仰得过高或压得过低，目光斜视或盯视，表情僵硬等。

四、走 姿

走姿，也称行姿，指人们在行走的过程中所形成的姿势。“行如风”指的是人们行走时像一阵风一样轻盈。它是一种动态美，它是以人的站姿为基础，实际上属于站姿的延续动作。

(一)行姿的具体要求

1. 重心落前

在起步行走时，身体应稍向前倾，身体的重心应落在反复交替移动的前脚脚掌之上。要注意的是，当前脚落地、后脚离地时，膝盖一定要伸直，踏下脚时再稍为松弛，并即刻使重心前移，这样行走时，步态才会好看。

2. 全身协调

行走过程中，要面朝前方，双眼平视，头部端正，胸部挺起，背部、腰部、膝部尤其要避免弯曲，使全身形成一条直线。

3. 摆动两臂

行进时，双肩、双臂都不可过于僵硬呆板。双肩应当平稳，力戒摇晃。两臂则应自然地、一前一后地、有节奏地摆动。在摆动时，手腕要进行配合，掌心要向内，手掌要向下伸直。摆动的幅度，以 30 度左右为佳。

4. 脚尖前伸

行进时，向前伸出的那只脚应保持脚尖向前，不要向内或向外。同时还应保证步幅(行进中一步的长度)大小适中。通常，正常的步幅应为一脚之长，即行走时前脚脚跟与后脚脚尖二者相距为一脚长。

5. 协调匀速

在行走时，大体上在某一阶段中速度要均匀，要有节奏感。另外，全身各个部分的举止要相互协调、配合，要表现得轻松、自然。

6. 直线前进

在行进时，女士的行走轨迹，应呈一条直线；男士的行走轨迹，应呈两条平行线。与此同时，要克服身体在行进中的左右摇摆，并使自腰部至脚部始终都保持以直线的形状进行移动(图 2-4)。

图 2-4 走 姿

(二)行走时禁忌的姿势

1. 瞻前顾后

在行走时要目视前方，不应左顾右盼，尤其是不应反复回过头来注视身后。

2. 双肩乱晃

在行走时应力戒双肩左右摇晃不止，身体也随之乱晃不止。

3. 八字步态

在行走时，若两脚脚尖向内侧伸构成内八字步，或两脚脚尖向外侧伸构成外八字步，这样走起来都很难看。

4. 速度多变

行走之时，切勿忽快忽慢，要么突然快步奔跑，要么突然止步不前，让人不可捉摸。

5. 声响过大

行走时脚步声要轻，用力过猛会使脚步声响太大，因而妨碍他人，或惊吓了其他人。

6. 方向不定

在行走时方向要明确，不可忽左忽右，变化多端，显得鬼鬼祟祟，心神不定。

7. 不讲秩序

在行走时要遵守交通规则，靠右行走，不可争先恐后，乱闯一气。和别人“狭路相逢”时，要礼让别人，不可各不相让，甚至动口吵架或动手打架。

8. 人群中穿行

在行走时，如果想超过前边的人或人群，就要从他或他们的左侧经过，不可从他或他们的右侧或中间经过。如果迎面过来有人，大家各自靠右即可，不可从迎面人群中间穿行。

9. 边走边吃

一边走，一边吃，既不卫生，又不好看。可在室内或销售点吃完东西再走。

五、坐 姿

坐姿是指就座之后所呈现的姿势。“坐如钟”是指人在就座之后要像钟一样稳重，不偏不倚(图 2-5)。它也是一种静态美，是人们在生活工作中采用得最多的一种姿势。

图 2-5 坐 姿

(一)坐姿的具体要求

1. 入座时的要求

(1)入座时讲究先后顺序，礼让尊长，切勿争抢。

(2)一般从左侧走到自己的座位前，转身后把右脚向后撤半步，轻稳坐下，然后把左脚与右脚并齐。

(3)穿裙装的女士入座,通常应先用双手拢平裙摆,再轻轻坐下。

(4)在较为正式的场合,或者有尊长在座的情况下,一般坐下之后不应坐满座位,大体占据2/3的座位即可。

2. 坐定的要求

(1)头部端正。坐定时要求头部端正,可以扭动脖子,但不能歪头;眼睛正视交谈对方,或者目视前方,目光柔和,表情自然亲切。

(2)上半身伸直。上半身自然伸直,两肩平正放松,两臂自然弯曲,两手既可以放在大腿上,也可以放在椅子或沙发扶手上,掌心一定要向下。

(3)下半身稳重。两腿自然弯曲,两脚平落地面,在极正规的场合,上身与大腿、大腿与小腿,均应当为直角,即所谓"正襟危坐"。

(二)坐定的姿势

1. 男士的坐姿

坐定以后,头部和上半身的要求和站姿一样。具体的坐姿有:

(1)双腿、双脚并拢,形成"正襟危坐"。

(2)双腿、双脚可以张开一些,但是不能宽于肩部(图2-5)。

2. 女士的坐姿

女士落座后,头部和上半身的要求也和站姿一样,但更强调要双腿并拢。具体的坐姿有:

(1)双腿、双脚并拢"正襟危坐"。

(2)双腿并拢,双脚"V"字形或"丁"字形"正襟危坐"。

(3)双腿并拢,双脚并拢或者呈"V"字形、"丁"字形,双膝向左或向右略微倾斜。

(4)一条腿压在另一条腿上,上面的腿和脚尖尽量向下压,不能翘得过高,否则有失风度。

(三)坐定时禁忌的姿势

(1)身体歪斜:如前倾、后仰、歪向一侧等。

(2)头部不正:如左顾右盼、摇头晃脑等。

(3)手部错位:如双手端臂,双手抱于脑后,双手抱住膝盖,用手浑身乱摸、到处乱敲,双手夹在大腿间等。

(4)腿部失态:如双腿叉开过大、抖动不止、架在其他地方、高翘“4”字形腿(也就是一只脚放在另一条腿的膝盖上,脚踝骨接触膝盖,鞋底朝向身体外侧)、直伸开去等。

(5)脚部失态:如坐定后脱下鞋子或者脱下袜子,用脚尖指人或脚尖朝上使别人能看见鞋底,把脚架在高处、翘到自己或别人的座位上双脚摆成内八字,双脚上下或左右抖个不停等。

六、蹲　姿

蹲姿在工作和生活中用得相对不多,但最容易出错。人们在拿取低处的物品或拾起落在地上的东西时,不妨使用下蹲和屈膝的动作,这样可以避免弯曲上身和撅起臀部,尤其是着裙装的女士下蹲时,稍不注意就会露出内衣,很不雅观。

(一)蹲姿的具体要求

高低式蹲姿是指下蹲时一只脚在前,另一只脚稍后(不重叠),两腿靠紧向下蹲。前边那只脚全脚掌着地,小腿基本垂直于地面,后边那只脚脚跟提起,脚掌着地。后边的膝盖低于前边的膝盖,后膝内侧靠于前小腿内侧,形成前膝高后膝低的姿势,臀部向下,基本上以后边的腿支撑身体。男士选用这种蹲姿时,两腿之间可有适当距离(图 2-6)。

女标准蹲姿　男标准蹲姿　女不雅蹲姿

图 2-6　蹲　姿

(二)男女蹲姿的不同

男士一般采用高低式蹲姿,女士一般采用高低式蹲姿或者交叉式蹲姿。

(三)蹲姿的禁忌

采用高低式蹲姿时两腿分开过大,尤其是着裙装的女士更不可这样,或者是采用高低式蹲姿时不但两腿分开过大,而且两腿一样高,十分不雅。

七、手 势

手势,又叫手姿。由于手是人体最灵活的部位,所以手姿是体语中最丰富、最具有表现力的传播媒介,做得得体适度,会在交际中起到锦上添花的作用。古罗马政治家西塞罗曾说:"一切心理活动都伴有指手画脚等动作。手势恰如人体的一种语言,这种语言甚至连野蛮人都能理解。"作为仪态的重要组成部分,手势应该正确地使用。

(一)手姿的基本要求

(1)手姿动作宜少不宜过多。

(2)手姿动作宜小不宜过大。

(3)一般情况下掌心不宜向下。

(4)谈到别人时要掌心向上,手指自然并拢,指尖朝向别人,切忌不能用食指指点别人。

(5)指到自己时应掌心向内,拍在胸脯上,切忌不能用拇指指自己。

(6)他人面前切忌用手做不雅的动作,如:掏耳朵、搔头皮、抠鼻孔、剜眼屎、剔牙齿、摸脚丫、抓痒痒、剪指甲等。

(7)他人面前切忌用手做不稳重的动作,如:双手乱摸、乱动、乱举、乱放、乱扶,或是咬指尖、抬胳膊、折衣角、拢脑袋、抱大腿等。

(二)几种常用的手姿

1. 正常垂放

(1)自然垂放式。双手指尖朝下,掌心向内,在手臂伸直后分别紧贴于两腿裤线之处。

(2)腹前叠放式。双手展开后自然相交于小腹之处,掌心向内,一只手在上、一只手在下地叠放在一起。

(3)腹前相握式。双手展开后自然相交于小腹之处,掌心向内,一只手在上、一只手在下地相握在一起。

(4)双手背后式。双手展开后自然相交于背后,掌心向外,两只手相握在一起。

2. 手持物品

持物时要求平稳、自然、到位。拿小的东西时,用拇指和食指捏住,其他三指握到掌心,切忌其他三指翘起来。

3. 递接物品

递物时先调整好物品(带文字的物品要正面面对对方,带尖、带刃的物品则朝向自己或朝向他处),再主动上前,用双手递于对方手中,以便对方接拿。接物时要用双手或右手,绝不能单用左手。

4. 招呼别人

要注意手掌掌心应向上,切忌用一根或者两三根手指,掌心向下。根据手臂摆动姿势的不同,招呼别人的手姿有:

(1)横摆式。常用来表示“请”、“请进”。具体做法是:一只手五指伸直并拢,手掌自然伸直,手心向上,肘微弯曲,腕低于肘。以肘关节为轴,手从腹前抬起向外侧摆动至身体侧前方,并与身体正面成 45 度时停下,同时脚站成丁字步。头部和上身微向伸出手的一侧倾斜,另一只手自然下垂或背在背后,目视宾客,面带微笑(图 2-7)。

(2)双臂横摆式。用来表示招呼较多的人,动作较大一些。具体做法是:两手从腹前抬起,手心向上,同时向身体外侧摆动,摆至身体侧前方,上身稍前倾,微笑施礼,向大家致意,然后退到一侧(图 2-8)。

图 2-7　横摆式

图 2-8 双臂横摆式

(3)斜摆式。用来请客人就座,手势应摆向座位的地方。具体做法是:手先从身体的一侧抬起,到高于腰部后,再向下斜摆过去,使大小臂成一弯曲线(图 2-9)。

图 2-9 斜摆式

图 2-10 前摆式

图 2-11 直臂式

(4)前摆式。如果左手拿着东西或扶着门,这时要向宾客做向右“请”的手势时,可以用前摆式手势语。具体做法是:右手五指并拢,手掌伸直,手臂稍曲,以肩关节为轴,自身体左前侧由下向上抬起,抬到腰的高度后,再水平向身体右前方摆到距身体 15 厘米左右时停止(图 2-10)。

(5)直臂式。也用来指示方向。具体做法和横摆式大致相同,但直臂式强调胳膊摆到肩的高度,肘关节基本伸直(图 2-11)。

(5)举手致意。举手致意时要伸开手掌,掌心向着对方,指尖朝上,切勿乱摆。

(6)“V”型手姿。具体做法是:掌心向外,拇指按住无名指和小指,食指和中指伸开,指尖向上。这种手姿表示胜利,它是二战时英国首相丘吉尔首先使用的,现已传遍世界。这种手姿在我国也表示“二”的意思。

(7)“OK”手姿。具体做法是:拇指、食指相接成环形,其余三指伸直,掌心向外,指尖向上。这种手姿在美国和我国表示“同意、了不起、顺利”;在韩国、日本、缅甸表示金钱;在泰国表示“没问题”;在巴西、希腊、独联体各国,表示对人的咒骂和侮辱。

(8)翘起大拇指的手姿。具体做法是:拇指上竖,指尖向上,其余四指合拢掌心,拇指指肚要朝向他人。如果拇指指肚朝向自己,表示自高自大。在我国和一些国家,这种手势一般都表示一切顺利或用来夸奖别人。

第四节 餐饮服务中的礼貌

餐饮服务中要处处体现礼貌待客。而礼貌包含在服务的各个环节中,包括了语言、微笑、表情以及接待等各个方面。

一、餐饮服务工作中的礼貌用语

餐饮接待服务工作中离不开语言，优美的语言会给客人以温暖和自尊。餐厅服务工作在语言的使用上具体可以分为基本服务用语和餐厅服务用语两部分。

（一）基本服务用语

(1)“欢迎！”或“欢迎您!”“您好!”客人来到餐厅时，迎宾员和服务员要及时使用此语。

(2)“谢谢！”或“谢谢您了！”用于客人为服务人员的工作带来方便时，本着感激的心情来说。

(3)“好”、“明白了”或“听清楚了”，用于接受客人吩咐时，以认真负责的态度去说。

(4)“请您稍候”或“请您等一下”用于不能立刻为客人服务时，应带着表示歉意的心情说。

(5)“让您久等了!”或“劳您等了!”用于对等候的客人使用，应热情而又表示歉意。

(6)“实在抱歉！”或“真对不起！”用于因为打扰客人或给客人带来不便时使用，应真诚而有礼貌地说。

(7)“再见”或“请再次光临!”用于客人离开餐厅时，应热烈而真诚。

（二）餐厅服务用语

1. 当客人进入餐厅时

——早上好，先生(小姐)，请问共几位?

——请往这边走。

——请跟我来。

——请坐。

——请稍候，我马上为您安排。

——请等等，您的餐台马上就准备好。

——请您先看一看菜单。

——先生(小姐)，您还坐在这里吗?

——对不起,您跟那位先生合用一张餐台好吗?

2. 为客人订菜时

——对不起,先生(小姐),现在可以为您点菜吗?

——您喜欢用什么饮料,我们餐厅有……

——您喜欢用些什么酒? 我们餐厅有……

——您是否喜欢……

——您是否有兴趣品尝今天的特菜?

——饭后您喜欢用茶还是咖啡?

——饭后您喜欢吃些甜品吗?

——请问,您还需要什么吗?

——真对不起,这个菜需要一定时间,您多等一会好吗?

——真对不起,这个菜刚刚卖完。

——好的,我跟厨师联系一下,会使您满意的。

——如果您不介意的话,我向您推荐……

——如果您赶时间,我给您安排一些快餐好吗?

——您订的菜是……

3. 为客人上菜时

——现在为您上热菜可以吗?

——对不起,请让一让。

——对不起,让您久等了,这道菜是……

——真抱歉,耽误了您很长时间。

——请原谅,我把您的菜搞错了。

——实在对不起,我们马上为您重新做。

——先生,这是您订的菜。

4. 餐间为客人服务时

——先生(小姐),您的菜上齐了,请慢用。

——给您再添点饭好吗?

——您是否还需要些饮料?

——您喜欢再加点别的吗?

——您的菜够吗?

——对不起,我马上问清楚后告诉您。

——先生，您是××吗?您的电话。

——小姐，打扰您了，这是您的东西吗?

——我可以帮助您分一分菜吗?

——我可以为您服务吗?

——我可以撤掉这个盆子吗?

——对不起，打扰您了。

——我可以清理桌子吗?

——谢谢您的帮助。

——谢谢您的合作。

5. 餐后为客人结账并送客时

——先生，您的账单。

——对不起，请您付现金。

——请在这里签上您的名字和房间号。

——请付××元。谢谢。

——先生(小姐)，这是找给您的钱和收据，谢谢!

——希望您晚餐吃得满意。

——希望您对这里的菜肴多提宝贵意见。

——非常感谢您的建议。

——十分感谢您的热心指教。

——谢谢，欢迎您再来。

——再见，欢迎您再次光临。

二、电话礼貌

电话在社交活动中使用频率非常高。对于餐厅服务员而言，经常会接到客人的定位定餐方面的电话，服务员接电话时的礼仪规范，基本上可以反映出服务人员的教养和素质。

(一)接打电话基本礼仪

(1)电话一般控制在铃响三声之内接听。否则，被认为失礼，应向对方致歉。餐厅服务员电话应对时，第一句话当自报所属部门，不论内线或外线，应一律用统一的客套话应答。

(2)接听电话时,在不明白对方是谁的情况下应主动询问对方所属单位或部门,以便利被指名来接听电话的人。

(3)接听电话时,左手拿听筒,右手准备备忘录。因此,在电话旁,要事先准备好随时会用到的纸和笔,并依照"3W"原则记录,即When(什么时间)、Who(对象是谁)、What(什么事)。电话记录既要简洁又要完备。

(4)如果对方要找的人不在,要试着询问对方有无重要事情,或者试着了解对方来电的目的,再看情况决定处理的方式。

(5)打电话时,应礼貌地问"请问你现在有空吗?我可不可以请教你几个问题?"或者"对不起,现在和您谈话方便吗?"

(6)听不清楚对方说话内容时应确切地将情况告诉对方,并请对方改善,如"听筒好象有问题,听不太清楚,可不可以大声点?"

(7)挂电话前的礼貌应对也不可忽视,确定对方已挂电话后才能放下听筒,并且一定要亲切、礼貌地对待来电的对方。

(二)接打电话惯例

(1)在和客人谈话时,即使电话铃声响了两声,也仍以眼前的顾客为优先,不管哪一方在发言,都应等事情说了一个段落后,才可以向对方致歉,再去接电话。这种情况下的对谈,应尽可能简短,避免让客人久等。此外,当自己身为客人与他人洽商而电话铃响时,也应机警地适时中断话题,让对方能尽快接听。

(2)当你正在打电话又碰上客人来访时,原则上应先招待等候的客人。此时,应尽快和对方打个招呼,得到对方的许可后,再挂断电话。但是,如果电话讨论的事情很重要而不能马上挂断时,应告知来访的客人稍等,然后继续通话。

(3)如果是为了对方的事情才打电话找他,他不在时,就可以请对方回电话。

(4)通话时若对方不小心切断电话,应由自己重拨。知道对方打的是长途电话,要体贴地先询问一下对方"要不要我给你打过去?"

(5)在外面与他人联络,打电话时尽可能选择安静的地点,若环境不允许,也应在电话中向对方说明。

(三)接打电话禁忌

(1)接打电话中,不要轻易使用"等一会再打"这种容易引起误会的语句,而最好约定确定的通话时间。

(2)若有人打电话找某同事,而其不在,对方因而询问同事家中电话时,不要轻易回答。一旦电话非本人亲自处理不可时,可先和本人取得联系,再让其和对方联系,才不会造成无谓的困扰。不要随便传话或说出不在者的行踪。

(3)要转告正在接待客人的同事有电话时,最好不要口头转述,可利用纸条传递的方式。如此不仅可防止某些机密泄漏,也可避免打岔引起的尴尬和不悦。

(4)打电话和外出的上司联络时,需尽量以上司能回答"是"或"不是"等简单的形式发问。因为,和上司在电话中所谈之事,可能会涉及公司机密;或所谈内容与正在引起的客户有关,很可能会引起客户的不悦。所以,不要问一些让上司很难回答,甚至无法在别人面前回答的问题,以免让上司为难。

(5)和同事聊天时,不要立刻拿起听筒。以和朋友谈话时的轻松语调来应对非常失礼。没有挂断前,不要和他人谈笑,更不要批评对方。

第五节　餐饮服务中的礼节

餐饮服务中的礼节很多,不同的场合应该使用不同的礼节。

一、服务礼节

餐饮的服务礼节主要包括:称呼礼节、问候礼节、应答礼节、操作礼节等。

(一)称呼礼节

(1)见到男士称先生,遇上小姐称女士,熟客领导加职衔,主动恭敬迎上前;

(2)同事之间称呼名,阿姨哥姐全不行,英文名字不难念,有空一定好好练;

(3)距离远时别称"喂",招呼小孩要学会,乖乖宝贝太淘气,多加关心客满意。

(二)问候礼节

(1)见客主动问声好,"欢迎光临"是初见,假装没见不礼貌,一样对待同事面;

(2)打了招呼再相助,道别时候说再见,祝福话语紧相连,别当客人没听见;

(3)客人患病要关心,"注意身体多保重","生日快乐""新年好",客记在心有回报。

(三)应答礼节

(1)应答宾客要站立,不可坐着谈话题,自动停下手中笔,对待来客不要急;
(2)应答干脆且及时,目光接触不宜迟,交接要有人跟进,同事帮忙别忘记。

(四)操作礼节

(1)与客交谈离半米,目光交移三角区,太远产生距离感,太近产生威胁意;
(2)引领宾客左前方,提前两步引客行,台阶转弯需示意,推门掀帘需在前;
(3)客区安静不争吵,不得扎堆把话聊,行走直线别晃脑,轻声细语不可少;
(4)物品不慎被客损,给与安慰即更换,赔偿事宜别忘记,不得流露厌烦意;
(5)走廊过道迎面客,站立一旁客先过,与客同行不要挤,微笑问候要示意;
(6)个人情绪须控制,真诚团结与同事,矛盾意见不外露,解决问题客走后;
(7)指引方向手并拢,右手手心要向上,引客要到目的地,同事帮忙需同意。

二、与客谈话礼节

餐饮服务人员由于其工作性质的特点,与国内外客人接触的机会较多,经常会有与客人谈话的机会,那么更要注意与客谈话的礼节。

第一,与客人谈话,一般谈与服务工作有关的事情。

第二,与客人谈话时,应本着实事求是的原则,不要随便答复自己不清楚或不知道的事情,对服务范围以外和自己无把握办到的事情,不要轻易许诺客人。

第三,同客人交谈时,应态度诚恳、和蔼可亲,音量高低以对方听清为宜。谈话时应面对客人,尽量不用手势。在客人面前不可有不文雅的举动,如挠头抓耳等。打喷嚏时,应将脸转向一侧,用手帕遮住口鼻。

第四,同客人谈话时,应以服务人员的面貌出现,讲话要有分寸,称赞客人要适当,应做到谦虚有礼。

第五,可与客人进行有关菜肴、饮料、天气、旅游风光、体育运动为话题的交谈。但不能问及客人的经济收入、婚姻状况、宗教信仰、年龄等情况。

第六,与客人谈话时,应保持站立姿势,注意倾听对方的发言,不要随便插嘴。客人讲话如没有听清楚时,可以请客人再讲一遍,但不能有急躁或厌烦的表情。

第七,同两个以上客人谈话时,不能只和一个谈而冷落其他客人,如遇此时有人插嘴与你说话,不应把脸背对着客人。如需离开时,应先向客人表示歉意后,后退一步再转身离去。

第八,客人之间交谈时,不可驻足旁听,如有事需与客人联系时,则应先打招呼,并表示歉意。

三、迎送礼节

迎送礼节是衡量餐厅服务质量高低重要的一环,指的是工作人员迎送客人时应注意的礼节。在具体执行迎送礼时,应注意:

(一)迎接客人

要热情相迎,彬彬有礼,给人以温暖、可亲的感受。客人进门后要主动接挂衣帽,主动引路,让座。当客人问话时,要及时答话或主动介绍本餐厅的经营特色和菜肴的风味特点,同时要耐心听取来宾的意见和要求,及时向有关方面传达,以便更好地安排各项工作和活动。来宾就坐后,主动协助礼宾人员作好加或撤餐具、椅子等,一切就绪后,要把桌号、名签撤下。

(二)送别客人

客人离席后,要热情送别,使客人高兴而来,满意而归;主动递取衣帽;耐心听取客人的意见和要求,以便研究和改进工作。

第六节 餐饮服务人员的基本素质

餐饮服务人员除了应该具备基本的服务技能与技巧外,还应该具备一些基本的素质。

一、思想素质

思想的主体是人,是人的大脑、心智对其周围环境、人与事的所思、所想。品质是思想的结果,是思想之花。“品”即人品、品德、人格,“质”即质量。品质则是一个人的人格质量。我们可以说:“思想品质”是一个人的灵魂,是一个人能挺直腰板立于芸芸众生中的脊梁。餐饮服务人员的思想素质包括以下几方面。

(一)树立稳固的专业思想

从事餐厅服务的工作人员,必须热爱自己的专业,有意识地培养自己对本专业的浓厚兴趣。树立牢固的专业思想,从根本上开始热爱本专业。

(二)培养高尚的职业道德

职业道德是指从事一定职业的人，在职业活动的整个过程中必须遵循的行为规范和行为准则。作为餐厅服务人员必须具备的职业道德有:热情友好、客人至上;真诚公道、信誉第一;文明礼貌、优质服务;不卑不亢、一视同仁;团结协作、顾全大局;遵守纪律、廉洁奉公;钻研业务、提高技能。

培养餐厅服务人员高尚的职业道德可以推动餐厅精神文明建设，可以形成餐厅良好形象;亦可促使员工在工作和生活中不断地自我完善。

(三)要有严格的组织纪律

严格的组织纪律是做好餐厅服务工作的重要保证。餐厅服务人员应具有严格的组织观念和法制观念,自觉遵守本餐厅的规章制度和员工守则,服从工作安排和调动,完成任务。餐厅服务人员的组织纪律是使整个餐厅服务流程畅通,做到优质、高效服务的重要保证。

二、业务素质

餐厅服务员要具有良好的文化业务素养,包括以下几方面。

(一)沟通能力

沟通能力在工作和生活中都非常重要,成功的事业,融洽的人事关系,这一切的基础都建立在沟通之上。一个职业人士成功的因素75%靠沟通,25%靠天才和能力。拥有良好的沟通,你的人际关系就无往不利,使你在工作、生活中游刃有余。

(二)微笑服务

服务人员最有效的表情莫过于微笑。微笑是一种人人皆知的世界语。微笑传达的信息常能促进双方沟通,融和双方感情,比如当谈话取得一定效果,谈判达成一定协议时，双方能会心地微微一笑，常常能弱化或消除存在于心中的戒忌和隔阂，增进理解和友谊。

（三）语言艺术

餐厅服务人员应该具备良好的语言技巧，能够在对客服务时正确的使用服务语言，并让顾客在与自己沟通时能够感受到服务的热情和周到。讲究语言艺术既是一门学问，也是衡量服务水平高低的重要标志。同样的意思，不同的说法，结果就不一样，要想取得好的语言效果，具体说来有“四要四不要”，表述如下：

（1）要简练明确，不要啰嗦。向客人介绍菜品时一定要简练，突出重点，千万不要长篇大套喋喋不休，使客人生厌。

（2）要委婉灵活，不要生硬。你的意见让客人听起来一定是建议而不是指令。

（3）要吐字清晰，不要含糊。你讲的内容一定要清楚易懂，应该是标准普通话。

（4）要熟练自然，不要拘谨。你自己还不十分了解的内容，不要向客人推荐。

（四）文化知识

餐厅服务人员必须具备丰富的知识，才能在繁忙复杂的餐饮工作中应付自如。

作为餐厅服务人员应掌握一些必备的知识，如：烹饪知识、酒水知识、营养卫生知识、心理学知识、电器设备的使用知识、文学和史地方面的知识等。要掌握我国主要客源国和地区的概况、宗教信仰和饮食习惯；熟悉我国主要菜系的风格及名菜、名点的制作过程和风味特点；掌握所供应菜点、酒水的质量标准及性能特点；并且要具有一定的外语水平。

（五）应变能力

应变能力就是应付事态变化的能力。作为餐厅服务人员要牢固树立“宾客至上”的服务意识；具有迅速发现问题的能力；具有辩证分析问题的能力；具有果断解决问题的能力。

（六）推销技巧

推销技巧就是销售中的技巧。推销艺术是餐厅服务员综合素质的最终检验。

作为餐厅服务人员要有良好的推销技巧，对轻松型的客人要投其所好，对享受型的客人要激其所欲，对苛求型的客人要释其所疑。

三、身体素质

餐饮工作虽然并不是高强度的体力劳动，但是在餐厅服务中，无论是站立、行走、托盘等，都需要一定的功力，需要相当的腿力、臂力和腰力的有机协调组合，尤其是用餐的高峰期，脑体消耗得都比较多。所以，不但要有任劳任怨的吃苦精神，还要有健康的体魄和良好的身体素质，才能胜任此项工作。

四、心理素质

心理素质，是指服务人员从事服务工作所必需的各种心理素养品质的总和。要做一个优秀的餐饮服务人员，必须努力提高自己的心理素质。

（一）良好的性格

1. 乐观自信

一个良好的性格基础就是乐观自信。要做一个优秀的服务人员，首先就要做一个生活中的强者，追求更多、更好、更高层次的满足。只有乐观自信的人才会永远向前，那种乐观的精神能使他们永远都做出好的成绩，无论是身处顺境还是身处逆境，都能给自己带来阳光。这一点是每一个人事业成功、干好工作的保证，要做好餐饮服务工作也不例外。

2. 礼貌热情

餐饮服务人员给客人提供服务的过程本身就是人际交往的过程，热情的人更容易获得好感。作为餐饮服务人员，宗旨就是让客人满意，获得了客人的好感就是成功的服务工作。

3. 真诚友善

真诚友善就是以诚相待、表里如一、与人为善、从善如流。在餐饮服务工作中，以善良的愿望同对方诚恳相处，会赢得客人的信任，很快就被客人所接纳，消除人际关系之间的陌生感，在短时间内融洽主客关系，促使客人接受服务。

4. 豁达宽容

豁达宽容主要是指一种处世的态度，生活本身总是充满矛盾的，头脑必须是容得下矛盾的头脑，胸怀必须是容得下矛盾的胸怀，努力去改变那些可以改变的事情，同时坦然接受那些在一定条件下无法改变的事。在这种豁达的处世态度下，待人的态度一定要求宽容，尤其是在做服务工作，宽容更为重要，因为“顾客总是对的”。

（二）积极的情感

1. 崇高向上

餐饮服务人员对待工作、客人的热情，应当是建立在维护客人利益、维护餐厅利益、维护国家利益的基础之上的；而不应该是只想自己获利，坑害客人和集体的利益。

2. 深厚持久

对待工作的热情不能靠一时冲动，它是一种在相当长的时间内不变化的情感，只有这样餐饮服务人员才会把积极的情感稳定而持久地控制在对工作的热情上，控制在为客人服务上。

3. 注重实效

情感的效能是指情感在人的实践活动中所发挥作用的程度。情感效能高的餐饮服务人员能将其转化为积极学习、努力工作的动力；而情感效能低的餐饮服务人员则空有愿望，是“语言上的巨人，行动上的矮子”。

（三）坚强的意志

1. 自觉性

意志的自觉性是指人对其行动的目的及其社会意义有正确而深刻的认识，并能自觉地支配自己的行动，使之服从活动目的的品质。有自觉性的人首先会确定自己工作的目的、目标，并经常对照目标检查自身的行为，正确地对待自己所取得的成绩与进步，对自己往往高标准、严要求。在餐厅服务工作中要坚持自觉性，是指要加强主动服务。

所谓主动服务是指服务人员要掌握服务工作的一般规律。善于观察分析客人的心理和特点，懂得从客人的神情和举止上了解其需要，服务于客人开口之前，至少在客人开口之后要马上服务以满足客人的要求。

2. 果断性

果断性是指一个人能迅速有效地、不失时机地采取决断的品质。服务人员必须具备驾驭复杂事态的能力，迅速权衡，准确判断。

3. 坚韧性

坚韧性是指在执行决定的过程中，以坚持不懈的精神克服困难，不达目标不罢休的品质。服务人员就应当具备这样的品质，做事认真执着，锲而不舍。坚韧性应贯穿在服务工作的全过程中。

4. 自制力

自制力是指一个人善于管理自己的能力。自制力强的人在对待客人上善于克己忍耐，无论与何种类型的客人接触，无论发生什么问题都能做到镇定自如，善于把握自己的分寸，不失礼于人；在对待工作上，遇到困难繁重的任务不回避，不感情用事。

（四）出色的能力

1. 敏锐的观察力

要给客人服务时，首先要了解客人的心理，才能投其所好。这就需要服务人员细心观察，捕捉消费者无意流露或有意传递的每一点信息，然后根据当时特定的背景去分析客人的真实意图，从而运用各种服务心理策略和灵活的接待方式来满足客人的消费需要，把服务工作做在客人开口之前。

2. 良好的记忆力

良好的记忆力对搞好服务工作是十分重要的，它能帮助服务员及时回想在服务环境下所需的一切知识和技能。第一，餐饮服务方面的知识，即本职工作要做到业务娴熟，如客人提问，有问必答；第二，记住有关客人的资料，如姓名、需求特点、忌讳以及正确的服务方法等，并能为客人提供针对性服务。在记忆力中，记住客人的姓名是非常重要的，当客人第二次进入餐厅时，服务员如能以其姓氏打招呼，那么会使客人备感亲切，加深对餐厅的良好印象。

3. 较强的交际能力

餐饮服务就是主客之间以各种方式进行交际，交际是实现服务工作的主要途径。餐饮服务人员在与客人交往的过程中要注意：

（1）应重视给客人的第一印象。就是讲究仪表仪态美，微笑服务，态度真诚，为客人树立一个完善的服务表现。要做到客到、微笑到、敬语到、茶到、香巾到。

（2）要有简洁流畅的表达能力。就是在服务过程中，对服务员的语言表达能力，主要有两方面的要求：一是要准确表达你所要表达的内容，做到言简意赅，清晰通顺连贯，有理有据，层次分明、目的明确；二是要注意措辞，选择适当的表达内容,既要有必要的手势、动作,又要用表情帮助说话。

(3)要有妥善处理各种矛盾的能力。当客人对餐厅的服务或产品不满产生矛盾时,服务员要随机应变,灵活处理,尽快化解矛盾,使客人获得满意。

(4)要有招徕客人的能力,即吸引客人,促其消费,这一点也是非常重要的。服务员要有与客人融洽感情的本领,要有满足和诱导客人需求的功夫,要有促使客人主动交易的招法,还要有使客人再次光临的谋略。当然,服务员要想拥有这样的能力,只有通过学习、实践、积累才能达到。

第七节　餐饮服务规则

餐厅中顾客很多,而不同的顾客其性别、性格、爱好等都有差别,因而对服务也有着不同的需求。餐饮服务要根据不同的顾客类型提供恰当的服务,制定各种服务规则,这样才能满足顾客的共性和个性化需求。

一、餐饮服务心理

所谓服务心理是根据客人的心理活动和规律为客人服务,并使服务和被服务者之间的矛盾得以解除,达到和谐统一的要求。

服务员所接触的顾客不可能是同一类型的人,他们的个性、习惯各有不同,因此,在服务过程中,会遇到许多而且是不同的问题和麻烦,解决这些问题和麻烦的方法也不可能有固定的模式。为了使每一位顾客称心满意,这就要求服务员必须具备察颜观色揣摩顾客心理的能力,同时还要具有优良的服务态度和高超的服务技巧。在接待服务过程中,服务分寸掌握得是否适度,直接影响到顾客就餐的质量。有时,一桌很糟糕的饭菜令顾客非常恼火,但是由于服务员热情、周到和恰如其分的服务会使他们转怒为笑。有时,一桌精美的食物令顾客赏心悦目,但是,却可能因服务员粗糙和蹩脚的服务使得他们扫兴,从而招致投诉。前者就属于有效服务,后者则为无效服务。造成效果截然不同的两种服务的原因,就在于是否能够针对顾客不同的心理而采取与之对应的服务。

(一)家长型顾客

这种顾客脸部表情总是具有一种威严,说话时爱用祈使句或肯定句,希望服务员服从他的指挥,不愿听解释,而且很好面子。比如,当他们步入餐厅时,会对服务员说:“给我们安排一张好桌子”,同时他们的目光会巡视一遍餐厅,然后停留在一张桌子上,预示这就是他们所想要的。点菜时说:“我要一份牛排,五成熟”等等,说话非常肯定。这种顾客总是同几个顾客(他的朋友或家人)一起来用餐,很少一个人来,一般情况下都是由他做东。服务员在给他服务时,要顺着他的思路。比如,当他步入餐厅时,对你说了给他们安排一张好桌子时,你就要立即从他的语气中判断出他是什么类型,然后搜巡他的目光所注视的地方,等他的目光固定在一张台上时,立即用手势带引他们到这张台边,拉椅让他们坐下。点菜之前要先征求他的意见,比如:“我可以为您们点些开胃酒(菜)吗?”在得到他的许可后,再点,点完后要当面重复每一位顾客所点的内容,这表示你在认真地为他们点菜,另外也可避免点错和漏点。在客人要求结账时,你一定要事先检查账单,无错漏后,方可呈递上去。

(二)朋友型顾客

这种顾客性格开朗,随和,与人见面熟。当这种顾客步入餐厅时,能够造成一种轻松的气氛,他们与服务员之间就像老朋友见面一样,互相问长问短。点菜时,愿意与同来的顾客和服务员共同参考,比如:“我点一个扒大虾,你看如何?”在为这种顾客服务时,要尽量随和一点,参与客人的点菜,帮助他们选择可口的食品(因为服务员最熟悉菜单)。有时开个小玩笑能使得顾客开心,而且这种顾客一般为常来的顾客,作为服务员应当记住他们的饮食习惯,适当介绍一些合他们口味的饮料和食品。

(三)儿童型顾客

这种顾客一般分为两种。第一种为“不愿劳神者”,当他们步入餐厅时,愿意让服务员为他安排一切事情,甚至结账时,都不愿意看账单,服务员为他引坐时,他会说“随便,你看哪合适就坐哪。”点菜时,也愿意让服务员为他安排。作为服务员就必须熟悉菜单,先问顾客鸡、鸭、鱼、肉里喜欢吃哪一类,再具体安排哪道菜,然后征询他的意见,得到同意后,再送交厨房。第二种顾客是性格内向,自己拿不定主意,而需要服务员去安排,尤其以初次来的居多。当他们进入餐厅时会东张西望,服务员带他入坐后,不知所措,拿不准应该点什么。这时我们决不能嘲笑客人,而应当细心引导,提出一些有目的性的建议,让他的思路尽快靠近你为他制定的框架,这样他就会感到点菜容易多了。比如你可建议:“你喜欢吃海鲜吗?我们这里有扒大虾，炸鱼柳。”等等。另外再加上细致入微的服务，比如一有机会就上前问问是否添些酒水？菜的味道如何？这样，会使他感到这顿饭吃得很满意，下次还来。对以上两种顾客，我们应当细致入微地关心照顾，要让他们感到我们就是他最可信的朋友、亲人。

（四）挑剔型顾客

这种顾客被服务员称为“Trouble maker”，中文意思为“麻烦制造者”。服务员在为他们服务过程中，稍微不小心，就会招致投诉，像上菜不及时了，每道菜之间相隔时间太长了，菜的味道不好了等等。这种顾客一般有两种心态表现，第一种是把自己工作或生活中的不愉快带到餐厅，总想找个机会或借口发泄一下心中的怨气。像这种顾客从他们的脸上和言谈举止上就可以发现，脸上阴沉沉的，带有一点怒气，说话时口气很冲，态度非常不耐烦。第二种是吝啬，这种顾客想吃好，又不想花太多的钱，可是他们嘴上却经常说不怕花钱，因为他怕旁人认为他小气，于是总想找点麻烦或借口，好打折扣。对第一种顾客，服务员说话时一定要简练不可太烦琐，听顾客点菜和酒水时一定要仔细，不能听错，最好不要重复订单，不然他们会认为你太罗嗦。上菜时间间隔要适中(凭服务经验)，上菜时和上菜的顺序绝不能有错误。餐间服务时，不要老是围着他们的桌子转，免得顾客嫌你碍眼。服务员之间不要当他们的面交头接耳，以免引起顾客疑心而发生误会。第二种顾客从他们的言谈中也能表现出来，比如看菜单时，嘴里说着菜太贵，用餐时又认为菜的份量太小。不要随便为他们推荐酒水或菜，因为他们很可能认为你在向他们推销卖不动的产品。在餐间服务时，服务员应随时注意这张台子。比如，顾客的餐巾或餐具掉落地上时，要马上予以更换，不能等顾客招呼，必要的时候免费送上一盘精美的果盘可以产生意想不到的效果。总之，服务的时候掌握好分寸，再配合精美的食物也就不会被这种顾客找麻烦了。

（五）主人型顾客

这种顾客一般来到餐厅时，就好像回到家里一样，不等服务员与他打招呼就径直朝餐桌走去，并招呼自己的客人，不管此桌是否有别的客人或预定，总之先坐下再说。点菜时，根本不看菜牌，随口就点，好像他点的菜就应该有。这种顾客一般会经常光顾这里，对菜单也比较熟悉了，他们很可能向他带来的朋友夸耀过这家餐厅，并以自己在这里用过餐而自豪。如果他当着服务员的面向他带来的顾客夸赞餐厅时,服务员应当面表示感谢。这种顾客希望自己带来的朋友也喜欢这里,因此服务员在为他们点菜过程中,应尽量满足他们的要求,不使他们失望,否则会使这种顾客丢面子,而被投诉。如果当顾客走入餐厅朝一张被预定好的桌子走去时,服务员应当立即迎上前礼貌地与顾客打招呼(如果认识直呼其名更好),并伸手示意一张未被预定的空台:“李先生,坐这张桌可以吗?正好四位。”这样只要服务员反应机敏就会在顾客自己找坐之前为其安排。如果顾客点菜时,点了一道菜牌上没有的菜时,应立即告知其这道菜菜牌上没有,但请他稍候片刻,自己先去厨房问问厨师能否加工,如果能做当然好,如果不能做应婉转地向顾客说明并道歉,然后推荐一道类似的菜问问顾客是否能接受。比如可以说“很对不起,李先生,您点的烤羊腿今天刚好没有(卖完了),您看换一道煎羊排如何?”总之,对待这种顾客,要顺着他们的思路去为他们服务,这样在不知不觉中,就可以调动他们进入你为他们编好的“程序”中,使你不致太为难,顾客也不会太遗憾。

(六)主妇型顾客

这种顾客来到餐厅里会主动与服务员交谈,出主意,想办法,帮助服务员为自己带来的顾客点酒水、点菜,有时甚至调动服务员干这干那,好像她就是餐厅经理。这种顾客一般为某个老板随从,她这样做是为在老板面前显示很能干,这种顾客一个人来餐厅吃饭时,从不这样表现。一旦她这样表现,就表明身旁的顾客身份很重要,做为服务员这时不要太墨守成规。比如,当这种顾客要求你给她的老板或某位男士先上饮料时,你却对她说“我们餐厅规定上酒水女士优先……”这就等于你在引火烧身。因此在遇到上面这种情况时,你一定要服从她的指示,尽量配合她,当你认为需要给客人添酒水或上菜时,要先征求她的意见,得到允许后再做。这顿饭她吃得好不好无所谓,但是她带来的客人吃得好不好却很重要,这关系到服务员是得到表扬还是投诉。另外,在结账时,一般都由这种顾客付钱,千万不能将帐单递给其同桌的顾客,以免引起不必要的麻烦。

(七)工作型顾客

有些顾客在来到餐厅后,通常是边吃边谈生意,有时是很重要的生意。这时,饭菜质量和服务质量的好坏很可能影响生意的成败,也影响到服务员的前途。这种顾客在整个进餐过程中,不希望有人站在一旁或经常打断他们的谈话,因此对待这种顾客一定要随机应变,谨慎小心,比如有的顾客落座以后,把菜牌放于桌上，就开始谈起来。他们可能忘记点菜了，也可能不忙于点菜，这时，服务员就应当站在适当的位置观察他们。十分钟左右还没有点菜的意思时，服务员可以上前换换烟缸，倒一下饮料，问一问是否可以添些酒水，然后再问一问是否可以点菜。语言一定要婉转，另外，还要跟上一句“对不起，打断您谈话了，”把他们的注意力转移到点菜上。当顾客看好菜单后应立即走上前，点菜要迅速，如果哪道菜没有听清楚，可以重复一次。上菜后，要立即离开，站在适当位置观察，绝不能在顾客进餐时走过去打扰他们，否则会引起他们的反感。最后他们吃完了，生意也谈成了，你的服务又得体，他们会非常感激你，即使服务不好也不会在意。如果生意谈崩了，那样就正好相反了，你服务的得体，他们不说什么，服务不好就会把责任迁到你身上，如果这样那你就是费力不讨好了。

（八）读报型顾客

这种顾客每次进餐厅时，手里总有一份报纸或一本书，而且是一个人。他们喜欢坐在一个安静的角落里一边读书看报，一边用餐。他们不喜欢被别人打扰，工作了一天很累，想借吃饭时间休息一下，所以服务员对这种顾客不要服务得太频繁。点菜时，尽量简短，一次性上好饮料和饭菜后就不要去打扰他了。上菜时不要让顾客等得太久，因为他们吃饭的时间可能不会很长，这种情况午餐比较多，结账时服务员要准备好笔，因为这种顾客签单的比较多。

（九）古典型顾客

这种顾客以法国人、英国人比较典型，他们喜欢正统或传统式的进餐，而且经常是邀请一些重要客人或家人，在一些节日或纪念日里举行。这顿饭吃得好坏他们非常重视，在为他们服务时，最好由餐厅经理出面，有经验的老服务员上前，一切必须用正规的服务方法和服务程序。像进门先问好，帮助顾客取下大衣，接过手包，引导入座，为女士拉椅铺口布，上酒水，女士优先等等。一般情况下这种顾客会提前预定的，在他们到来之前，可以在给他们预定的桌上摆放一盆鲜花，表示尊重，这样会使顾客高兴的。在进餐过程中，一定要有服务员随侍左右，勤倒酒水勤换烟缸。另外在上菜时，一定要一起上，一起撤，吃完饭后一定要问餐后酒，像白兰地、爱尔兰咖啡等等。如果有条件可以为随行的女士每人送一束玫瑰，以示我们的敬意，当他们意外地接受这些小礼品后，肯定会特别高兴。

(十)旅游型顾客

这种顾客以旅游团队为主,他们一般都是头一次光顾这里,他们会对这里的一切都感兴趣,不停地问这问那,比如风土人情,旅游景点,并且希望能够得到让他们满意的回答。这就要求服务员知识面要广一些,基本上回答出他们所提出的问题,否则会令顾客感到失望。上菜时给他们介绍一下食品名称和制作方法,可能会提高他们的食欲;在服务时注意微笑和周到,这样会令他们非常满意。还有一些特殊情况必须注意,比如一些人由于出来时间长了,飞机晚点了,或水土不服而导致情绪低落或身体不舒服时,作为服务员要格外照顾他们,比如单为他们打壶开水,问一问他们饭菜是否可口。行动不方便的顾客在用餐完毕后,由服务员主动送回客房等等。"在家千日好,出外一时难",只要我们站在顾客的角度上,自觉地关心照顾他们,顾客是会满意的。

二、餐饮服务基本规则

餐饮服务因接待客人不同,而应该提供相对个性化的服务。但是也有一些基本的规则是应该遵守的。

(一)餐饮服务基本规则

(1)在餐厅中不可提高嗓音,不可用手触摸头脸或置于口袋中。

(2)服务中不可跑步或行动迟缓或者突然转身或停顿。

(3)要预先了解客人的需要。尽量记住常客的习惯与喜好的菜式。

(4)除非情况需求,避免聆听客人的闲聊。只有在不影响服务的状况下才能与客人聊天。在服务时尽量避免与客人谈话,如果不得不如此,则将脸转移,避免正对食物。

(5)勿将制服当抹布,经常保持制服的整洁。

(6)确定服务处所的清洁,避免在客人面前做清洁工作,勿置任何东西在干净的桌布上,以避免造成污损。

(7)上热餐用热盘,上冷餐用冷盘。

(8)不可用手接触任何食物,餐厅中有餐具,需要用盘子盛装拿走,盘上需加餐巾。

(9)避免餐具碰撞发出声响,避免堆积过多的盘碟在服务台上,避免空手离开餐厅到厨房。

(10)根据年龄及阶层先服务女士,但主人或女主人留在最后才服务。

(11)当客人进入餐厅时,以亲切的微笑迎接客人。

(12)在最后一位客人用完餐之后,不要马上清理杯盘,除非是他要求才处理。客人走后才可清理服务台或桌子。

(13)除非是不可避免,否则不可碰触客人。

(14)所有掉在地上的餐具均需更换,但需先送上清洁的餐具,然后再拿走弄脏的。

(15)不可让客人有种印象:你对别的客人的服务比对他的好。

(16)一般除了面包、奶油、沙拉酱和一些特殊的菜式,所有的食物均需由右边上。溢泼出来的食物、饮料等应马上清理。

(17)客人要入座时,一定要上前协助拉开椅子。

(18)用过的烟灰缸一定要换掉。

(19)在餐厅中避免与同事说笑打闹。

(20)在上菜服务时,先将菜式呈现给客人过目,然后询问客人要配何种菜。确定每道菜需要用的调味酱及佐料没有弄错。将配菜的调味料备妥,不待客人开口要求。

(21)有礼貌地接待客人,如果可能的话直呼客人的姓氏。

(22)保持良好仪容,服务机敏灵活。

(23)斟倒酒水时量要合适(红酒半满,白酒 2/3 满)。

(24)在没经客人同意之前,不可送上账单。

(25)不可在工作区域内抽烟,在工作场所中不得吃喝东西、嚼口香糖等。在工作场所中不得照镜子,或梳头发,或化妆。

(26)不得在客人面前打呵欠;忍不住打喷嚏或咳嗽时要使用手帕或面巾,事后马上洗手。

(27)在工作场所中不得有不雅举动;不得双手交叉抱胸或搔痒。

(28)不得在客人面前算小费或看手表。

(29)客人有时想从你那儿学习餐饮知识,但并不希望被你纠正。

(30)不得与客人争吵或批评客人,或强迫客人购买推销的产品。

(31)对待儿童必须有耐心;不得抱怨或不理睬他们。如果儿童影响到别桌的客人,通知主管让他去请儿童的父母加以劝导。

(二)餐饮服务其他规则

1. 与客人交谈时的注意事项

餐厅服务员在工作中,保持良好的生活习惯是很必要的,在与客人交谈中一定要克服不良的习惯,以免引起客人的不满或投诉。

(1)服务距离。服务距离是服务人员与服务对象之间所保持的一种最常规的距离。主要适用于服务人员应服务对象的要求,为对方直接提供服务时。一般情况下,服务距离以0.5~1.5米之间为宜。具体的服务距离还应根据服务的具体情况而定。餐厅服务人员在对客服务的交谈中更要注意服务的距离,以免过于亲近引起客人不适。

(2)与西方人交谈的“八不问”。在涉外餐饮服务中,服务人员更要注意交谈的内容和技巧。西方人对于谈话的主题有一定的忌讳,总结起来就是“八不问”,即年龄、婚否、收入、经历、住址、个人生活、宗教信仰与政治见解以及不谈对其他人的看法。

(3)注意克服手爱动的习惯。有些服务人员在与客人进行交谈时总觉得自己的双手是多余的,交谈中无意识的挠挠后脑勺、摆弄点什么东西、揉揉鼻子、抠抠耳朵等等,虽然是为了求得心理安定,但是却给客人留下了不成熟甚至轻浮的印象。

2. 倾听的艺术

几乎每个人都会说话,但不见得每个人都能凝神倾听。倾听的能力是一种艺术,也是一种技巧。

作为餐厅服务人员，每天都要与不同的客人打交道，更应该学会服务的艺术,其中很关键的一项就是倾听。在交谈过程中,每人既是言者也是听者,服务人员要用心去倾听客人的说话,表示理解他们的感受,认真倾听是一种修养,它体现了对人的尊重,它能创造一种与说者心灵交融的气氛。

倾听对方谈话,弄清其意图是很重要的。要善于体会对方的话外之音,要注意听清对方话语的内在含义和主要思想观点,以便判断其真正的意图。

第八节 餐饮卫生服务规范

顾客判断一家餐厅好坏的重要标准之一就是餐厅的卫生。卫生的好坏不仅仅影响餐厅的声誉,它对顾客的健康也有着重要的意义。因此餐厅的卫生工作至关重要。

一、餐厅卫生

餐厅卫生总体上来说要做到四壁无尘,窗明几净,桌椅整洁。具体要求如下。

(一)工作人员

工作人员上班时应穿戴整洁的工作衣帽,并保持良好个人卫生,工作时间不准吃东西、不准随地吐痰、不随便掏耳掏鼻。工作前后要洗手,定期进行体格检查等。从业人员应养成良好的卫生习惯,做好岗位(责任)区内卫生,随时保持整洁。个人卫生坚持做到“四勤、四不、三要、四坚持”。

“四勤”:勤洗手剪指甲;勤洗澡理发;勤洗衣服被褥;勤换工作服。

“四不”:不准将非食品加工制作用品和个人生活用品带入操作场所;不准在工作时佩戴戒指、项链、手链(镯)、耳环等饰物和涂指甲油;不准在操作场所吸烟;不准穿工作服进厕所及离开生产加工经营场所。

“三要”:上班时要穿戴整洁的工作衣帽,头发必须全部戴于帽内;加工制作冷菜等熟食品以及在配餐间操作时要戴口罩;直接入口食品要用专用工具拿取。

“四坚持”:坚持卫生操作规范;坚持公用物品消毒;坚持湿式清扫;坚持漱口刷牙防口臭。

(二)餐厅环境卫生

保持餐厅内外环境卫生,加强通风和消毒工作,做到每一餐一打扫,每一天一清洗。保持门前整洁和地面整洁,保持墙壁和天花板的清洁。餐厅应当随时保持整洁,无苍蝇、无灰尘,在餐具摆台后或有顾客就餐时不得清扫地面。

(三)餐　具

餐具应定期洗净、消毒、保持洁净,并要注意干燥和保存。餐具摆台超过当次就餐时间后未使用的应当回收消毒保洁,保证餐具无破损。对于餐具柜亦要定期清理,注意随时关紧柜门,以防蚊子、苍蝇、蟑螂等进入。

(四)餐厅废弃物

餐厅废弃物盛放容器必须密闭,外观清洁,密闭容器能盛装一个餐次的垃圾,并做到及时清理。

(五)客用餐巾

客用餐巾必须洁净,消毒后供顾客使用,餐巾不能同时收发。无条件消毒餐巾的餐厅可使用一次性纸巾。餐厅内应设洗手消毒设备,并能正常使用。

(六)卫生间

卫生间必须有专人管理,粪坑或便槽可自动冲洗,有流动水的洗手设备,卫生间内外不得有异味。

(七)空 调

有空调设施的餐厅其空调系统必须符合公共场所空调系统的有关卫生要求,定期除尘,保证空调正常工作。

二、食品卫生

保证食品卫生是餐饮部门最基本的任务之一,为了保证食品卫生,餐饮部至少应该做到以下几点:

(一)食品卫生基本保障

(1)食品生产、加工、贮存、运输、销售的场所及周围环境必须干净、卫生,并有良好的防蝇、防鼠、防尘和其他防污染措施。

(2)食品从业人员必须持健康证上岗。凡患有疖疮、化脓性创伤(特别是手指被切破)以及可能引起食物中毒的肠道疾病或健康带菌者,一律不准从事入口食品的加工工作。

(3)食品从业人员应讲究个人卫生。当班时穿戴工作服帽,并保持洁净;做到勤洗手、勤洗澡、勤剪指甲、勤洗衣服被褥、勤换工作服帽;工作前及便后必须洗手消毒。

(二)预防细菌性食物中毒措施

(1)加工食品饭菜的原料必须新鲜,禁止使用病死、毒死或死因不明的畜禽肉类、死蛤蜊、死扇贝及其制品;不使用变质原料;不买不卖腐烂变质食品。

(2)防止食品交叉污染。生熟食品要严格分开加工;加工生熟食品使用的刀、板、墩、炊具、抹布等工具及筐、盆、盘、桶、碗等容器要严格分开。执行“生与熟隔离;成品与半成品隔离;食物与杂物隔离;食物与天然冰隔离”的“四隔离”制度。严禁生熟食品混放,成品与半成品混放,海鲜与肉类混放。加工生海产品必须严防生海产品及其加工刀具、容器等污染其他食品和器具。加工海产品用过的工具、容器及加工人员的手臂要及时洗刷消毒5分钟。凉拌菜必须在专用冷拼间操作加工。设置专用冰箱、刀板、容器、用具、抹布,配备流水洗手消毒、空气杀菌设施。紫外线灯要吊在工作台上方1.5~2米处。非冷拼间人员不准随便入内,冷拼间内不准存放未洗干净的水果、蔬菜、生鱼、生肉及其他杂物。

(3)凡盛放食品的盆、盘、碗等容器,使用前必须洗净,用开水煮沸3~5分钟,或使用蒸汽消毒柜蒸15~20分钟。不耐热的,可用药物消毒,但必须将残留药物用水冲净。厨房菜墩要随用随刮,并杀菌消毒。不使用时必须彻底清洁,放于指定位置。凡接触食品的员工,加工操作前必须用皂液洗手,并用流水冲净。熟食间的工作台面、水龙头开关、冷拼间把手及冰箱门拉手等,应定期消毒;直接接触污染物时,必须立即消毒;熟食刀具存放时加保鲜膜。

(4)熟食品在加工食用前必须煮熟炸透,彻底灭菌,严防里生外熟。鸡蛋煮沸8分钟,鸭蛋煮沸10分钟,各类海产品及肉食品加热温度及时间必须保证其蛋白质凝固。

(5)熟食要低温、短时贮存。热菜及制作凉拌菜的酱肉、火腿等,必须在10摄氏度以下的条件贮存。凡超过4小时以上的饭菜、熟肉制品、熟海产品等,必须回锅蒸煮后再供食用。新购进的上述食品如不了解带菌情况,食用前应加热灭菌。

(6)热菜及凉拌菜制作完毕应立即供给客人食用,严禁提前加工。为大型会议大量准备的饭菜及凉拌菜加工后存放时间不能超过1小时。

(三)餐具杯具等器皿的消毒措施

(1)所有的餐具杯具等器皿洗刷后必须进行消毒。

(2)消毒程序严格执行“一洗、二刷、三冲、四消毒、五保洁”的制度。

(3)使用消毒液进行消毒时,按1∶200的比例稀释配好消毒液,倒入消毒桶内,再将器皿放入消毒桶。要求器皿要完全浸入水中,浸泡5~10分钟后取出,用消毒抹布揩干,放入保洁柜内保洁。

(4)使用消毒柜消毒时,先将器皿上残渣刮净,用水冲刷干净后放入蒸箱内高温消毒(温度不低于90摄氏度,时间不少于15分钟),然后用消毒抹布揩干,放入保洁柜内保洁。

(四)预防毒性动植物食物中毒

(1)禁止食用河豚鱼。

(2)严禁使用猪甲状腺、毒蘑菇、洋金花、发芽马铃薯,未煮熟的豆角、云豆、霉豆角、扁豆等不可食用,严禁使用未蒸煮干制的鲜黄花菜。

(五)预防化学及农药中毒

(1)勿将亚硝酸盐当作食盐食用。

(2)瓜果蔬菜加工食用前应反复用水洗净,可去皮食物尽量去皮。

三、厨房卫生

厨房卫生直接影响着菜肴的质量和卫生,必须加强对厨房卫生的管理,及时清扫,保持洁净无异味。

(一)厨房设施设备卫生

(1)厨房应与厕所及其他不洁处有效隔离,厨房内不应有厕所,且厨房的门与窗均不得面对厕所。

(2)厨房应有良好的供水系统与排水系统,尤以排水系统最重要,因厨房烹调食物时,材料需要清水洗涤,厨房清理更需要用水洗涤,这些用过的污水,必须迅速排除,否则会使厨房泥泞不堪。

(3)地面、天花板、墙壁、门窗应坚固美观,所有孔洞缝隙应予以填实密封,并保持整洁,以免蟑螂、老鼠隐身躲藏或出入。

(4)应装置抽油烟机:抽油烟机的油垢应定时清理,而所排出的污油,也应适当处理。

(5)工作厨台及厨柜以铝质或不锈钢材质为佳,木质者容易滋生繁殖蟑螂。

(6)工作厨台及厨柜下内侧及厨房死角,应特别注意清扫。因这些死角处,每当冲洗地面时,易将面包碎片、碎肉、菜屑等冲入内而遗留腐烂从而污染环境。

(二)食物卫生

(1)食物应在工作台上料理操作,并将生、熟食物分开处理。刀和砧板工具及抹布等,必须保持整洁。

(2)食物应保持新鲜、清洁、卫生,并于洗清后,分类以塑胶袋包紧,或装在有盖容器内,分别储放冰箱或冷冻室内,鱼肉类取用处理要迅速,以免反覆解冻而影响鲜度,要确实做到勿将食物暴露在生活常温太久。

(3)凡易腐败的饮食物品,应贮藏在温度较低的冷藏容器内,生熟食物分开贮放,防止食物气味在冰箱内扩散及吸收箱内气味,并备置脱臭剂或燃过的木炭放入冰箱,可吸净臭味。

(4)调味品应以适当容器盛装,使用后随即加盖,所有的器皿及菜肴,均不得与地面或污秽接触。

(三)厨房员工卫生

(1)员工工作时,应穿戴整洁工作衣帽。工作时避免让手接触或沾染食物与食器,尽量利用夹子、勺子等工具取用。

(2)在厨房工作时,不得在食物或食器的附近抽烟、咳嗽、吐痰、打喷嚏,万一打喷嚏时,要背向食物用手帕或卫生纸罩住口鼻,并随即洗手。

(3)厨房工作人员工作前、便后,均应彻底洗手,保持手的清洁。

(4)厨房清洁扫除工作,每日数次,至少要做一次,清洁完毕,清扫用具应集中处置。杀菌剂和洗涤剂不得与杀虫剂等放在一起,有毒物质要标明放在固定场所并指定专人管理。

(5)不得在厨房内躺卧或住宿,也不许随便悬挂衣服及放置鞋子,或乱放杂物等。

(6)有病时,应留在家中休息。感冒、皮肤有外伤及患传染病症时,都应留在家休养治疗,否则将会影响餐厅人员整体的健康。

复习思考题

1. 简述餐饮服务人员的仪容仪表及言行举止的要求。
2. 简述餐饮服务中基本的礼节礼貌。
3. 简述餐饮服务人员应该具备的基本素质。

4. 简述餐饮服务的工作内容。

5. 举例说明如何做好不同类型客人的接待工作。

主要参考文献

郭敏文. 餐饮服务与管理[M]. 北京:高等教育出版社,2002.

何丽芳.酒店礼仪[M]. 广州:广东出版集团,2005.

贺湘辉,何丽芳. 酒店公关实务[M]. 广州:广东省出版集团,2005.

洪美玉. 旅游接待礼仪[M]. 北京:人民邮电出版社,2006.

林友华. 社交礼仪[M]. 北京:高等教育出版社,2005.

王耿. 餐厅服务员手册[M]. 北京:中国宇航出版社,2006.

徐文苑,贺湘辉,章建新. 酒店餐饮管理实务[M]. 广州:广东省出版集团,2005.

员工职业化训练专家组 . 酒店员工培训一本通[M]. 北京:中国经济出版社,2007.

第三章
餐饮服务技能

餐厅员工能否为客人提供热情周到的良好服务，最主要的看其是否熟练的掌握了餐厅服务中的各项服务技能。餐饮服务技能很多，它们是员工为客人提供优质服务的基础与保障。

通过本章的学习，可以了解托盘的作用、种类，熟悉托盘的操作要领；掌握餐巾折花技能；熟悉摆台程序与要求；熟练掌握斟酒技巧、上菜和分菜服务技能、结账服务程序以及其他服务技能。

第一节 托 盘

托盘是餐厅服务员为宾客端送各种物品的常用工具之一，因此托盘的操作熟练程度就显得十分重要，是评价餐厅服务人员技能水平高低的标准之一。

一、托盘的种类及其用途

按照托盘的制作材料，可分为木托盘、金属托盘和胶木防滑托盘。

按照形状差异，可分为大、中、小三种规格的长方托盘和圆托盘。直径大于36厘米的为大圆托盘；直径在32~36厘米之间的为中圆托盘；直径在20~32厘米的为小圆托盘。长方托盘也按此规格分大、中、小三种。

大方盘和中方盘，用于装运菜点、酒水、收运餐具和盆、碟等重的器具。小方盘和大、中圆盘，一般用于摆台、斟酒、上菜、上饮料等。小圆盘和6寸小银盘主要用于送账单、收款、递信件等小物品。

二、托盘的操作要领

按所托物品轻重，托盘可分为轻托和重托两种方式。物品重量在5千克以内的,适宜采用轻托方式,物品重量在 5 千克以上,则采用重托方式。

(一)轻　托

轻托一般用来为宾客斟酒、派菜、撤换餐具等,且轻托往往在客人面前进行操作。其熟练、准确、优雅显得尤为重要。

轻托的操作程序为:

1. 理　盘

根据用途选择好托盘,洗净擦干,为使托盘的卫生达到无菌要求,可以在盘内垫上经消毒的垫布,垫布铺平拉正,达到既整洁美观,又防止盘内物品滑动的目的。

2. 装　盘

根据物品的形状、体积、重量和使用的先后次序进行合理装盘。盘内物品应排放整齐,以重量分布均匀、物品安全稳妥及便于托盘平衡为原则。

在几种物品同装时,一般是重物、高物放在托盘的里档;轻物、低物放在外档;先用先上的物品在上、在前;后用后上的物品在下、在后。

3. 托　盘

轻托一般使用左手,方法是用右手沿桌面拉托盘边缘,左手手掌放在托盘底部,将托盘托起于胸前。

操作要领是:左手臂自然弯曲 90 度角,掌心向上,五指分开,以大拇指指端到手掌的掌根部位和其余四指托住盘底,手掌自然形成凹形,掌心不与盘底接触,平托于胸前,略低于胸部,距胸前 5 厘米为宜。

4. 行　走

轻托行走要求头正肩平,上身挺直,两眼注视前方,步履轻快,托盘在左侧胸前略有摆动,但以盘中物品、汤汁、酒水不倾斜、不外溢为原则。右手随着步伐的节奏作自然的小幅度摆动。

5. 卸　盘

从盘中把物品取下时,应从左右两侧交替取下,而且左手手指应随盘中重量的变化作轻缓的移动,以掌握好托盘的重心,保持托盘平衡。

(二)重　托

重托主要用于托运较重的菜点、盘碟等,重托的操作程序和要求是:

1. 理　盘

重托的盘子常与菜肴接触，易沾油腻，故使用前要擦洗清洁。

2. 装　盘

装盘时要求物品重量分布均匀，摆放稳妥合理。

3. 重托操作要领

用双手将托盘边缘移至桌外，右手扶好托盘，左手伸开五指，用全掌托住盘底，掌握好重心后，用右手协助将托盘托起，同时左肘向上弯曲，向左向后翻掌，托盘随之向左向后旋转，由左手掌托于左肩上方。盘底不靠肩，盘前不靠嘴，盘后不靠发，右手自然下垂摆动或扶住托盘的前内角。

4. 重托要求

使用重托运送菜点或盘碟时，姿势要正确，距离要适当，不可将汤汁、残羹剩酒溅到宾客身上。操作时做到平、稳、松。

平：就是在托盘的各个操作环节中都要掌握好重心，保持平稳。行走时，盘平、肩平、两眼平视前方，动作协调。

稳；就是装盘稳妥，托盘不晃动，行走不摇摆，穿越灵活不碰撞，给人以稳重踏实的感觉。

松：就是动作、表情轻松自如。上身挺直，行走自如。

（三）托盘行走

（1）托盘行走的步伐：托盘行走的步伐通常可分为常步、快步、碎步、垫步等。常步即常用步伐，步距均匀、快慢适中。快步是急行步，步距加大，步速较快，但又不能变为跑步。碎步是小快步，步距小，步速快，上身保持平稳。垫步是当需要侧身通过时，左脚侧一步右脚跟一步，一步紧跟一步。

（2）托盘下蹲：正确的做法是上体保持托盘姿势，下体采用交叉式或高低式蹲姿。值得注意的是无论采用哪种下蹲方式，左脚均在前，这样才不至于使托盘挡住视线，看不到掉在地上的物品。

（3）甩盘：这个动作是在托盘靠近客人，为客人撤换餐具时用得最多的一个动作，目的是为了避免托盘碰到客人的头部。动作要领：伸出右脚踩在两个椅子之间，移动重心到右脚，同时以手肘为轴心，托盘由胸前平行移动至胸左侧，右手拿取餐桌上的物件。做这个动作时，要求服务员保持左手托盘的平衡，特别是托盘上的物件较高而重心不稳时或盛器内有汤汁时。

第二节 餐巾折花

餐巾又名口布、茶巾等，它是餐厅中供宾客用餐时使用的卫生清洁用品，餐厅服务员将餐巾折成各式花样后成为餐台布置中的艺术装饰品。

一、餐巾的种类与规格

餐厅选用的餐巾质地通常有两种，全棉和亚麻质地的。全棉质地的餐巾布，造价比亚麻质地的高，但在使用过程中容易起皱。餐巾规格大小一般以 50 ~ 65 厘米见方较为适宜。餐巾色彩可根据餐厅的整体风格进行选择，力求和谐一致。白色餐巾布给人素洁之感；红色、鹅黄、粉红等暖色系列给人热闹之感，还可刺激人的食欲；咖啡色、紫色等给人高贵之感。有一定主题的宴会配上适当色彩的餐巾布，能起到锦上添花的效果。

二、餐巾花的造型种类

餐巾花的种类繁多，按摆放位置和方式可分为杯花和盘花两种。

杯花：杯花需插入杯子中才能完成造型。杯花造型丰富，折叠手法也较盘花复杂。

盘花：盘花放于盘中或其他盛器上。盘花造型简洁大方，美观实用。所以现在高级餐厅采用盘花的居多。

按造型餐巾花可分为植物类、动物类、实物类三种。

植物类：如荷花、月季花、茨菇叶、芭蕉叶等。

动物类：包括鸟、鱼、兽等，但要做到形象逼真，需反复练习。

实物类：实物类是模仿日常生活中各种实物形态折叠而成，如立体扇面、皇冠等。

三、餐巾的作用

餐巾是餐厅必不可少的就餐用品，它可以起到卫生、美观、装饰以及体现餐厅档次等多方面的作用。

（1）餐巾是一种卫生用品。宾客可把餐巾放在胸前或放在膝盖上，一方面可以用来擦嘴，另一方面可防止汤汁油污弄脏衣裤。

(2)餐巾折花还能起到美化桌面的作用。服务员用一张小小的餐巾可创造出栩栩如生的花、鸟、鱼等,摆在餐桌上既可起到美化餐台的作用,又能给宴会增添热烈气氛。

(3)餐巾折花还是一种无声的形象语言,表达宴会主题,起到沟通宾主之间感情的作用。不同的餐巾花型,蕴含着不同的宴会主题,给人以美的享受。如折出比翼齐飞、心心相印的花型送给一对新人,可以表示出永结同心、百年好合的美好祝愿。

(4)表明宾主的座次,体现宴会的规格和档次。餐巾花型的摆放可标出主宾的席位。在折餐巾花时应选择好主宾的花型,主宾花型高度应高于其他花型高度以示尊贵。

四、餐巾花形的基本要求

餐巾花的样式繁多,但基本要求是简单美观、挺括、形象、生动。

(1)简单美观,使用方便。餐巾折花要求简单实用,如果折花过程过于复杂,一则不卫生,二则在使用的时候皱纹太多,反而影响美观。

(2)挺括生动,形象逼真。用餐巾折出的花鸟兽等造型要求形似神随,挺括有生气,简洁明了,让人一眼就能辨认出来。而不能粗糙、散乱,让人感到似是而非、牵强附会。

五、餐巾花形的选择与运用

餐巾花形的选择一般应考虑宴会的性质、规模、客人风俗习惯等选用相应的花形,以取得协调美观的效果。

(一)根据宴会的主题确定花形的类别、总体造型特点

比如婚宴宜选择并蒂莲、鸳鸯、喜鹊等造型的餐巾花,而不宜选择扇子,因为“扇”的谐音为“散”;寿宴宜选择仙鹤、寿桃等餐巾花造型,而不宜选用吊钟花、菊花等。

(二)根据宴会的规模来选择花形

一般大型宴会选用造型简单、美观的花形;小型而规格高的宴会可选用造型较为复杂且形象逼真的花形。

(三)根据宾客身份、宗教信仰、风俗习惯和爱好选择花形

根据宗教信仰选择花形要了解宗教的禁忌,如果宾客是信仰佛教的,便不要叠动物的造型,而应选择植物、实物的造型。信仰伊斯兰教的就忌用大耳猪和类似猪的造型。

(四)根据宾主座位的安排选择花形

宴会主人座位上的餐巾花称为主位花。因为宴会需要突出主位的尊贵,所以主位应选择有高度的、美观而醒目的花形。

六、餐巾折花技法与要领

归纳起来,餐巾折花的技法主要有9种:叠、推、卷、穿、攥、翻、拉、掰、捏。

(一)叠

叠是最基本的餐巾折花手法。叠就是将餐巾一折为二、二折为四或者折成三角形、长方形等几何图形。叠的要领是:一次叠成、避免反复,否则餐巾上会留下折痕,影响造型的挺括美观。

(二)推

推是打折时运用的一种手法。就是将餐巾折成褶裥的形状,使花形层次丰富、紧凑、美观。推折的动作要领:用双手的拇指、食指分别捏住餐巾两头的第一个折裥,两个大拇指相对成一线,指面向外;两手中指按住餐巾,并控制好下一个折裥的距离;拇指、食指的指面握紧餐巾向前推折至中指外;用食指将推折的裥挡住;中指腾出去控制下一个折裥的距离;三个手指相互配合,使折裥均匀整齐。

推折又可分为直线推折和斜线推折,斜线推折时用一手固定所折餐巾的中点不动,另一手按直线推折法围绕中心点进行圆弧形推折,其指法与直线推折相同。

(三)卷

将餐巾卷成圆筒形并制出各种花形的一种手法。卷可分为平行卷和斜角卷

两种。平行卷时，餐巾两头一定要卷平；斜角卷就是将餐巾一头固定，只卷另一头，或是一头多卷另一头少卷，形成的卷筒一头大一头小。

（四）穿

穿是用工具从餐巾的夹层折缝中间，边穿边收，形成皱褶，使造型更加逼真美观的一种手法。但采用这种手法后，餐巾花散开时就会出现太多皱纹而影响使用，所以现在用这种方法越来越少。

（五）攥

为了使叠出的餐巾花半成品不易脱落走样，一般用左手攥住餐巾的中部或下部，然后右手操作其他部位。

（六）翻

翻是在折叠过程中，将餐巾折、卷后的部位翻成所需花样，以构成花、叶、鸟翅、动物头等形状。

（七）拉

拉是在翻的基础上，为使餐巾造型挺直而使用的一种手法。如折鸟的翅膀、尾巴、头颈，花的茎叶等时，通过拉的手法可使餐巾的线条曲直明显、花形挺括而有生气。

（八）掰

制作时，将餐巾叠好的层次，按顺序一层一层掰出来。例如富有立体感的月季花，就采用这种手法。

（九）捏

这种方法主要用作鸟的头部折叠。操作方法是先将餐巾的一角拉直作颈部，然后用一只手的大拇指、食指、中指三个指头捏住颈部顶端，食指在上，将巾角尖端向下压，用中指与拇指在下，将压下的巾角捏紧，捏出尖嘴状，即可作为鸟的头部。

七、餐巾折花实例简介

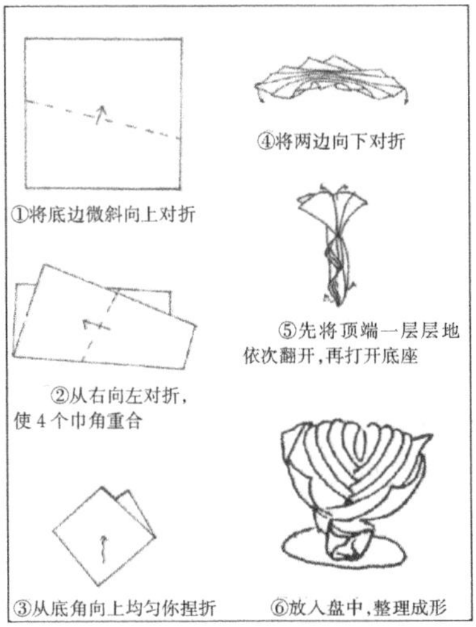

图3-1　牡丹花

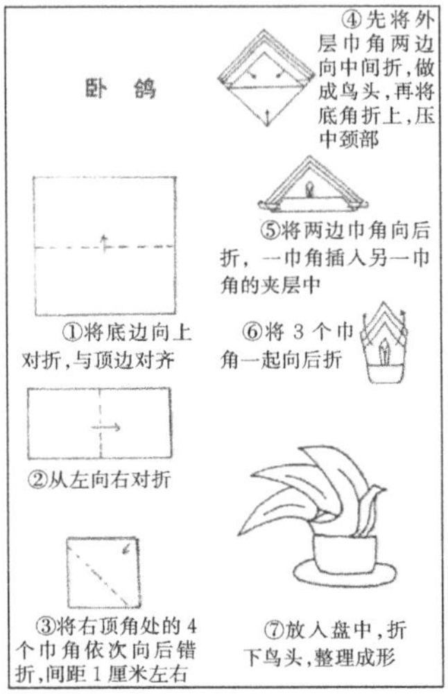

图3-2　卧　鸽

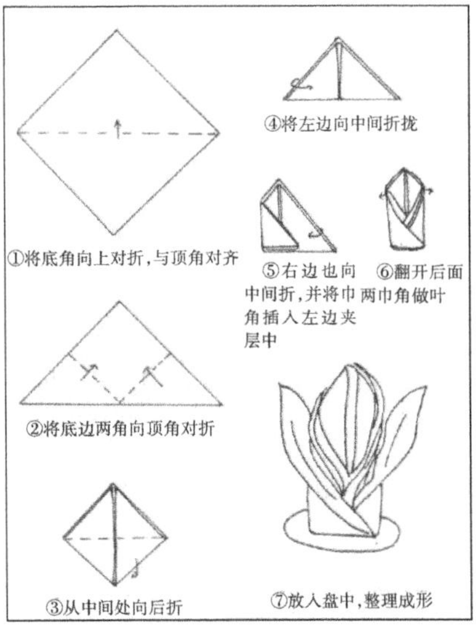

图3-3　含苞欲放

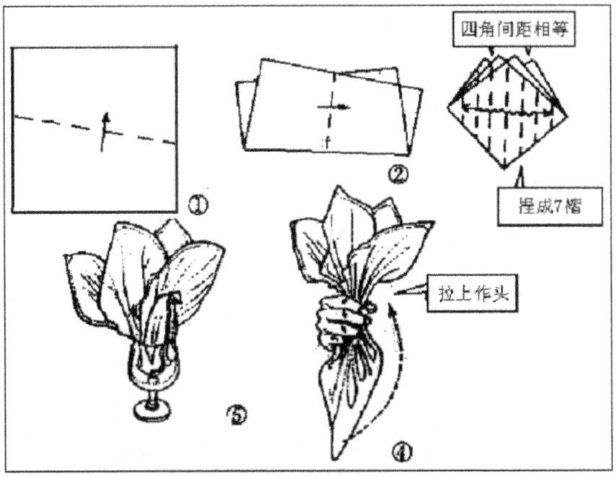

图3-4　彩　凤

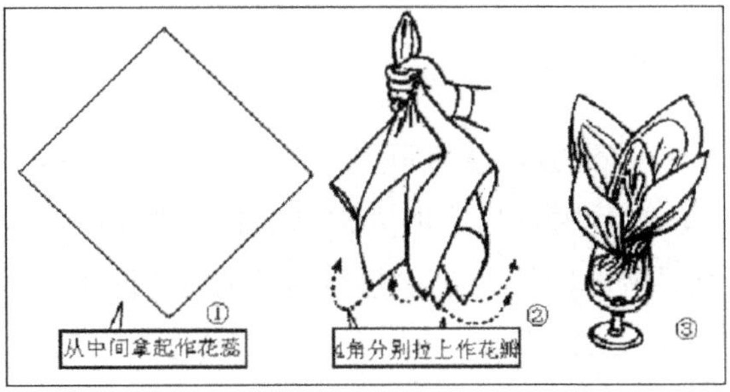

图3-5　金钟花

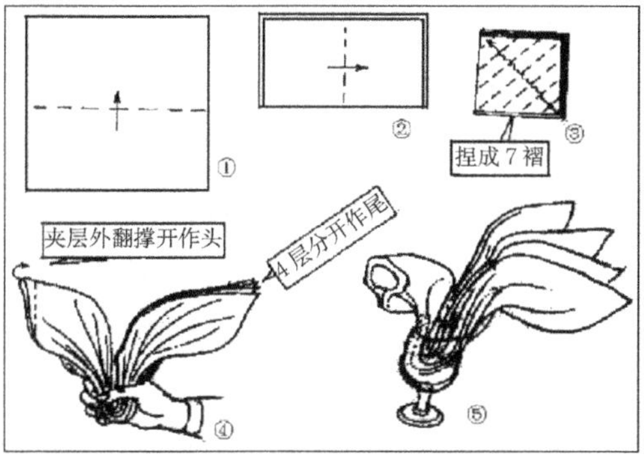

图3-6　金鱼图

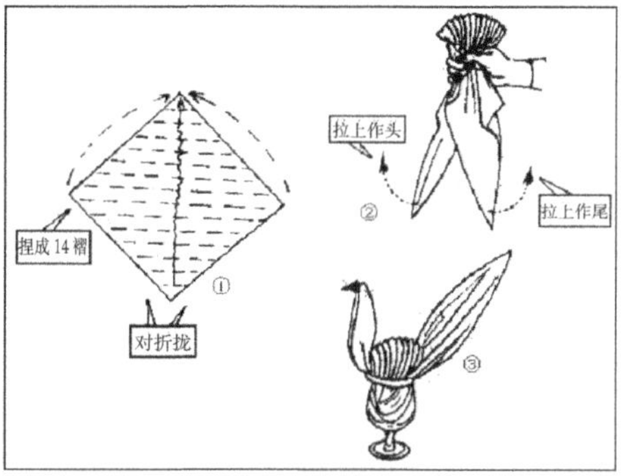

3-7　翼尾鸟

第三节　摆　台

摆台是将各种进餐用具按照一定的要求摆放在餐桌上。摆台的基本要求：餐位安排有序，台面设计合理，餐具距离均匀，位置准确，成形美观，图案对正，使用方便。

摆台可分中餐摆台和西餐摆台两大类。

一、中餐摆台

中餐摆台主要依据餐厅规格和就餐的需要选择相应的餐具来摆设，各地区、各餐厅的中餐摆台都大同小异。摆台要求餐台餐具的摆放以方便宾客、实用美观为第一原则；服务员摆台操作要卫生，动作轻巧稳妥；所用餐具洁净完好，摆放均匀；两人餐台相对摆放，多人餐台上的餐具间距均匀。

（一）摆台用具

摆台用具主要包括两大类：瓷器和玻璃器皿。

1. 瓷　器

（1）餐碟（也称骨碟、渣盘）。是进餐中吃冷、热菜和放骨、刺等用的盘，一般选用直径15厘米左右的圆盘。

（2）衬盘（垫盘）。放在餐碟下面的衬盘，主要起美观台面的效果，一般高级宴会用得较多。其颜色和款式变化也较多，制作材料有金属、瓷器、水晶、有机玻璃等。

(3)汤碗。是用作盛汤或接吃带有汤汁的菜肴,一般选用直径为 9~10 厘米的小碗。高级和重要宴席汤碗放在镀金或银器碗托里。

(4)汤勺。有瓷制的小汤勺,也有金属制的长柄汤勺。长柄汤勺主要作公用勺,摆放在筷架上备用。小汤勺用作盛汤、吃甜点或带有汤汁的菜肴,一般摆放在汤碗或味碟里。

(5)味碟。味碟用于盛放辣酱、豆油、醋、姜汁、芥末等调味品。一般选用直径为 7~10 厘米的小碟。

(6)筷架。筷架的作用是将筷子前端架起,避免与桌面接触,保证卫生。筷架有瓷制品,也有金属制品、木制品等,其形态不一,经过改良后的筷架还可放置长柄汤勺,又叫做筷子公羹架。

(7)香巾碟。放置毛巾的小碟子。香巾碟有瓷制的、水晶的、金属的、竹制的等等,形态不一,造型各异。

2. 玻璃器皿

主要指酒具,包括白酒杯、葡萄酒杯、饮料杯。

3. 其他餐具

如筷子、烟缸、牙签、餐巾、台布等物品。

(二)中餐零点摆台

中餐便餐有两种形式,一种是包餐,一种是零点。包餐标准固定、人数固定、餐桌固定,一般是 10 人一桌,座位无主次之分。零点则不固定桌次,由客人任选座位,入座后按菜单点菜。便餐摆台分早餐、午餐、晚餐摆台。

1. 摆台前的准备

洗净双手。领取各类餐具、台布、桌裙等。用干净的布巾擦亮餐具和各种玻璃器皿,要求无任何破损、污迹、水迹、手印等。检查台布是否干净,是否有皱纹、破洞、油迹、霉迹等。不符合要求应进行调换。

2. 铺台布

铺台布的方式很多,如有推拉式、撒网式、波浪式等,铺台布的基本要领是:服务员站在主位一侧,用双手将台布抖开铺在桌面上。台布正面向上,中心线对准主位、副主位,十字中心点居于餐桌正中心,台布四角下垂分布均匀,若是圆台布则台布边缘距地面相等。铺好的台布应舒展平整,同一餐厅所有餐桌台布的折缝要横竖统一,然后再将转圈和转盘放于中心点上,具体方法见表 3-1。

表 3-1 铺台布的基本要求和操作标准

铺台布方法	台布要求	操作要领及常见错误
撒网式铺台	使用的服务用具主要是台布(220cm×220cm)及餐桌转盘若干。铺台的要求如下: 1.台布中凸缝向上,统一朝向 2.台布平整清洁,四边下垂均匀 3.台布四边平齐于桌椅的座面 4.铺台布的动作连贯、整洁、轻巧,且一次完成 5. 营业期间及时更换台布,台面不可赤裸于宾客视线中	1.抖台布:服务员站立于餐桌主人位置将台布纵向打开,呈右脚在前左脚在后的站立姿势,以双手将台布逐渐向两侧拉开。防止拉台布力量不足 2.拢台布:收拢台布,双手拇指和食指捏好台布近身一侧的边角,其余手指将台布收拢于身前。右臂微抬,呈左低右高之式。右手不能太过于低平 3.撒台布:身体微微左侧,当腰部向左扭动,身体恢复正面站立姿势时,手臂随身体转动向前侧方挥动,双手除捏住台布边角的拇指和食指外的其余手指迅速松开,使台布向前铺撒出去,像渔民撒网的样子,抛撒时,动作要自然洒脱 4.台布定位:在台布逐渐下落时,拇指和食指捏握台布近身侧的边角,调整好台布最后的落定位置,使台布四角垂落均匀,上身转体回位并恢复至正位站立 5.放转盘:台布铺好后,在餐台的中心位置摆放好转盘及餐台装饰物,转圈处在桌子的正中心,把转盘放在转圈上,用手测试一下转盘是否旋转正常
推拉式铺台	使用的服务用具主要是台布(220cm×220cm)及餐桌转盘若干。这种铺台方式主要在小型餐厅使用,当有宾客在餐桌周围就座等候用餐的时候,或是在地方比较狭窄的场合下使用较多	1.抖台布:服务员站立于餐台主人位置,将台布纵向打开,以双手将台布逐渐向身体方向横折好 2.拢台布:双手拇指和食指捏住台布边角,收拢于身前,身体朝前微弓 3.推台布:拇指与食指捏住台布边角,其他手指迅速松开,将台布放开呈放射状向台面飞出,放射角度约成 80 度角,力度要适宜。力量一定要足 4.拉台布:当另一边刚过台时,双手轻稳地将台布拉正,调整台布落定的位置 5.放转盘:台布铺好后在大圆台的中心位置放好转圈,再把转盘放在转圈正中,用手测试一下转圈是否正常

3. 换台布

换台布是将脏台布撤下的同时,将干净台布迅速铺到台面上的一种做法,目的是不让台面裸露在客人面前。这里特别介绍一下当台面上有玻璃转盘时换台布的做法。服务员站在主位一侧,首先将脏台布收拢至转圈处,然后掀开转盘取出转圈移置于餐台一边,再移动转盘放于转圈上,收起脏台布。接着采用上一点中介绍的甩台布的方法将干净台布铺上后,将转盘上一小边台布掀开,一手掀转盘一手取转圈放于台布中央,然后双手将转盘立于桌面,再滚动放于转圈上,拉好台布,检查转盘的转动是否灵活,电池是否需要更换,有无摆动、杂音等,检查完毕后才开始摆台。

4. 摆餐具

(1)早餐摆台。早餐摆台比较简单,一般是将骨碟摆在座位正中,距桌边约一厘米。汤碗或小饭碗摆在骨碟左侧。筷子装在筷套内摆在骨碟的右侧。汤勺摆在汤碗内，勺把朝向同一方向。见图 3-8。

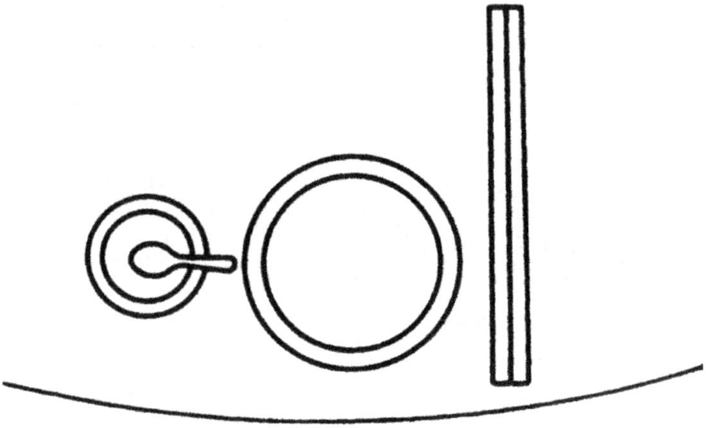

图 3-8 中餐早餐摆台

（2）午、晚餐摆台。午、晚餐摆台与早餐摆台基本相同，只是在餐碟右面加放一个水杯，上方加放一个料碟，将叠好的餐巾花摆在餐碟内或插放在水杯中。摆放时，要求桌面上各种餐具、用具摆放有条理，整齐、一致、美观大方。见图 3-9。

图 3-9 中餐午、晚餐摆台

虽然国内各地区和菜系习惯各不相同，各餐厅的服务规范各异，摆台方法也不尽相同，但从总体上看，基本摆法是大同小异的。

5. 摆餐椅

根据设置席位的规格来摆放餐椅：

(1)4 人桌,正、副主位方向各摆 2 位。

(2)6 人桌,正、副主位方向各摆 1 位,两边各摆 2 位。

(3)8 人桌,正、副主位方向各摆 2 位,两边各摆 2 位。

(4)10 人桌,正、副主位方向各摆 3 位,两边各摆 2 位。

(5)12 人桌,正、副主位方向各摆 3 位,两边各摆 3 位。

6. 上转盘

(1)一般规定,8 人以上的餐桌须摆转盘,摆设转盘时必须注意转盘本身是否已清理干净,转盘周边是否干净。

(2)转盘面直径至少要比桌面直径少 60 厘米,且转盘必须与餐桌同圆心。

(3)转盘摆完后要先转动一下,测试转盘是否操作正常。

(4)最后还要检查一次桌面台布是否平整。

(5)在正、副主位前方之转盘上各摆两个小菜碟座,距转盘边缘 1.5 厘米。

(6)花盆摆在转盘中央,台号牌摆在花盆或花瓶边,方向朝副主位。

7. 零点摆台注意事项

(1)对不会使用筷子的客人,席位上要加摆餐刀、餐叉。叉左刀右,刀口朝左。

(2)集体用餐或几位宾客共同进餐时,应摆放公筷和公筷架,供主人为客人派菜和其他人取菜用。公筷、公勺放在公用筷架上,摆在主人用餐餐具上方或转盘上。

(3)调羹可放在口汤碗或调味碟内。

(4)餐桌上的瓶花,其高度应以不阻碍客人视线为准。

(5)消毒筷子应用筷套封装。

(三)中餐宴会摆台

1. 座次的安排

宴会座次安排即根据宴会的性质、主办单位或主人的特殊要求,根据出席宴会的宾客身份确定其相应的座位。座次安排必须符合礼仪规格,尊重风俗习惯,便于席间服务。

宴会座次安排的原则是主人坐在厅堂正面，对面坐副主人，主人右侧坐主宾,左侧坐第二宾。副主人右侧坐第三宾,左侧坐第四宾,其他座位坐翻译和陪同人员。或者主人右侧坐第一主宾,左侧坐第三宾;副主人右侧坐第二宾,左侧坐第四宾,其他座位坐翻译和陪同人员。见图 3-10。

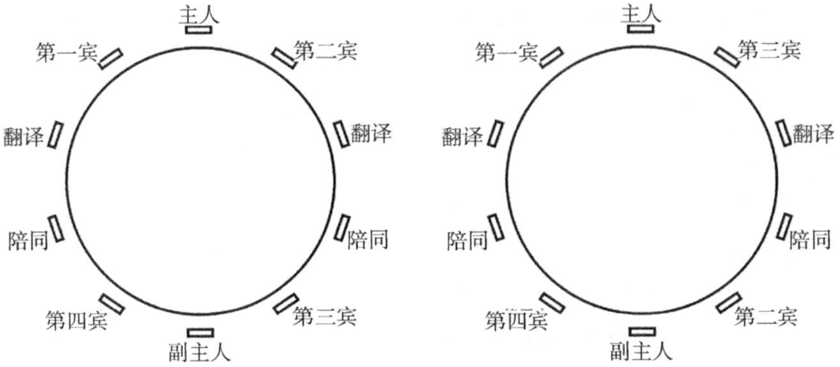

图 3-10 中餐宴会座次安排

2. 铺台布、放转盘、围桌裙、配餐椅

中餐宴会一般使用直径为 180 厘米的 10 人圆桌，台布选用 240 厘米的方台布或圆台布。玻璃转盘摆在桌面中央的转圈上，检查转盘是否能正常工作。规格较高的宴会还要在圆桌外沿围上桌裙。按宴会出席人数配齐餐椅，以 10 人为一桌，一般餐椅放置为三三、两两，即正、副主人侧各放三张餐椅，另两侧各放两张餐椅，椅背在一条直线上。

3. 摆餐具

餐具一律使用托盘，左手托盘，右手洗干净或戴手套拿餐具。

(1)骨碟定位：骨碟 10 个一摞放在托盘上，从主人座位处开始按顺时针方向依次摆放骨碟，要求碟边距离桌边 1.5 厘米，骨碟与骨碟之间距离均匀相等，若碟子印有店徽等图案，则图案要正面示人。

(2)摆放小汤碗、小汤勺和味碟：在骨碟中心点与转盘中心点的连线两侧，左侧摆放小汤碗，汤勺摆放在汤碗中，勺柄朝左；连线右侧摆放味碟，汤碗与味碟横向直径在一条直线上。

(3)摆放筷架、长柄汤勺、筷子：在小汤碗与调味碟横向直径右侧延长线处放筷架、长柄勺、袋装牙签和筷子，筷套离桌边 1.5 厘米。并与骨碟纵向直径平行，袋装牙签与银勺末端平齐。

(4)摆放玻璃器皿：在骨碟中心点与转盘中心点的连线上，汤碗和味碟的上方摆放葡萄酒杯，葡萄酒杯的左侧摆放饮料杯，葡萄酒杯的右侧摆放白酒杯，三杯呈一条直线并左高右低的排列，三杯之间的距离各为 1.5 厘米、1 厘米。三杯横向直径的连线与汤碗与味碟横向直径的连线平行。

(5)摆放烟灰缸、火柴：在正、副主人杯具的右前方各摆放一只烟灰缸，其余位置可酌情摆放。烟灰缸的上端与杯具在一条线上,烟灰缸的边缘有三个烟孔,摆放时一个朝向主人另一个朝向主宾。也有的餐厅准备的是一人一个烟灰缸,则依照此法每个餐位摆放一个。烟灰缸的边缘摆放火柴,正面朝上。

(6)摆餐巾花:若是选用杯花,需提前折叠放置杯具内,侧面观赏的餐巾花如鸟、鱼等则头部朝右摆放。注意把不同样式、不同高度的餐巾花搭配摆放,主人位上摆放有高度的花式。

(7)摆公用餐具:在正、副主人杯具的前方,各摆放一个筷架或餐盘,将一副公用筷和汤勺摆放在上面,汤勺在外侧,筷子在内侧,勺柄和筷子尾端向右。

(8)摆放宴会菜单、台号、座卡:一般 10 人座放两份菜单,正、副主人餐具一侧各摆放一份,菜单底部距桌边一厘米。高级宴会可在每个餐位放一份菜单。

(9)摆插花:转盘正中摆放插花或其他装饰品,以示摆台的结束。摆好的一个餐位见图 3-11。

图 3-11 中餐宴会摆台

4. 摆台后的检查工作

摆台后再次检查台面餐具有无遗漏、破损,餐具摆放是否符合规范,餐具是否清洁光亮,餐椅是否配齐。

二、西餐摆台

西餐摆台也可分为便餐摆台和宴会摆台两种。

(一)西餐零点摆台

西餐摆台前准备工作与中餐摆台前准备工作相同。西餐铺台布前,先在台面上放上垫布，在垫布上铺台布。

1. 西餐早餐摆台

西餐早餐摆台一般是在咖啡厅内提供的，可分为美式早餐、欧陆式早餐及零点早餐等，它们的摆台方法略有差异。基本摆法是：

在餐椅正对处摆放餐盘或餐巾纸，餐盘的左侧放一把餐叉，叉面朝上，右侧放餐刀，刀口向餐盘方向，汤匙放餐刀的右侧，匙面朝上，刀叉距餐盘 1.5 厘米，餐刀与汤匙之间的距离是 0.5 厘米，刀、叉、勺下端在一条直线上距桌沿 2 厘米。面包盘在餐叉左侧，黄油刀刀口朝左，摆放与面包盘右侧，与餐叉平行。汤匙右侧摆放咖啡杯和咖啡碟，杯把和匙柄朝右。调味盅、牙签筒、烟灰缸等摆放在餐台中心位置上。见图 3-12。

图 3-12 西餐早餐摆台

2. 西餐午、晚餐摆台

西餐午、晚餐摆台是在早餐摆台的基础上进行的，见图 3-13。

图 3-13 西餐午、晚餐摆台

(二)西餐宴会摆台

西餐宴会与中餐宴会不同,它一般采用长方形餐桌。摆台时要按照一底盘、二餐具、三酒水杯、四调料用具、五艺术摆设的程序进行。

1. 座次安排

一般家庭式西餐宴会的座次安排:主人的座位应正对厅堂入口,便于其纵观全厅,长台两端分别设主人位和副主人位(女主人位),男女宾客穿插落座,夫妇穿插落座。这样的席位安排只有主客人之分,没有职务之分。见图 3-14。

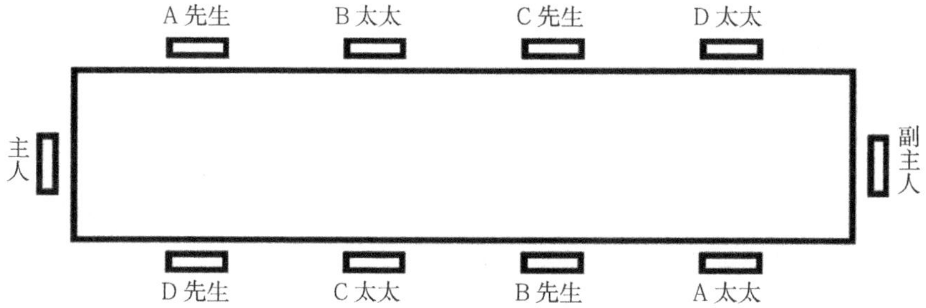

图 3-14 家庭式西餐宴会座次安排

若属于正式宴会,双方都有一位重要人物参加,那么第一主宾要坐在第一主人的右侧,第二主宾坐在第二主人右侧,次要人物由中间向两侧依次排开。

若正式宴会双方首要人物都带夫人参加,则:

法式座次安排:主宾夫人坐在主人右侧,主宾坐在主人夫人右侧,见图 3-15。

英式座次安排:主人夫妇各坐两头,主宾夫人坐在主人右侧位,主宾坐在主人夫人右侧位,其他男女穿插依次坐中间。见图 3-16。

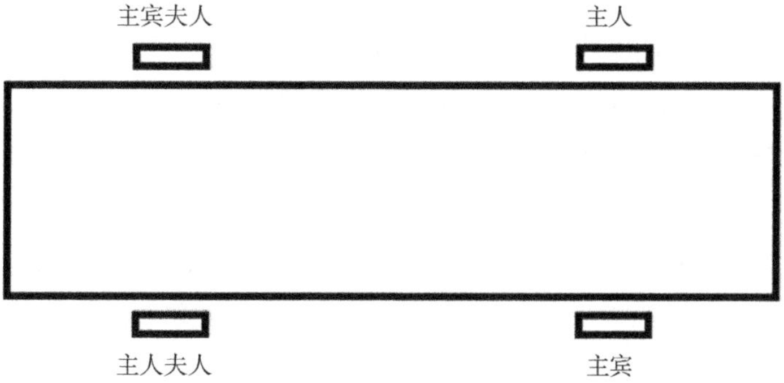

图 3-15 法式座次安排

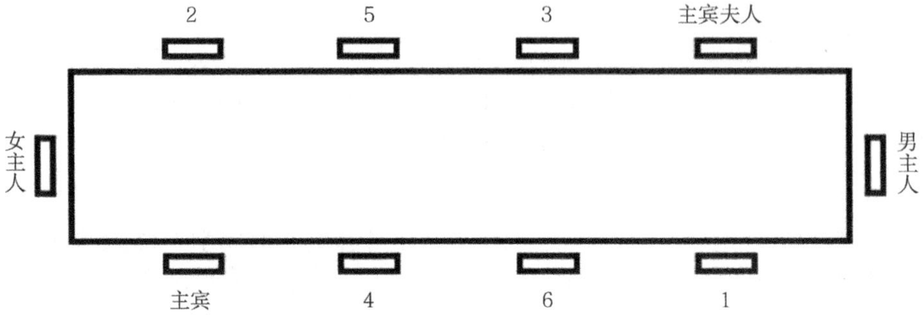

图 3-16 英式座次安排

2. 餐具的准备工作

西餐餐具品种较多,每上一道菜就相应的要撤去用完的那套餐具。

3. 台布、摆餐椅

西餐宴会一般使用数张方桌拼接而成。铺台布的顺序应由里向外铺,目的是要让每张台布的接缝朝里,避免步入餐厅的客人看见。铺好的台布要求中线相接,成一条直线,台布两侧下垂部分美观整齐,两边均匀。

4. 摆餐具

(1)摆餐盘。与中餐摆台一样,从主人位开始顺时针方向在每个席位正中摆放餐盘;注意店徽等图案摆正,盘边距桌沿 2 厘米,盘与盘之间的距离相等。

(2)摆刀叉。在餐盘的右侧从左到右依次摆放主餐刀、鱼刀、汤匙、沙拉刀,刀口朝左,匙面向上。餐盘左侧从右到左依次摆放主餐叉、鱼叉、沙拉叉,叉面朝上。

(3)摆水果刀叉(或甜品叉)、甜品匙。在餐盘的正前方横摆甜品匙,匙柄朝右。甜品匙的前方平行摆放水果叉(或甜品叉),叉柄朝左。水果叉的前方平行摆放水果刀,刀柄朝右。

(4)摆面包盘、黄油刀和黄油盘。沙拉叉的左侧摆放面包盘,面包盘中心与餐盘中心在一条线上;在面包盘上右侧边沿处摆放黄油刀,刀刃朝左。

(5)摆玻璃杯具。冰水杯摆放在主餐刀顶端,依次向右摆放红葡萄酒杯、白葡萄酒杯,三杯呈斜直线,与水平线呈 45 度角;如果有第四种杯子则占白葡萄酒杯的位置,白葡萄酒杯顺次向后移动,杯子依然成斜直线,各杯相距 1.5 厘米。

(6)摆餐巾花。将叠好的盘花摆放在餐盘正中,注意主人位上放置有高度的盘花,另外注意式样的搭配。

(7)其他。盐瓶、胡椒瓶、牙签筒按四人一套的标准摆放在餐台中线位置上。

烟缸从主人右侧摆起，每两人之间放置一个，烟缸的上端与酒具在一条线上。菜单最少每桌摆放2张，高级宴会可每座摆放一张。插花或烛台等装饰品摆放在长台的中线上。

5. 摆台后的检查工作

摆台结束后要进行全面检查，发现问题及时纠正，要达到全台看上去整齐、大方、舒适的效果。见图3-17。

图3-17 西餐宴会摆台

第四节 斟 酒

无论是中餐厅、西餐厅还是酒吧，斟酒都是不可缺少的一项服务，这也是餐厅服务中一项比较细致、要求较高的工作。

一、准备酒水

开餐前，各种酒水应当事先备齐。检查酒水质量，如发现瓶子破裂或有悬浮物、沉淀物时应及时调换。将检查好的酒瓶擦拭干净，分类摆放在酒水服务台或酒水车上。

除上述基本的准备外，酒水准备工作还包括对酒水温度的处理，服务员需了解餐厅常用酒水的最佳饮用温度。

(一)冰镇(降温)

冰镇的目的是由于许多酒水的最佳饮用温度是低于室温的，如啤酒的最佳饮用温度为4℃～8℃;白葡萄酒的最佳饮用温度为8℃～12℃;香槟酒和有汽葡萄酒的最佳饮用温度是4℃～8℃。因此,在饮用前需要对此类酒作冰镇处理,这是向宾客提供优质服务的一个重要内容。

冰镇的方法主要有三种,包括:

(1)冰箱冷藏法。直接将酒瓶放入冰箱冷藏室。应注意冷藏和冷冻是有区别的,有些酒类如啤酒在低于零下10℃时,酒液就变得混浊不清了。啤酒和软饮料贮存在接近4℃的温度下较为理想。

(2)冰块冰镇法。冰块冰镇法又包括两种方法,一种是直接将冰块放入酒液饮料中,一种是将酒瓶插入放有冰块的冰桶中约10分钟,即可达到冰镇的效果。

(3)溜杯。这种方法是用冰块对杯具进行降温处理,常用于调制鸡尾酒。服务员手持酒杯下部,在杯中放入一块冰块,转动杯子,使冰块沿杯壁滑动,以此达到降低杯子温度的目的。

(二)温烫(升温)

有些酒需要在常温以上饮用效果更佳,如黄酒、加饭酒、日本清酒以及某些鸡尾酒的饮用。温烫有四种方法:

(1)水烫。将酒液倒入温酒壶,放入热水中,以水为媒介的加热方法。

(2)烧煮。将酒液倒入耐热器皿,直接放置于火上的加热方法。

(3)燃烧。将酒液倒入杯后,将杯子置于酒精液体内,点燃酒精加热的方法。

(4)注入。将热饮注入酒液或将酒液注入热饮中升温的方法。

水烫和燃烧一般是当着客人的面操作。

二、示　瓶

当客人点完酒之后,就进入斟酒程序,而示瓶是斟酒服务的第一道程序,它标志着服务操作的开始。示瓶是向客人展示所点的酒水。这样做的目的有两个:一是对客人表示尊重,请客人确定所点酒水无误;二是征询客人开酒瓶及斟酒的时间,以免出错。

三、开 瓶

酒瓶的封口通常有瓶盖和瓶塞两种。

(一)正确使用开瓶器

餐厅常用开瓶器,见图 3-18 和 3-19。多功能开瓶器用途较广,而翼型开瓶器通常用来开启带软木塞的酒水。

图 3-18 多功能开瓶器

图 3-19 翼型开瓶器

(二)开瓶时动作轻,尽量减少瓶体的晃动

开启软木塞瓶盖时,如出现断裂危险,可将酒瓶倒置,利用酒液的压力顶住软木塞,同时再转动酒钻拔出软木塞。

(三)开启瓶塞后擦拭与检查

要用干净的布巾擦拭瓶口,如软木塞发生断裂的,还应擦拭瓶口内侧,以免残留在瓶口的木屑顺着酒液被斟入客人的酒杯中。开启瓶塞后检查瓶中酒液是否有质量问题,也可以通过嗅闻插入酒瓶部分的瓶塞气味是否正常来判断。

(四)随手收拾开瓶后留下的杂物

开瓶后的封皮、木塞、盖子等杂物,不要直接放在桌面上,应养成随手收拾的好习惯。

四、斟 酒

斟酒一般分为徒手斟酒和托盘斟酒。

(一)斟酒的姿势与位置

右脚前跨，踩在两椅子之间，重心移至右脚，身体微前倾，两脚呈 T 字形站立。右手持酒瓶的下半部，商标朝向客人，将瓶靠近杯口，但不靠在杯口上。徒手斟酒时，左手持干净的餐巾布并背于身后，每斟倒一次擦拭一次瓶口；托盘斟酒时，左手托托盘，餐巾布搭在手腕处或折成条形固定在瓶口，斟酒时托盘的左手自然拉开甩盘，注意掌握好托盘的重心。斟倒时酒液徐徐注入酒杯内，当杯中酒斟倒适度时，控制流量并旋转瓶身 100～180 度，然后向上抬起小手臂，做到一滴不洒。注意抬起小手臂时不要碰到旁边客人。

(二)斟酒量的控制

白酒斟酒量为八成。

红葡萄酒斟 1/2 杯，白葡萄酒 2/3 杯，威士忌等斟 1/6 杯为宜。

香槟会起泡沫，所以分两次斟倒，先斟 1/3 杯，待泡沫平息后再斟 1/3，共斟 2/3 杯。

啤酒同样分两次斟倒，斟倒完毕时，酒液占八分，泡沫占两分为最佳。

(三)斟酒的程序

(1)中餐宴会斟酒时间及顺序。中餐宴会一般是从主宾位置开始、按顺时针方向进行斟酒服务，也可根据客人需要从年长者或女士开始斟倒。正式宴会一般提前5 分钟，由服务员将烈性酒和葡萄酒斟倒好，当客人入座后再斟倒饮料。若是两名服务员同时操作，则一位从主宾开始，另一位从主宾对面的副主宾开始，均按顺时针方向进行。

(2)西餐宴会斟酒顺序。西餐用酒较多也较讲究，比较高级的西餐宴会一般要用七种酒左右，菜肴和酒水的搭配必须遵循一定的传统习惯，菜肴、酒水和酒杯的匹配都有严格规定。西餐宴会应先斟酒后上菜，斟酒的顺序是先宾后主，女士优先。

(3)红葡萄酒、白葡萄酒、香槟酒的服务方法及标准如表 3-2、3-3、3-4：

表 3-2 红葡萄酒的服务方法及标准

品名	程序	标准
红葡萄酒服务	准备工作	1.准备好酒篮，并将一块干净的餐巾铺在酒篮中 2.将葡萄酒放在酒篮中，商标向上 3.在宾客的水杯右侧摆放红葡萄酒杯，间距为 1.5 厘米
	示瓶	1.服务员右手拿起装有红葡萄酒的酒篮，走到宾客座位的右侧，另外取一个小碟子放在宾客餐具的右侧，用来放开瓶后取出的木塞 2.服务员右手持酒篮，左手轻托住酒瓶的底部，倾斜 45 度，商标向上，请宾客看清酒的商标，并询问宾客是否可以立即开瓶
	开瓶	1.将红葡萄酒立于酒篮中，左手扶住瓶颈，右手用开酒刀割开封口，并用一块干净的餐巾布将瓶口擦净 2.将酒钻垂直钻入木塞，注意不要旋转酒瓶。当酒钻完全钻入木塞后，轻轻拔出 3.将木塞放入准备好的小碟子中，并摆在宾客红葡萄酒杯右侧，间距 1～2 厘米
	斟酒服务	1.服务员将打开的红葡萄酒瓶放回酒篮，商标向上，同时用右手拿起酒篮，从宾客右侧斟倒 1/5 杯红葡萄酒，请宾客品评酒质 2.宾客认可后，按照先客后主、女士优先的原则，依次为宾客倒酒，倒酒时站在宾客的右侧，斟酒量为 1/2 杯 3.每倒完一杯酒要轻轻转动酒瓶，避免酒滴在餐台上 4.倒完酒后，把酒篮放在宾客餐具的右侧，注意不能将瓶口对着宾客
	续杯服务	1.留意客人杯中酒量，掌握好续杯的时机 2.当整瓶酒将要倒完时，要询问宾客是否再加一瓶。如宾客不需要加酒，待其喝完杯中酒后及时将空杯撤掉 3.如果宾客同意再加一瓶，再按以上服务方法和标准操作一遍

表 3-3 白葡萄酒的服务方法及标准

品名	程序	标准
白葡萄酒服务	准备工作	1.准备一个冰桶，在冰桶中放入 1／3 桶冰块，再放入 1／2 冰桶的水后，放在冰桶架上，并配一条叠成 8 厘米宽的条形口布 2.将客人所点的白葡萄酒放入冰桶中，商标向上 3.在宾客的水杯右侧摆放白葡萄酒杯，间距 1.5 厘米
	示瓶	1.将准备好的冰桶架、冰桶、酒、条形餐巾布及装木塞的小碟子放到宾客座位的右侧 2.左手持餐巾布，右手持葡萄酒，将酒瓶底部放在条状餐巾布的中间部位，再将口布两端拉起至酒瓶商标以上部位，并使商标全部露出 3.右手持餐巾布包好的酒瓶，用左手轻托住酒瓶底部，送至宾客面前，请宾客看清酒的商标，并询问宾客是否立即开启酒瓶
	开瓶	1.宾客允许后，将酒瓶放回冰桶中，左手扶住酒瓶，右手割开封口，并用一块干净的餐巾布擦拭瓶口 2.将酒钻垂直钻入木塞，待酒钻完全钻入后，轻轻拔出木塞 3.将木塞放入小碟子中，放在宾客白葡萄酒杯的右侧，间距 1～2 厘米
	斟酒服务	1.用餐巾将酒瓶口擦拭干净，然后用餐巾包住酒瓶，在主人的杯中倒入小点滴供品评 2.倒酒时按先宾后主、女士优先的原则，顺时针进行，一般倒入 2/3 杯 3.对冰镇过的酒，倒酒时都要用餐巾包住酒瓶，防止水滴下，亦可防止酒的温度上升
	续杯服务	1.留意客人杯中酒量，掌握好续杯的时机 2.当瓶中酒将要倒完时，要询问宾客是否再加一瓶，如宾客不需加酒，待其喝完杯中酒后及时撤去空杯 3.如宾客同意再加一瓶，再按以上服务方法和标准操作一遍

表 3-4 香槟酒的服务方法及标准

品名	程序	标准
香槟酒服务	准备	1.准备好冰桶 2.将香槟酒放于冰桶内冰冻 3.将酒瓶、冰桶和冰桶架一起放到宾客桌上
	开瓶	1.将香槟酒从冰桶内取出向主人展示,主人确认后放回冰桶内 2.用酒刀将瓶口处的锡纸割开。左手握住瓶颈,同时用拇指压住瓶塞,右手将捆扎瓶塞的铁丝拧开、取下 3.用干净餐巾布包住瓶塞顶部,左手依旧握住瓶颈,右手握住瓶塞,双手同时反方向转动并缓慢地上提瓶塞,直到瓶内气体将瓶塞完全顶出 4.开瓶时动作不宜过猛,以免发出过大的声音而惊动宾客
	品酒服务	1.用餐巾布将瓶口和瓶身上的水迹擦掉,将酒瓶用餐巾布包住 2.向主人杯中注入1/5的酒,交由主人品尝 3.待主人认可后,服务员须询问是否可以立即斟酒
	斟酒服务	1.斟酒时服务员右手持瓶,从主宾右侧按顺时针方向进行,女士优先、先宾后主 2.斟酒量为杯量的2/3 3.每斟一杯酒分两次完成,以免杯中泛起的泡沫溢出;斟完后旋转瓶身收酒瓶,防止瓶口的酒滴落到台面上 4.酒的商标须始终朝向宾客 5.为所有的宾客斟完酒后,将酒瓶放回冰桶内冰冻 6.酒瓶中只剩下一杯酒量时,须及时征求主人意见是否增加一瓶酒 7.如宾客同意再加一瓶,再按以上服务方法和标准操作一遍

五、斟酒注意事项

除了以上服务过程外,在斟酒中还要注意以下事项。

(一)注意酒瓶的位置

斟酒时,瓶口不可碰到杯口,更不可搭在杯口上斟酒,应相距1~2厘米为宜,这样做是因为:第一比较卫生,防止传染疾病;第二防止碰破杯口或将杯子碰倒。但也不要将瓶口拿得过高,以防控制不当酒水溢出。当服务人员操作不慎将酒杯碰倒或碰破时,应立即向客人道歉并更换酒杯,同时将干净餐巾布铺在酒渍之上。

(二)注意控制斟酒量

服务员需随时注意瓶内酒量的变化,以适当的倾斜度控制酒液流出的速度,以免溢出。

(三)谨慎斟倒带泡沫的酒水

泡沫多的酒水应控制好斟倒速度,宁慢勿快。速度太快泡沫容易溢出杯外,所以也可让酒液沿着杯壁缓缓注入。

(四)宴会服务注意客人情况

在宴会上，主宾通常要发言（祝酒词、答谢词等），服务员需提前将所有宾客酒杯都斟上酒水，并为台上发言人也准备酒水。当发言结束时，主宾可能要提议干杯，需提前斟倒才不至于空杯。另外，在主宾讲话时，服务员要停止一切服务操作，在适当位置上站立，并随宾客一起鼓掌，切不可窃窃私语，也不要无动于衷。

(五)及时续杯

在餐中服务时，要随时观察每位客人酒水饮用情况。当宾客杯中的酒水少于1/3时，就应征询客人需要，及时续杯。

第五节 上菜及分菜

上菜是餐厅服务中一项主要工作，有其特点和规律，如上菜的程序、上菜位置、上菜时机、摆菜艺术等均有讲究。

一、中餐上菜及分菜

上菜是服务员按照一定的程序将菜肴托送上桌的一项重要服务环节，也是服务员必须掌握的基本服务技能之一。

(一)中餐上菜

1. 上菜的位置和方法

中餐零餐的上菜比较简单，上菜的位置没有特别规定，但不要在小孩和老人旁边上菜。中餐宴会的上菜位置一般选择翻译和陪同中间，也可以选择在副主人右侧上菜，这样方便翻译和副主人向来宾介绍菜肴。切忌在主宾和主人旁边上菜，以免打扰他们谈话。每上一道新菜须将其移到主宾面前，以示尊重。

2. 上菜的时机

当冷菜吃到2/3时，就可以上第一道热菜了，一般热菜在30分钟内应当上完。上菜注意节奏，应注意：上菜不可太慢，前一道菜将要吃完时，就要上下一道菜，防止出现空盘空台的现象，造成宴会主人的尴尬；另外，上菜也不可太快，过快造成菜肴堆积，影响客人的品尝。必要时可将一些大菜盘剩下的菜肴换小盘装,以便腾出上菜空间。

3. 上菜顺序

中餐上菜的顺序一般是冷菜、热菜、汤、点心、水果,而粤菜较为特殊,先上汤再上菜。

4. 上菜的要领

上菜时,服务员要仔细核对台号、品名,防止上错菜。有调料的菜品,先上调料后上菜。

5. 摆 菜

摆菜的基本要求是讲究造型艺术、注意礼貌、尊敬主宾、方便食用。

通常摆放形状为“一中心、二直线、三三角、四四方、五梅花”。即上一个菜时将其摆放在餐桌中心位置，二个菜时将其并排摆放，三个菜时将其摆放成三角形,四个菜时将其摆成四方形,五个菜时将其摆成梅花形。

另外,按照我国传统的礼貌习惯,还应注意“鸡不献头,鸭不献尾,鱼不献脊”。即上菜时,不要把鸡头、鸭尾、鱼脊朝向主宾,应将鸡头、鸭头朝右边。上整鱼时,应将鱼腹而不是鱼脊朝向主宾,因为鱼腹刺少味美,朝向主宾表示尊重。

如果上有图案的菜肴时,如孔雀、凤凰等拼盘,则应将菜肴的正面朝向主宾,以供主宾欣赏和食用。

(二)中餐分菜(派菜)

中餐的分餐工具一般比较简单。分鱼类、禽类的菜肴时,一般使用刀、叉、勺;分炒菜类可使用叉、勺和筷子;分汤羹类菜肴时可使用长柄汤勺和筷子。

分菜的方法:

(1)叉、勺分菜法。将菜肴端至餐桌上,示菜并报菜名,然后将菜取下,左手用口布托菜盘,右手拿分菜用叉和刀。顺时针从主宾右侧开始绕台进行分菜。

(2)餐桌分菜法。餐桌分菜法是提前先将干净餐盘或汤碗,有次序的摆放在餐桌上,示菜报菜名后,服务员当着客人的面将菜肴分到餐碟中去。随即转动转盘,服务员从主宾位开始,顺时针方向将分好的菜肴放到客人面前。

(3)服务台分菜法。服务台分菜法的难度较低,即示菜报菜名后,征得客人同意,将菜肴从餐桌上撤下,端回服务台上将菜肴迅速分到餐盘中。然后用托盘从主宾右侧开始顺时针方向托送。

注意分菜要做到每份数量均匀，分完后略有剩余，一方面显示菜肴的富余，另一方面可供有加菜需要的客人食用。

二、西餐上菜及分菜

西餐用餐一般实行分食制，有的菜在厨房内烹制并已分好，只需托盘上桌，有的菜需要在客人面前烹制，然后进行分菜。

(一)西餐上菜

西餐源于欧洲贵族家庭，经过演变至今，目前国内在饭店中常见的西餐服务方式有：法式上菜、英式上菜、俄式上菜及美式上菜，均按照先宾后主、女士优先的顺序服务。

西餐上菜的程序：

西餐正餐的上菜顺序是开胃品、汤、色拉、主菜、甜点、饮品。

(1)开胃品(Appetizers)。有冷、热之分，旨在开胃，增大食欲，一般剂量较小，多用清淡的海鲜、蔬菜、水果制作，色彩鲜艳，装饰美观。如海鲜鸡尾酒杯、烟熏三文鱼。

(2)汤(Soups)。西餐的汤可分为冷汤类和热汤类，也可分为清汤类和浓汤类。如西班牙冻汤、牛尾清汤、奶油汤等。

(3)色拉(Salads)。色拉意为凉拌生菜，具有开胃、帮助消化的作用。色拉可分为水果色拉、素色拉和荤、素色拉三种。

(4)主菜(Main Course)。主菜是全套菜的灵魂，制作讲究，一般是色、香、味、形俱佳的菜肴。主菜多用海鲜、牛、羊、猪肉和家禽类做主要原料，如黑胡椒牛排、大虾吉列等。

(5)甜点。甜点有冷热之分，是最后一道餐食。

(6)咖啡或茶。供客人餐后饮用。

(二)西餐分菜

西餐一般是先由厨师将菜肴按份切好装盘，由服务员上台分派。服务叉、服务匙是西餐分餐常用工具，还应准备切肉刀和切肉叉。使用方法：用拇指和食指捏住叉柄，无名指与食指在同一侧，他们夹在匙柄与叉柄之间；中指和小指则捏住匙柄，这样叉和匙就能自如的夹住食物了。

复习思考题

1. 简述轻托的动作要领。

2. 简述餐巾花形的选择原则。

3. 简述中餐宴会摆台时席位的安排。

4. 简述中餐宴会上菜及分菜的动作要领。

5. 简述西餐午晚餐及宴会摆台的要领。

主要参考文献

餐巾的作用和类型 [EB/OL]. http://blog.sina.com.cn/s/blog_55cddc290100096e.html.

厨房卫生管理制度[EB/OL]. http://down.manaren.com/xingzhengguanli/weisheng/200810/75823.html.

黄文波. 餐饮管理[M]. 天津:南开大学出版社,2003.

梁玉柱. 餐台设计与布置[M]. 沈阳:辽宁科学技术出版社,1999.

张粤华,张少珍. 餐饮实务[M]. 中山:中山大学出版社,1998.

第四章
中餐服务规范

中国餐饮是世界餐饮的一部分，中餐以其博大精深吸引了无数的国内外宾客，很多国外游客来中国旅游的主要目的之一就是品尝中国的美食。但仅仅有精美的饮食还不够，配套的服务也必须规范。因此，餐厅必须制定并实施完整的中餐服务规范，从而获得客人的认同与赞赏，提高客人用餐的满意度。

本章学习的目的在于使大家了解中餐厅经营特点与环境氛围；掌握中餐服务程序与标准；熟练掌握中餐零点餐厅服务技能；熟悉团体包餐服务过程。

第一节　中餐厅简介

要制定实施中餐厅的服务规范，必须掌握中餐厅的经营特点与环境气氛要求。

一、中餐厅经营特点

中餐厅是提供中式菜点、饮料和服务的餐厅。它除了供应住店宾客食用中国餐以外，还为当地的宾客提供交际应酬、喜庆宴会、家庭聚餐等服务。

中餐厅的销售方式有零点餐、团体包餐、自助餐等。不同的销售方式有不同的服务规程，餐厅服务员必须严格执行各种服务规程，做到服务标准化，布置规范化，操作程序化，以礼貌、热情、主动、周到的接待服务，为餐厅创造良好的声誉和经济效益。

其中零点餐厅是指客人随到随吃、自行付款的餐厅。通常设置有大小不同的餐桌，以适应不同人数的客人需要，既可以随到随吃，也可预约定餐。经营方式是提供菜单，接受客人点菜，食品茶点服务到桌，最后凭点菜单结账。

零点餐厅的主要任务是接待零星客人就餐。其特点是客人多而杂，人数不固定，口味需求不一，用餐时间交错，致使餐厅接待量不均衡，服务工作量较大，营业时间较长。所以，在服务上特别要求突出热情、周到、细致、体贴。在各项服务环节中，要做到迅速、快捷而不紊乱。服务员要有较全面的服务知识和熟练的服务技能，以适应和满足各种消费层次客人的需求。

二、中餐厅的环境气氛

就餐环境是宾客挑选餐厅作为进餐场所的重要因素。卫生、安全、优雅、轻松的环境气氛，会使宾客拥有舒心和愉快的就餐心情，进而对餐厅留下良好的第一印象。可以说，这样的餐饮服务已经成功了一半。

中餐厅的环境气氛主要通过外部和内部环境来体现。外部环境指车位的安排、道路的清洁、卫生间的清扫等；内部环境指服务员的着装、餐厅的清洁及餐厅内外灯光的调节、餐台的摆放等。

第二节 中餐服务程序与标准

为了给客人提供一个满意的就餐环境与气氛，餐厅有必要制定一套完整且可行的中餐服务程序与标准。其内容主要包括以下几方面。

一、餐前清洁卫生

餐前清洁卫生是中餐服务程序中的第一项工作，也是做好服务的重要前提，因此一定要非常重视。餐前清洁卫生主要有以下操作步骤：

（一）整理餐厅

这是做好开餐前的清洁工作。按设施设备的分类情况分别检查餐厅家具设备、工作台、餐桌、灯具、门窗、窗帘等是否完好无损、整洁有序，同时检查餐桌、餐椅是否布局合理完美。

（二）物品准备及摆台

将开餐所需的各种餐具（包括炊具、调味品等）和服务用具（如托盘、开瓶器、菜单、毛巾夹等)准备好,并按标准及餐别进行摆台。

(三)调节室温与灯光

调节好室温。即根据季节及当日天气情况在营业时间内将室温调至适宜的温度,一般为 18℃~22℃。调节好灯光,即根据不同的就餐形式将灯光调节到适当的亮度。

二、设施设备点检

餐厅设备主要是指顾客与服务人员在用餐区域中所使用的各项设备,包括固定的硬件设备如餐桌、椅子等,以及服务的设备与器具,例如准备车、手推车、餐具等。

不同风格的餐厅选用的餐桌椅款式和设计风格不尽相同,大多以能够配合餐厅的风格及等级为备选原则,并充分考虑宾客的需要。

三、欢迎客人

在宾客踏进餐厅前,餐厅的领班或领位人员就应在指定的接待位置或大门两侧欢迎宾客的光临。如有特别贵宾来临,主管也应列位等待贵宾来临。

接待客人时要微笑并微微弯曲身体问候宾客,表示欢迎之意。

在问候、欢迎宾客的同时,以眼光快速扫描一下前来的宾客人数,并立即询问宾客有几位,以便于引座。对先到达的宾客应先予以安排就座,其余后到的宾客,如未能有人员及时予以引号就座,就必须以礼貌歉意之口吻,向宾客表示"对不起,请稍候!"引导先到的宾客就座后,再立即回到餐厅门口或接待室,引导次到的宾客就座。

四、领客入座

当引领客人进餐厅时,应左手拿菜单,右手为客人指示方向,与客人保持 1~1.5 米的距离。将客人带到预订的餐桌前时,应帮助客人轻轻地拉开座椅,客人入座前轻轻送回。当客人入座后,迎接员打开菜单的第一页,站在客人右侧,将菜单送至客人手中,同时用礼貌的语气对客人说:"Excuse me, Sir/Madam. Here is your menu."

五、菜单展示

客人入座后,应及时为客人倒上欢迎茶,并及时送上菜单,等待客人点菜。

(一)呈递菜单

(1)客人坐稳后,可以根据客人的需要提供餐巾。

(2)领班把菜单从客人的左边递给客人。对于夫妇,应先递给女士。如果是团体,应递给主人右手的第一位客人,然后沿着餐桌逆时针方向依次递给客人。如果主人表示为其全体成员点菜,菜单要分发下去一部分,服务员领班只收递回来的菜单。如果没有为儿童准备的菜单,最好不要递给孩子们普通菜单,但其父母要求时例外。

(3)客人在看菜单时,服务员应迅速按照需要撤走或增加餐具。

(二)解释菜单内容

服务员应对菜单上顾客有可能问及到的问题有所准备。对每一道菜的特点要能予以准确的答复和描述:哪些菜是季节性的,哪些菜是特制的,每道菜需要准备的时间以及菜的装饰,菜的销售情况等等。

六、落 巾

在客人就座后,服务员应依据女士优先,先宾后主的原则,在客人右侧为客人铺口布,如果在不方便的情况下(如方桌一侧靠墙壁),可以在客人左侧为客人铺口布。

铺口布时应站立于客人右侧,拿起口布,将口布轻轻对角打开,并注意右手在前,左手在后,将口布轻轻地铺在客人腿上,并对客人说:"Excuse me, sir/madam. Here is your napkin."

当需要从客人左侧铺口布时,应站立于客人左侧,并注意左手在前,右手在后(其目的在于不要把胳膊肘送到客人胸前)。

如宾客正在谈话,要轻声对宾客说:"对不起,打扰您。"征得宾客同意后,再铺上口布。

如有儿童用餐,要根据家长的要求,帮助儿童铺口布。

七、倒茶水及拆筷套

在客人落座后，应及时为客人斟倒欢迎茶，做好相应的餐前服务工作。

（一）茶水服务

服务员应先将茶水泡好，泡茶时要注意水的温度，水温过高，茶就会变成苦涩味，水温过低则难以沏开，茶叶浮而不沉，茶水不香，味不醇，淡而无味。泡茶以70℃～80℃水温最好，可以保护茶的味道、香气和营养。泡茶第一次冲水不宜过多，半杯较好。待茶叶发散后再冲开水，俗称“第一开”，喝起来味道最佳。冲水后马上盖好盖，以防香气散掉。泡茶要以陶瓷杯（壶）为好。

上茶时，茶杯的把应朝右；斟茶时，要一手端壶把，一手按壶盖为客人斟茶。服务员为客人斟茶要掌握适量，以八分满为好。斟茶后，要注意茶壶嘴应朝外放，不能对向客人。为客人斟茶时，要注意卫生，不能将别人用过的茶杯再给客人斟茶。茶要有一定的热度，不能为客人斟已经凉了的茶。

另外，上茶时要按照“先宾后主”、“先老后少”的顺序，要注意礼貌，应双手将茶端到客人面前，并要说“请用茶”。

（二）拆筷套

（1）用左手拿起筷子，右手抽出筷套，左手将筷子轻轻放至筷架上。

（2）将筷子对整齐，底端离桌边 1.5 厘米。

八、香巾服务

在客人就餐前及就餐过程中，应及时为客人上香巾和替换香巾，以便客人保持口、手的清洁。

（一）准备工作

将香巾清洗干净，喷洒少许香水，折叠整齐，放置于消毒柜中加热消毒，香巾应保持有适量的水分，使用时的温度控制在 40℃～45℃。

（二）递巾方法

用左手托着装有香味毛巾的托盘，右手拿着毛巾夹，站在客人的右边，用毛巾夹递送给客人,客人用过香巾后,应立即收回。

一般情况下,在客人到时以及就餐完毕时给客人递香巾,但在正式宴会中,以下情况都应递巾:

(1)客人到时递巾。

(2)上汤时递巾。

(3)吃需用手帮忙的食品(如虾、蟹、原汁带子、乳鸽)时递巾。

(4)上饭、面时递巾。

(5)上水果时递巾。

(6)客人中途离席归来时递巾。

九、食品单确定

当客人看菜单大约5分钟以后,服务员可以前去为客人点菜和记录菜品。

(一)征　询

服务员主动走到客人餐桌前,询问客人是否可以订食品单:“打扰您,先生/女士,您现在可以点菜吗?”

(二)推　荐

(1)为客人介绍菜单特点,使客人了解菜品的主、配料、味道及制作方法,使用礼貌用语,不得强迫客人接受。

(2)要有推销意识,及时推销高档菜品及厨师长特荐菜品。

(3)必要时向客人提出合理化建议,考虑菜量大小,食品搭配情况,如:海鲜类、肉类、蔬果类的搭配,注意味别的搭配,浓烈及清淡的搭配。

(三)填写食品单

(1)在食品订单上写清服务员姓名、客人人数、台号、日期及送单时间。

(2)将客人所订食品整齐地书写在食品单上,字迹要清楚,一式四份。

(3)食品订单的填写顺序为冷菜、汤、热菜、主食等,如有特殊时间要求应注明食品服务时间。

(4)书写时,将订单餐夹放在左手掌心,站直身体,不能将订单放在客人餐桌上。

(四)重述订单内容

为客人复述食品订单内容,以获得客人确认。

(五)送出订单

(1)将客人的菜单收回,放在服务边柜上。
(2)两分钟内把订单分送到厨房、传菜部、收银处。

十、饮料单确定

为客人点完菜肴后,服务员要及时询问客人需要何种饮料,并做记录。

(一)询 问

服务员主动走到客人餐桌前,询问客人需要什么饮料。

(二)推 荐

(1)主动向客人推荐特色饮品或适合客人口味的饮品。
(2)用礼貌语言,积极推销饮品,不能强迫客人接受。

(三)填写饮料单

(1)写清饮料单上各项内容。
(2)字迹整齐、清楚,瓶或杯的单位要注明,以便准确为客人服务。
(3)为客人重述订单内容,以获客人确认。

十一、酒水推销

服务员在客人点菜时,应注意推销餐厅的酒水,以提高餐厅的销售额。

(一)餐前检查酒牌

(1)服务员在开餐前应认真检查酒牌,保证酒牌干净、无破损,数量不少于两份。
(2)领班于开餐前与酒吧联系,保证各种饮品的供应。

(二)为客人递送酒牌

(1)客人订完食品单后,服务员主动为客人推荐酒水。

(2)将酒牌从主人右侧递送到主人面前,并询问客人:“打扰您,先生/女士,您看用什么酒水?”

(3)如果主人接受服务员的建议,服务员应礼貌地打开酒牌的第一页,右手拿酒牌上端,左手拿酒牌底部,从主人右侧送至主人手中,并说:“打扰您,先生/女士,您看选哪种酒?”

(三)酒水的推销

主动为客人推荐酒水,并介绍酒水的产地、年份、味道及酒水的特点。

(四)收回酒牌

(1)待客人订完酒后,重述订单内容,获客人确认。

(2)礼貌地收回酒牌,放至服务边柜上。

(五)取 酒

(1)凭合格的酒水单到吧台处取酒水。

(2)保留酒水单底联。

十二、酒水饮料服务

在客人就餐过程中,应做好客人的酒水饮料服务工作,及时斟倒和添加酒水饮料。

(一)取酒水饮料

(1)填写完酒水饮料单后,服务员去吧台取酒水饮料。

(2)在托盘中摆放酒水饮料,根据客人坐次顺序摆放,第一客人的酒水饮料放在托盘外侧,最后客人的饮料放在托盘里侧。

(3)取酒水饮料时间不得超过5分钟。

(二)服务酒水饮料

(1)酒水饮料取回后,按先宾后主,女士优先的原则,依次从客人右侧服务。

(2)斟倒时要对客人说:“Excuse me, sir/Madam, Here is your……”

(3)斟倒的速度不宜过快,避免可乐、啤酒等含气体的饮料溢出泡沫。

(4)对同一桌客人要在同一时段内按顺序提供酒水饮料服务。

(三)添加酒水饮料

(1)随时观察客人的酒杯、饮料杯,当发现客人杯中仅剩下1/3时,立即主动询问客人是否需添加酒水饮料:“Excuse me, Sir/Madam, Would you like one more?”

(2)如客人同意添加,开单据为客人添加酒水饮料。

(3)如客人不需再添加,等客人喝完后,从客人右侧撤走空酒杯与饮料杯。

十三、传菜服务

传菜员是餐厅与厨房的纽带,其主要工作是将厨房制作好的菜肴及时、准确地传送至相应的服务区域供服务员上菜,再将餐厅撤下的餐、酒、茶具托送至洗碗间。传菜工作应注意以下几方面。

(一)做好准备

传菜人员应事先准备传菜时所需的大小托盘及配合上菜时所需使用的器皿,如保温用的盘、盖等及上菜时所须附带的佐料。传菜用的托盘务必随时擦拭,保持干净及美观。

(二)上　菜

传菜人员及现场服务人员应先了解宾客所点的菜色、分量及先后的上菜顺序,与厨房密切配合,对宾客用餐的时间均需确实掌握,避免上菜时机不对,太快或太慢,影响宾客用餐的情绪。

十四、香烟服务

服务员应随身携带打火机或火柴,为吸烟的客人提供良好的香烟服务。

(一)准备工作

宾客订香烟后,开出香烟订单,到吧台或收银员处取香烟,准备一个餐盘、一张花纸、一盒火柴和一个烟灰缸。打开香烟盒,将香烟盒上端打开,取掉锡纸上端横向部分的1/3,然后左手持香烟、右手轻敲香烟盒底部一侧,使香烟自动滑出5

支左右，并使其露出1厘米、2厘米、3厘米不等长度。将准备好的圆形花纸垫在盘内；将火柴店徽向上，斜放在餐盘边缘上；将香烟上端架在火柴上，下端放在餐盘中，并使其成30度倾斜。

(二)香烟服务

从宾客订单到为宾客服务香烟，不应超过5分钟。将准备好的香烟用托盘送到宾客餐桌前，然后放在宾客餐具的右侧。当宾客准备抽烟时，立即上前站在宾客右侧为其点烟，并注意保持一定的距离，火柴梗摇灭后放进烟灰缸内。注意：一根火柴只能为一位客人点烟。

十五、更换餐具

服务人员把宾客使用过的脏餐盘和不再进食的菜盘以及用不着的餐具从台上撤下，同时换上干净的餐盘。

(一)撤盘时机

中餐零点调换几次餐盘具体要看菜肴的品种而定。较高级的宴会，上每道菜都要更换餐盘。零点餐厅一般在下列情况下进行：

(1)带壳、带刺的菜肴，如油爆虾、螃蟹等菜肴食用后需要更换干净餐盘。
(2)带糖醋、浓味汁的菜肴(如咖喱鸡、糖醋鲫鱼等)食用后要更换餐盘。
(3)口汤碗应用一次换一次。
(4)弄脏的餐具应立即更换。
(5)上名贵菜前要更换餐具。
(6)上菜不及时，也可通过更换餐具转移客人的注意力。

(二)撤换餐具的位置

中餐在宾客的右边进行，服务员左手托盘，右手先撤下用过的餐盘，然后送上干净的餐盘。撤盘应从主宾开始，按顺时针方向进行。

(三)更换餐具注意事项

(1)手法应卫生。撤盘和放盘最好分开托盘。
(2)尊重宾客习惯。中餐撤换餐盘时，如有的宾客将筷子放在餐盘上，要将筷子按原样放在干净的餐盘上。

(3)宾客没有用完的餐具不能撤换。个别宾客还没有吃完,而新的菜又来了,这时可先送上一只干净的餐盘,再根据宾客意见撤下脏的餐碟。

(4)托盘要保持物品堆放合理,以确保托盘平稳。

十六、更换烟灰缸

服务时,发现烟缸里有两个烟蒂或其他杂物,应立即撤换烟缸。用托盘托着干净的烟缸,走到需更换的烟缸前。把干净的烟缸倒扣在需要更换的烟缸上,两只烟缸一起放进托盘里,这样可避免烟灰到处乱飞,然后把干净的烟缸再摆回餐桌上。注意,撤换烟缸时应尽量不打扰宾客。

十七、餐后甜食服务

有些客人餐后喜欢吃点甜食,如小蛋糕、水果之类的,因此要及时做好推销和服务。

(一)询问宾客

如果宾客表示不再加点菜肴,则要询问:“请问您餐后是否需要来点甜品、水果?”如果宾客询问甜品种类,则将甜品菜单递给宾客。

(二)点　单

点甜品时,女士优先,写下宾客所点甜品,并附注座次号码。将点单的第一联送给出纳,第二、三联送到后场给控菜员,底联留在服务台的黑色夹板上。

(三)甜食服务

传菜员将甜品水果传递在餐具柜上。在甜品水果传递之后,服务员按照宾客菜单,女士优先、顺时针方向上水果叉、水果及甜品(上甜品汤时,须垫上16厘米的垫盘并上瓷汤匙)。

十八、结账服务

结账是餐厅对顾客服务的内容之一,它直接关系到餐饮经营的经济效益。当客人示意结账时,服务员应迅速去账台取账单,同时复核账单款项是否准确,有无漏记等,确保无漏账和错账现象的发生。

服务员应熟练掌握餐厅结账的形式和程序,了解本餐厅许可的结账方式。一般餐厅常见的结账方式有现金结账、信用卡结账、支票结账和签单结账等。

(一)现金结账

当宾客用餐完毕、示意结账时,服务员应迅速到收银台取出账单,并用账单夹或收银托盘将账单递送给宾客。宾客付现金后,应礼貌致谢,点清数量,注意辨别真伪并将现金用账单夹或收银盘送到收银台;然后,把找回的零钱和发票用收银夹或收银盘送交宾客,并让宾客当面点清。再次向客人致谢。注意不要主动、大声报账单总金额。

(二)信用卡结账

当宾客示意结账时,用账单夹或收银盘将账单递送给宾客。

确认宾客的信用卡是本饭店接纳的,检查持卡人的姓名、信用卡有效期,请持卡人出示本人身份证,并向宾客致谢。将信用卡、身份证和账单送交收银台。收银员再次检查信用卡有效期、持卡人姓名、身份证,并核对信用卡公司的注册名称等。确认无误后,填写信用卡表格,刷卡办理结账手续。现在很多发卡银行的刷卡机是电脑联网,可以直接查询。如果宾客的账单总数超过信用卡的规定金额,则需要信用卡公司授权。请宾客确认账单金额,并在信用卡表格上签名。注意核对宾客签名是否与信用卡背后签名相同,然后将信用卡的“顾客副本”、信用卡、身份证交还宾客,正本由收银员保管,并向客人礼貌致谢。

(三)支票结账

宾客示意结账时,服务员按规定将账单递给宾客,然后核对顾客所给支票的有效期限,请宾客出示有效证件,检查支票的有关印章、电脑密码等,并礼貌向宾客致谢;接着交给收银员办理结账手续,如填写支票,抄下宾客的证件号码,并写在支票背后,然后将支票存根、有关证件和发票送还宾客,并礼貌致谢。

(四)签单结账

为了方便住店宾客,饭店一般允许住店宾客在餐厅以签单方式结账。宾客在办理入住手续后,酒店会给宾客“欢迎卡”和钥匙。宾客每次到餐厅用完餐后,出示"欢迎卡"就可以签账单,当宾客离店时一并结算。另外,与酒店有长期业务往来的当地一些单位、公司,若信誉良好,可以与酒店签订签单结算协议,酒店定期向协议单位结账。

当宾客示意结账时,迅速准备账单并按规定递送给宾客。当宾客出示"欢迎卡"或"协议签单证明"时,服务员应递上笔,并核对"欢迎卡"或"协议签单证明",请宾客在账单上填清房间号码和正楷签名,或填清协议单位和正楷签名。客人签完后须将账单的第一、第二联交给收银员核对。收银员将住店客账单正本留存,第二联交给总台,以便宾客离店时付清。协议单位账单的第二联交给财务部,由财务部定期同消费单位结账。

十九、为客人开发票

客人结账时如需开发票,服务员应将此信息告知收银员。并检查收银员开具的发票、金额是否正确,然后将发票夹在收银信封内,从客人右侧递上,并再次感谢客人在本餐厅的消费。

二十、送客服务

客人就餐完毕起身离开时,服务员主动为客人拉开座椅,要女士优先,先宾后主。并帮助客人整理衣物,礼貌地向客人道别,感谢客人光临:"Thank you. Madam/Sir. Good Bye."并目送客人离去;要注意对客人道再见时,不应表示出过分高兴,避免客人误会服务员着急下班回家。

宾客准备离去时,所有的服务人员,尤其是宾客桌的服务人员或是贵宾室的服务人员,应暂时停止工作站立至门口或桌边,向离去的宾客做有礼貌的答谢,同时诚心诚意地向宾客表示欢迎再来的愿望。

二十一、客人桌面清洁

客人就餐完毕离开后,服务员要快速及时的清理桌面,保持餐厅良好的环境,并为接待下一批客人做好准备。

(一)收餐具、杯具

客人就餐完毕,收拾餐台,原则上是先收贵重餐具及容易脏的和容易碎的物品,再收不容易脏和不易破碎的物品。具体讲就是先收金、银器皿,然后收餐巾、香巾，再收酒杯和水杯，后收碗、碟、筷、盘、勺、筷架，最后收大的盆，并擦洗转盘，收拾桌布，打扫卫生。

（二）换台布

在餐厅更换台布时，动作要迅速、优美，尽量不要让宾客看见光台面。

（1）先将餐桌上各种用具，如盐瓶、胡椒瓶、花瓶等移到餐桌边上；张开双臂与餐桌宽度相等，大拇指和食指捏起脏台布最靠近自己的一边，拉起并折上撤掉。

（2）将干净台布铺盖在露出的桌面上，两边和中心折缝与对面的桌边对齐；将更换的干净台布整理好，摆好餐桌上的各种用具，如胡椒瓶、盐瓶、花瓶等。

第三节 中餐零点餐厅服务

中餐零点是餐厅中最常见的服务与销售方式，其主要特征是宾客不用事先预订座位，通常是随到随吃，服务也是按先到者先服务的原则进行。

一、零点餐厅特点

零点餐厅与宴会餐厅不同，它的服务有其特有的特点。

（一）就餐时间的随意性

有的宾客是在开餐前到餐厅，有的宾客是在用餐的高峰时间来到餐厅，还有的则是在餐厅快要结束营业时才来就餐；与此同时，宾客的人数变化也很大，有一个人来的，也有十几个、几十个甚至上百人同时而来。这就要求服务人员拥有全面的服务知识和服务技能，做到服务迅速、准确，要将热情、周到的服务工作自始至终地做下去，不要让宾客留下遗憾。

（二）就餐需求的多样性

不同的宾客其消费需求也各不相同。有的宾客注重饮食需求，因而对菜肴口味的要求会高一些；有的宾客则注重心理需求，对服务质量、用餐环境会要求高一些。这就要求服务人员在工作过程中，要做到眼观六路耳听八方，仔细揣摩宾客的消费需求，并能妥善处理应急情况。

（三）就餐场所的选择性

宾客选择餐厅时一般把餐厅的就餐氛围、菜品价格、卫生条件、品种特点、服务态度作为选择的标准。如果说菜肴质量是吸引宾客的前提条件，那么服务态度则是吸引宾客的有力保障。所以，餐厅服务人员应把一流服务及可口的菜肴带给宾客，让宾客真实地感受到亲切、自然、随意。

二、中餐零点餐厅早餐服务

零点餐厅早餐服务工作相对比较简单，主要内容有以下几方面。

（一）餐前准备

（1）餐具、用具准备：将开餐所需餐具、用具经消毒后摆放在备餐柜中。

（2）服务用品准备：备好各种托盘、开瓶工具、餐巾纸、牙签、调料等。

（3）酒水准备：备好所供应的酒水、茶叶、开水。

（4）当日菜单：在开餐欢迎宾客之前，要熟悉当日菜单，特别要熟悉当天不能供应的菜点品种，以便在推销时向宾客做出解释。

（5）个人卫生：搞好个人卫生，佩戴好工号牌，整理仪容仪表，检查卫生，按餐别要求摆好台。

（二）迎宾服务

（1）当宾客进入餐厅后，迎宾员要面带微笑，礼貌问候，欢迎宾客的光临。迎宾员在引领宾客入座时，要根据宾客的意愿和餐厅宾客就餐分布情况，选择合适的餐桌，拉椅让座以示对宾客的尊重。

（2）当宾客坐下后，及时为宾客斟倒第一杯迎宾茶。

（三）餐中服务

（1）接受点菜：开茶后，向宾客介绍当天供应的早餐品种，主动协助推销早餐品种。

（2）餐中服务：根据宾客所点品种，及时、准确地端上餐桌。餐间，服务员要做到勤巡视、勤斟茶水、勤清理台面，尽量满足宾客的合理要求。

(四)结束收尾

(1)结账:当宾客要求结账时,值台员应迅速到收银台取来宾客的账单,并将账单放在账夹或小托盘内,正面向上,送交给付款宾客。

(2)送别宾客:当宾客用餐结束离开餐厅时,服务员要主动上前拉椅、致谢,礼貌与宾客道别。

(3)收台:宾客离开餐厅后,各值台区域的服务员进行收台清扫工作。

清理台面的顺序为:先收香巾、茶壶及茶杯,再收其他餐具。

台面清洁后,应迅速换上干净的台布,重新摆好餐具,准备接待下批宾客。

早餐营业结束后,应按零点餐要求摆好台面。如午餐有宴会或团体包餐,应按其要求摆台,做好接待前的准备工作。

(五)服务注意事项

(1)早餐宾客较多、时间又短,翻台率较高,因此服务员必须及时撤下宾客用过的餐具,始终保持台面的清洁、美观。

(2)服务员撤台时要注意不能影响其他宾客用餐。

三、中餐零点餐厅午、晚餐服务

中餐的午、晚餐比较正式和隆重,一般的宴会或其他聚会大都放在中午或晚上,对于任何档次的餐厅来说,午、晚餐服务都是最重要的,相对来说也比较繁琐、复杂。

(一)餐前准备

(1)调整餐桌:服务员应了解自己服务区域的餐桌是否有宾客预订,预订宾客是否有特殊要求,并根据要求安排好餐桌位置,检查桌椅的稳固性并做好清洁整理。

(2)备好餐用具:将清洗消毒后的餐具、用具准备好。

(3)摆台:按规范要求铺好台布,并按要求摆台。

(4)准备好工作柜:整理干净、储备好各种用具。

(5)补充调味品:将桌上的各类调味品进行清理,并重新装满。

(6)熟悉菜单:服务员熟悉当日的菜单,包括品种、数量、价格、口味特点等,以便向宾客推荐。

(7)餐前短会：开始营业前，由主管负责召开餐前会。主要内容是：检查员工的仪容仪表，强调工作中的注意事项及重点宾客的接待工作，简介当日特色菜。

(二)迎宾服务

在开餐前5分钟，服务人员应在各自的工作区域等候开餐，迎接宾客。

(1)热情迎宾：当宾客进入餐厅时，迎宾员主动上前热情、礼貌地向宾客问候，欢迎宾客光临，以甜美的微笑给宾客留下第一良好印象，并询问宾客是否已预订。在确认就餐人数等基本情况后将宾客引领到餐厅合适的餐位。

(2)拉椅让座：当迎宾员引领宾客进入服务区域后，值台员要立即迎上前去问候宾客，并为宾客拉椅让座。

(3)送巾开茶：当宾客坐下后，服务员及时从宾客右边递上香巾，并使用礼貌用语："先生(小姐)，请用香巾。"

茶用壶装好，如是收费茶水，服务原则应为宾客介绍茶叶品种，根据宾客所点茶叶品种要求泡茶。

从宾客右边斟倒，并说："请用茶。"杯中茶水一般斟八分为宜，不宜太满。斟茶时要特别注意不要将茶水滴落在宾客身上或餐桌上，以免烫伤宾客或污染台布。

(4)斟茶后应从宾客右侧撤走筷套、落下餐巾，并根据宾客人数调整桌面的餐、茶具，或增加不足，或撤走多余。增加、撤走餐具时必须使用托盘。

(三)餐中服务

(1)当宾客示意点菜后，即上前微笑接受宾客点菜。此时，服务员需要充当宾客点菜参谋的角色。在尊重宾客意愿的前提下，尽量推荐餐厅急推、招牌和时令菜肴。点完菜后，服务员将经宾客确认的点菜单分送厨房、传菜部、收银台各一份，并自留一份。

(2)斟酒：下点菜单后，根据宾客所点酒水进行斟倒，还需根据点菜单准备餐具。如所点酒水种类较多时，应及时补充相应酒具；点有汤时，应备有小汤碗等。

(3)上菜：上菜时，按冷菜、热菜、汤菜、主食的顺序进行(除非宾客另有要求)。

第一道菜的出菜时间不能超过15分钟，一般要在30分钟内上完，以免宾客久等。上菜时先由传菜人员将菜放在工作台上，再由服务员将菜上桌。每上一道菜时，服务员要主动报菜名，重点菜名要介绍其口味特点及吃法，以激发宾客的兴趣和食欲。

(4)巡台：在宾客就餐过程中，服务员要不停地在自己负责的服务区域内巡视，随时为宾客服务。如发现烟灰缸里的烟头或杂物太多时要及时撤换，并及时更换骨碟，续酒水，将空菜盘、汤碗和空酒瓶等撤到工作台上，由传菜员送到洗涤间去，适时询问是否添菜、添酒水等。

(四)结束收尾

(1)结账：当宾客要求结账时，值台员应迅速到收银台取来账单，将其放在账夹或小托盘内，账单正面向上，送交给付款宾客。

(2)送客：宾客用餐结束离开餐厅时，值台员要主动上前拉椅、致谢、道别，提醒宾客不要忘记携带随身的物品。送客的过程，正是我们了解宾客喜欢不喜欢菜点、对服务员的服务满意不满意的好时机。一旦发现宾客有意见，就要立即解释或解决，对于宾客的投诉要马上反应。宾客未吃完的菜点，宾客如需要带走可主动用食品袋或食品盒为其包装。

(3)收台：收台按布件类(餐巾、香巾)、玻璃器皿类、瓷器类及其他类的顺序分类收拾。

搞好餐桌、桌椅的卫生，使餐厅恢复到开餐前的状况；分类清洗、消毒各种餐用具，并按原样放好；补充各种消耗用品，将备餐柜收拾整齐；及时查看宾客意见卡，发现问题及时采取措施加以解决。

(五)服务注意事项

(1)如果客多繁忙，无暇接待后到的宾客，也要热情打招呼，并尽快为宾客服务。

(2)点菜时，服务员应站在距离主、宾客 60 厘米左右的地方。这样既能防止口沫溅到宾客身上，又能相互听清言语。

(3)如果宾客所点的菜已经售完，除表示歉意外，应推荐类似的菜代替(如口味类似、原材料类似、烹制方法类似等)。

(4)宾客所点的菜，要尽量荤素、汤、主食搭配，避免雷同，宾客如有特殊要求的除外。如宾客自行填写菜单，服务员要看清菜单，如发现相同菜式或味型相同时，应有礼貌地征询宾客是否更换菜式。

(5)点完菜后，应向宾客复述一遍，并说明大、中、小分量和做法，以防出现差错。宾客有特殊要求时一定要在菜单上注明，如要求“快”等。

(6)上菜时一律使用托盘。选择好上菜口，切不可从宾客的头顶上越过。

(7)上带壳的食品要跟上毛巾、洗手水，上汤时主动为宾客分汤。

(8)营业时间已到，但只要还有宾客在餐厅就不能有催促宾客之举，如搞卫生、关灯等。

第四节　团体包餐服务

团体包餐是指通过一定形式组合起来的，按固定进餐标准提供餐食的一种集体就餐形式。主要适合于旅游酒店接待的各种会议及旅游团队。

团体包餐服务在我国旅游酒店中占有极其重要的地位，这是由目前客源的组成情况所决定的。在酒店每年所接待的旅游宾客中，旅行团的比例很大，所以，要提高餐饮服务质量，必须重视对团体宾客的接待。

一、团体包餐的形式及特点

团体包餐因其接待客人的特殊性而表现出一些特殊的形式与特点。

(一)形　式

常见的团体包餐有会议包餐、旅游包餐、学生包餐等。会议包餐如交易会、运动会、展览会、政府机关会议等；旅游包餐如观光团、考察团等；学生包餐如春游、夏令营等。

(二)特　点

团体包餐既与一般餐厅服务接待有相同的地方，又有其特殊性。相同的地方，如台面布置和基本服务步骤等。而就服务而言，又有着较为突出的特点，即：

1. 就餐人数多且固定

旅游团或参加会议的宾客，少则十几人，多则几十人甚至上百人，有时几个团队同时进餐，所以人数较多。但相对来说，每一餐的客人数又是固定的。

2. 就餐时间相对集中固定，用餐速度较快

旅游团队或会议都是按照事先安排好的日程进行活动，所以就餐时间较固定。到了开餐时间，宾客就集中到餐厅就餐。因为要求迅速服务(这一点与零点或宴会的要求有所不同)，所以要集中人力、物力做好餐前的服务工作。

3. 就餐标准、菜式统一

无论是旅游团队还是会议，每天的用餐标准是固定的，每餐的菜式也是统一的。团队用餐可以在一个独立的餐厅进行，或者有所分隔地集中在餐厅的里侧一角。

4. 人数多，口味差别大

餐厅只能根据包餐宾客的国籍、地区、职业、年龄等特点制定菜单，照顾到大多数宾客的口味和要求。对个别特殊的宾客，做特殊情况处理。团体包餐虽然每餐菜式不多，但仍应想方设法变化花色品种，确保餐食质量，最大限度地满足宾客的普遍要求和特殊要求。

要充分了解团体宾客的组成、饮食习惯、禁忌和各种特殊要求。根据旅行路线掌握旅行前几站的用餐情况，合理调节菜单。

二、团体包餐预订

团体订餐都需要预订。在接受预订时，必须问清预订客人的身份(包括单位、姓名、联系电话或单位地址)，预订的时间、餐次、价格标准、付款方法、就餐对象的身份、就餐的目的(会议包餐还是旅游包餐)，有什么特殊要求等，以利于安排餐厅和制订菜单。定团体包餐菜单，先要根据就餐的标准，尽量照顾到多数客人的饮食习惯和货源情况，做到合乎口味、营养丰富、数量适中、荤素搭配，每一餐的菜式也要力求不同。

三、团体包餐摆台

要合理调整餐桌布局。餐具清洁卫生，摆放整齐。合食每席摆放 8～10 人餐具，有：餐碟、饭碗、勺、筷、每席公用勺、筷。分食摆放饭碗、勺、筷，每席大汤勺 1 把。摆台规格，一要根据早、午、晚餐有所变化，如早餐一般不放饮料杯、色酒杯，汤碗改放粥碗；二要根据就餐的规格，如午、晚餐是宴会，就要按宴会的要求进行摆台。

四、团体包餐服务程序

团体包餐的服务比零点餐厅简单一些，其早餐与午、晚餐服务也有所不同。

(一)团体包餐早餐服务程序

(1)餐前准备:开餐前,服务员要了解自己所负责接待的团体名称、国籍、身份、职业、生活习惯、人数、开餐时间、用餐标准及特殊要求,按标准和人数摆好餐位及桌上用品、饮料,做好接待前的准备工作。

(2)迎宾服务:宾客到达时,迎宾员问清其团队或会议的名称,礼貌地将客人引领到准备好的餐台,为宾客拉椅让座。待宾客就座后,值台员应马上递上香巾,为宾客斟茶。

(3)餐中服务:宾客基本到齐后,即可按规定标准送上菜点食品。宾客进餐期间要勤巡视、勤斟饮料、勤收拾空盘碟、勤换烟灰缸。

(4)结束收尾:如宾客需要结账,应将日期、人数、标准、费用总额填写清楚,签上接待人姓名并请经办人签名以便结账查对。宾客离座时,应主动为其拉椅,并提醒宾客携带好随身物品。宾客离开后,应马上清理台面,按标准重新布置餐台,为继续接待其他宾客或下一餐做好准备。

(二)团体包餐午、晚餐服务程序

1. 餐前准备

(1)了解情况:服务员应了解团体的名称、国籍、身份、生活习惯和忌讳、人数、开餐时间、用餐标准及特殊要求等,以便妥善安排。

(2)整理餐厅:如果同一家餐厅同时容纳两个不同的团体就餐时,要划分就餐区域。如用屏风隔开、用不同的餐巾花造型、餐桌上放置标有团队名称的桌号卡等。

(3)安排桌位:根据团队的人数、身份和用餐标准,设置专用餐桌。服务员应按团体的不同标准,恰当合理地安排桌位,并引领入座,避免造成服务上的混乱。每餐进餐时,要引导宾客入原桌。如发现坐错座位时,要有礼貌地说明情况,将其引导到安排好的桌位就座。

(4)摆台:根据人数、桌数摆好台;每客位餐具以餐碟、汤碗、调羹、筷子为主,备酒的包餐需增加酒杯;准备好公用筷、匙。

(5)备齐酒水饮料:团体餐一般在餐食标准中没有包含饮料。但也应在开餐前备好,以备宾客的需要。如将酒水连同开瓶器一起整齐地码放在服务桌上;如宾客饮用白酒就要备好白酒杯,饮用葡萄酒就要准备好葡萄酒杯;酒品该冰镇的要冰镇，该温烫的要准备好温烫器。总之，绝不能因为团体餐人数多就简化服务程序，降低服务标准。

(6)上冷菜:团体餐进餐标准不同，冷菜的数量也会有所不同。一般10人一桌的团体餐有4～6个冷菜。服务员应在开餐前10分钟左右将冷菜送上餐桌，并按宴会的要求摆放冷菜。

(7)备好主食:在团队人数较多的情况下，服务员应在开餐前10分钟将米饭、面食等主食备好，但应做好保温工作。

2. 迎宾服务

(1)迎接宾客:见到团体宾客前来，迎宾员应面带微笑、热情问候。

(2)辨识团队:迎宾员应迅速、准确地辨认出团队名称或团队编号，并及时将宾客引入餐厅，以免大批团队宾客拥堵在餐厅门口。在团队较多或人数较多时，这一点尤为重要。

(3)引领入座:辨识团体后，迎宾员应及时引领宾客至预先安排好的餐桌，与服务员一起及时拉椅请宾客入座，递上香巾，斟倒茶水，以免宾客拥堵餐厅通道。

(4)复位记录:待宾客入座后，迎宾员应迅速返回餐厅门口，记录团队名称和宾客人数，做好迎候下一批宾客的准备。

3. 餐中服务

(1)上菜服务:宾客到齐或基本到齐后，通知厨房准备出菜，并将茶杯撤走(宾客要求保留的可不撤)。上菜时应报菜名，并主动向宾客介绍当地的特色风味菜点。

(2)巡台:在宾客用餐过程中，服务员应不断巡视，及时为宾客添加各种主食、撤换用过的餐用具、处理各种特殊情况等。

4. 结束收尾

(1)结账:团体餐的餐后服务工作与零餐的餐后工作大体相同，但团体餐的结账收费程序却与一般零餐有所区别。旅行团或会议的结账方法也有所不同。旅行团队，一般是集中用餐完毕后由陪同或领队签账单，由账台转入旅行团在酒店的总账中，最后统一由旅行社结账。会议团体餐的结账工作，一般由会议秘书处发给集体用餐券，宾客凭餐券用餐。值台服务员在宾客入座后按桌次收取餐券，然后根据餐券通知传菜服务员传菜。餐券的形式一般分早餐券和正餐券。值台服务员清点餐券后，交账台收银员，然后由收银员上交酒店总财务室计入会议费用总账。

(2)送客:宾客离座时，服务员应主动为宾客拉椅，并提醒宾客携带好随身物品，礼貌地与宾客道别。

(3)收尾工作:团体餐宾客就餐时间集中,几乎同时离开餐厅。因此,收台不能像零餐那样随走随收台,而要等全部宾客离开后再统一收台,收台程序与零餐相同。

五、团体包餐服务注意事项

团队用餐计划性比较强,一般都是事先确定标准、人数、用餐时间等。团体包餐服务应注意:

(一)事前了解相关事项

在团体餐服务之前应掌握有关宾客的情况,如宾客的风俗习惯、宗教信仰等,以便有针对性地做好服务工作。

对团体中有特殊用餐要求的,如有生病的宾客、少数民族等应予以特殊照顾,防止出现差错。

根据旅游路线,掌握旅行团前几站的用餐情况,合理调节菜单。

(二)注意饭菜保温

有时候天气较凉,此时应注意上菜的速度和时机,热菜热上;冬天应等宾客坐满一桌后再上热菜。

复习思考题

1. 简述中餐厅的经营特点。
2. 简述中餐零点餐厅服务程序与标准。
3. 简述团体包餐的特点。
4. 简述团体包餐服务程序与标准。

主要参考文献

服务员操作手册. 职业餐饮网[DB/OL]. http://www.canyin168.com/glyy/yg/ygpx/fwkf/200804/15229_2.html.

路军,苏刚波. 餐厅服务员培训与管理[M]. 广州:广东经济出版社,2004.

夏雨生. 餐饮服务与管理[M]. 北京:机械工业出版社,2006.

杨宏建. 酒店餐厅服务培训标准[M]. 北京:中国纺织出版社,2006.

第五章 西餐厅服务

对于西餐，走在时尚前沿的人士对此应该不陌生。西餐是一种迥然不同于我国饮食文化的泊来品。许多人听过、也吃过西餐，但不知是否对这种复杂而讲究的东西“知根知底”呢？

本章旨在介绍西餐的各种知识，让学习者了解西餐及西餐厅的经营特点及西菜与酒水的搭配；知晓西餐进餐礼仪；掌握西餐各种服务方式与西餐正餐服务技能；熟悉西餐服务程序与标准；熟悉自助餐厅服务与客房送餐服务程序。

第一节　西餐及西餐厅

西餐是我国人民和其他部分东方国家和地区的人民对西方国家菜点的统称，广义上讲，也可以说是对西方餐饮文化的统称。而我们所说的“西方”习惯上是指欧洲国家和地区，以及由这些国家和地区为主要移民的北美洲、南美洲和大洋洲的广大区域，因此，西餐主要指代的便是以上区域的餐饮文化。

一、西餐简介

西餐和中餐因其文化背景、地理环境、饮食习俗等各个方面的不同而有所差异。西餐的由来、特点及服务介绍如下。

（一）西餐的由来和发展

西餐是我国人民和其他部分东方国家和地区的人民对西方国家菜点的统称。西方人把中国的菜点叫做“中国菜”（Chinese food）、把日本菜点叫做日本料理、韩国菜叫做韩国料理等等，他们不会笼而统之地称之为东方菜，而是细细对其划分，依其国名具体而命名之。实际上，西方各国的餐饮文化都有各自的特点，各个国家的菜式也都不尽相同，例如法国人会认为他们做的是法国菜，英国人则认为他们做的菜是英国菜。西方人自己并没有明确的西餐概念，所以这个概念是中国人和其他东方人的概念。

那么我们为什么会有西餐这样的概念呢？这是因为我们在刚开始接触西方饮食时还分不清什么是意大利菜，什么是法国菜、英国菜，只能笼统地称其为"番菜"，"番"即西方的意思。我国古人常常以为中国就是世界的中心，看待其他国家和地区都习惯带上一种贬意，把东方称之为"夷"、西方称之为"番"、北方称之为"胡"、南方则称之为"蛮"。因此，所谓的番菜指的就是西餐。

另外，就西方各国而言，由于欧洲各国的地理位置都比较近，在历史上又曾出现过多次民族大迁移，其文化早已相互渗透融合，彼此有了很多共同之处。再者，西方各国的宗教信仰主要是天主教、东正教和新教（只有很少一部分人信仰伊斯兰教），它们都是基督教的主要分支，因此在饮食禁忌和用餐习俗上也大体相同。至于南、北美洲和大洋洲，其文化也是和欧洲文化一脉相承的。因此，不管西方人是否有明确的西餐概念，我国人民和其他东方人都对这部分习俗大体相同，而又与东方饮食迥然不同的西方饮食文化统称为"西餐"。

但近几个年代以来，随着东西方文化的不断撞击、渗透与交融，东方人民已经逐渐了解到西餐中各个菜式的不同特点，并开始区别对待了。一些高级饭店也分别开设了法式餐厅、意式餐厅等，西餐作为一个笼统的概念逐渐趋于淡化，但西方餐饮文化作为一个整体概念还是会继续存在的。

（二）西餐的主要类型与特点

1. 法式菜

法式菜是西菜之首，我们通常称之为法国大餐。法国主要是法兰西人，信仰基督教和伊斯兰教。法国农业和食品工业发达，物产较为丰富。法国的香槟酒、葡萄酒、白兰地及奶酪等比较出名。

法国人讲究饮食，路易十四曾多次在凡尔赛宫为他的300多名厨师举行烹饪比赛，获胜者由皇后授予绶带。此后的路易十五、路易十六，都崇尚美食。

法式菜的特点：

（1）选料广、精、鲜：一般来讲，西餐在选料上有一定的局限性，但法式菜选料却比较广泛，如各种海鲜、海味、蜗牛、野生的黑蘑菇等均用来入菜。法式菜对原料的要求也比较严格，讲究精而新鲜，不合要求的原料绝不使用，或降级使用。

(2)讲究原汁原味：法式菜非常讲究少司，一般要由专门的厨师制作。有些基础汤汁要煮制 8 小时以上，而且根据不同的菜肴选择汤汁。

(3)追求鲜嫩特点：法式菜追求鲜嫩，要求菜肴水分充足、质地嫩。如制作牛肉扒一般只要求三、四成熟，有些海鲜甚至是生食。

(4)喜欢用酒调味：法国盛产酒类，所以烹调中也喜欢用酒调味。他们会根据不同的菜肴选择不同的酒类，使用量也很大，以致许多法国菜都带有酒香。

典型法式菜有：鹅肝酱、牡蛎杯、红酒牛扒等。

2. 英式菜

英式菜注重简洁与礼仪。英国主要是英格兰人，还有苏格兰、威尔士和爱尔兰人。英国人大多信奉基督教，也有部分信奉天主教。

英国人习惯早晨起床前喝浓茶，俗称“被窝茶”。英国传统早餐非常丰富，素有“丰盛的早餐”的美称。早餐一般有咸肉、烩水果、麦片粥、煎鸡蛋、果酱、面包、黄油、牛奶、咖啡等。英国人午饭比较简单，一般一汤一菜。晚餐是英国人的主餐，除一汤一菜外，还要加上沙拉和甜食。英国有下午 4 点左右喝下午茶的习惯，一般是一杯红茶或咖啡，加一份点心。

英式菜特点：

(1)口味清淡、油少不腻：英式菜讲究清淡，很少有浓汁、浓味的菜肴。英式的汤要求没有浮油，煎鸡蛋一般煎一面，色泽雪白，盘内不能带油。

(2)英式菜烹调相对比较简单：常用的烹调方法有煮、烩、炸、烤等，工艺不复杂。

(3)选料不广：英国是岛国，却不讲究吃海鲜，比较偏爱禽类、羊肉、牛肉、野味等。

(4)调味简单：英式菜调味很少用香料，也不大用酒，但餐桌上备有较多的调味品。

典型英式菜：土豆烩羊肉、牛尾汤、烤羊马蹄、烤瓤栗子焰火鸡等。

3. 美式菜

美式菜的特点是营养快捷。美国大部分是欧洲移民的后裔，还有墨西哥人、阿拉伯人及亚洲人等。生活习惯比较随便，不喜欢喝茶，爱喝加冰的凉开水和矿泉水。美式菜是在英式菜基础上发展起来的，但又有其自身特点：

(1)喜欢用水果作菜：美国盛产水果，美式菜的沙拉中用水果非常多。另外在热菜中也用水果。

(2)甜食讲究:美式菜的甜食很讲究,如各种布丁、苹果派、南瓜派等,品种很多,而且装饰特别。

典型的美式菜:菠萝焗火腿、苹果烤鸭等。

4. 意式菜

意大利是欧洲古国,在古罗马时期曾是欧洲的政治、经济、文化中心,所以意式菜对整个欧洲的烹饪有很大影响。意大利餐可以说是西餐之母。意大利主要是意大利人,大部分信奉天主教。意大利的农业和食品业都很发达,其中面条、奶酪和萨拉米肉肠著称于世。意大利人喜欢吃面食,年产面条200万吨,而且品种繁多。

意式菜特点:

(1)讲究原汁原味:意式菜很早就讲究制作少司,后来这种做法传入法国。意式菜着重食物的本质,菜味浓厚。

(2)注重传统菜:意式菜历史悠久,传统菜很多,在菜肴制作上比较保守。

(3)面食菜肴很多:意大利的菜肴中有很多是面条为原料的,如焗菠菜面条、通心粉沙拉等。另外,禽、肉类的菜肴也常用面条做配菜。

典型意大利菜:意大利汤菜、焗菠菜面条、弗罗伦萨焗鱼、罗马式鸡、比萨饼等。

5. 俄式菜

俄罗斯横跨欧亚大陆,地广人稀,大部分居民居住在欧洲地区。俄罗斯的农业历史悠久,但物产不够丰富。俄式菜的形成较晚,很多菜式来自法国、波兰和意大利,然后根据自己的饮食特点,加以改变,形成本国的菜式。

俄式菜特点:

(1)油腻较大:由于俄罗斯气候寒冷,人们需要补充较多的热量,俄式菜一般用油比较多,多数汤菜上都有浮油。

(2)口味浓厚:俄式菜口味浓厚,而且酸、甜、咸、辣俱全,喜欢吃大蒜、葱头。

(3)讲究小吃:俄式小吃是指各种冷菜,其特点是生鲜、味酸咸,如鱼仔酱、酸黄瓜、冷酸鱼等。

典型的俄式菜:鱼仔酱、莫斯科红菜汤、红烩牛肉、黄油焖鸡等。

二、西餐厅经营特点

与中餐厅不同,西餐厅是指以欧美人为主要服务对象,以提供西餐食品和服务为主要业务的餐厅。因此,西餐厅的经营特点也和中餐厅有着明显的区别。

(一)经营时间

西餐厅的经营时间长短不一,如咖啡厅是饭店中营业时间最长的,一般营业时间为 18~24 小时,以快捷的服务、适中的价格面向大众。

不论客人在咖啡厅用餐,还是享用西餐正餐扒房服务,服务员都要遵循西餐服务国际惯例,在服务中做到标准化、规范化、程序化。

(二)装饰与布置

西餐厅的装饰与布置要体现西方用餐特点,讲究气氛,富有情调,突出背景音乐。

(三)菜　单

西餐菜单要体现西餐厅的经营水平和风格。西餐厅菜单内容要图文并茂,封面设计精致,能充分体现西餐厅的风格。

(四)客源市场

西餐厅客源市场多以社会名流、专家学者、商务客人和外国人为主,他们的消费为饭店餐饮部增加了经济收入和外汇收入。

(五)菜肴与服务

西餐厅一般以经营法、英、俄、意式菜为主,同时要兼容并蓄、博采众长。西餐厅服务方式多种多样,但归纳起来不外乎法式、英式、俄式、美式、大陆式、自助式服务,这几种服务实际上都是餐桌服务。

(六)扒　房

扒房是饭店为体现自己的餐饮菜肴与服务的水准、满足高消费客人的要求、增加经济收入而开设的高级西餐厅。

三、西餐上菜顺序

西餐进餐的菜肴顺序与中餐不同,其服务过程也有所差异。

(一)头　盘

西餐的第一道菜是头盘,也称为开胃品。开胃品的内容一般有冷头盘或热头盘之分,常见的品种有鱼子酱、鹅肝酱、熏鲑鱼、鸡尾杯、奶油鸡酥盒、焗蜗牛等。因为要开胃,所以开胃菜一般都具有特色风味,味道以咸和酸为主,而且数量较少,质量较高。

(二)汤

与中餐有极大不同的是，西餐的第二道菜就是汤。西餐的汤大致可分为清汤、奶油汤、蔬菜汤和冷汤等4类。品种有牛尾清汤、各式奶油汤、海鲜汤、美式蛤蜊周打汤、意式蔬菜汤、俄式罗宋汤、法式焗葱头汤。冷汤的品种较少,有德式冷汤、俄式冷汤等。

(三)副　菜

鱼类菜肴一般作为西餐的第三道菜,也称为副菜。品种包括各种淡、海水鱼类、贝类及软体动物类。通常水产类菜肴与蛋类、面包类、酥盒菜肴品均称为副菜。因为鱼类等菜肴的肉质鲜嫩,比较容易消化,所以放在肉类菜肴的前面,叫法上也和肉类菜肴主菜有区别。西餐吃鱼类菜肴讲究使用专用的调味汁,品种有鞑靼汁、荷兰汁、酒店汁、白奶油汁、大主教汁、美国汁和水手鱼汁等。

(四)主　菜

肉、禽类菜肴是西餐的第四道菜,也称为主菜。肉类菜肴的原料取自牛、羊、猪、小牛仔等各个部位的肉,其中最有代表性的是牛肉或牛排。牛排按其部位又可分为沙朗牛排(也称西冷牛排)、菲利牛排、“T”骨型牛排、薄牛排等。其烹调方法常用烤、煎、铁扒等。肉类菜肴配用的调味汁主要有西班牙汁、浓烧汁精、蘑菇汁、白尼斯汁等。禽类菜肴的原料取自鸡、鸭、鹅,通常将兔肉和鹿肉等野味也归入禽类菜肴。禽类菜肴品种最多的是鸡,有山鸡、火鸡、竹鸡等等,可煮、可炸、可烤、可焖,主要的调味汁有黄肉汁、咖喱汁、奶油汁等。

(五)蔬菜类菜肴

蔬菜类菜肴可以安排在肉类菜肴之后,也可以与肉类菜肴同时上桌,所以可以算为一道菜，或称之为一种配菜。蔬菜类菜肴在西餐中称为沙拉。与主菜同时服务的沙拉，称为生蔬菜沙拉，一般用生菜、西红柿、黄瓜、芦笋等制作。沙拉的主要调味汁有醋油汁、法国汁、千岛汁、奶酪沙拉汁等。沙拉除了蔬菜之外，还有一类是用鱼、肉、蛋类制作的，这类沙拉一般不加味汁，在进餐顺序上可以做为头盘食用。还有一些蔬菜是熟食的，如花椰菜、煮菠菜、炸土豆条。熟食的蔬菜通常是与主菜的肉食类菜肴一同摆放在餐盘中上桌，称之为配菜。

（六）甜　品

西餐的甜品是主菜后食用的，可以算做是第六道菜。从真正意义上讲，它包括所有主菜后的食物，如布丁、煎饼、冰淇淋、奶酪、水果等等。

（七）咖啡、茶

西餐的最后一道是上饮料，咖啡或茶。饮咖啡一般要加糖和淡奶油。茶一般要加香桃片和糖。正式的全套餐点没有必要全部都点，点太多却吃不完反而失礼。稍有水准的餐厅都不欢迎只点前菜的人。前菜、主菜（鱼或肉择其一）加甜点是最恰当的组合。点菜并不是由前菜开始点，而是先选一样最想吃的主菜，再配上适合主菜的汤。

四、西餐与酒水的搭配

在西餐中，酒水与菜肴的搭配比较讲究，几乎每道菜都有与之搭配的一种酒。吃什么风格的菜肴跟什么风格的酒。了解掌握酒与菜肴的搭配，服务员可以在服务中针对客人的点菜内容推销酒水。西菜与酒水的搭配规律一般为：

（1）食用头盆时一般选用干白葡萄酒，但食用鱼子酱时应配伏特加酒。

（2）喝汤时一般不喝酒，如需要喝酒则可配白葡萄酒或雪利酒。

（3）鱼类菜肴一般配干白葡萄酒或玫瑰葡萄酒。

（4）肉类菜肴一般与干红葡萄酒相配。

（5）食用奶酪一般配甜葡萄酒，也可继续饮用配主菜的酒类。

（6）甜品一般可与甜葡萄酒或加汽葡萄酒相配。

（7）香槟酒可与任何西菜搭配饮用。

五、西餐用具

服务用具是指给客人提供服务的过程中，服务人员使用的餐具，其中一些属于特殊的餐具，一般摆台时不摆放在餐桌上，而是当客人点用了某类菜肴时才将这些餐具换上桌，这些餐具从名称上就可以了解其主要功能。

（一）服务用具

常见服务用具有：

（1）勺类用具：长柄汤勺、色拉服务匙。

（2）刀类用具：服务用鱼刀、奶酪刀、蛋糕刀、切割用刀。

（3）叉类用具：服务用鱼叉、切割用叉、色拉服务叉。

（4）装盛用具：蔬菜斗（又称沙司斗）、盅（有果酱盅、蛋盅、盐盅、洗手盅、白脱盅、糖盅等）。

（5）特殊菜品用具：蜗牛夹和叉、通心面夹、龙虾夹、钳和叉、坚果捏碎器等。

（二）客用餐具

客用餐具是指摆放在餐桌上供客人就餐时使用的各种器具，具体有：

（1）餐刀：可分为鱼刀、正餐刀（主菜刀）、黄油刀、甜品刀等。

（2）匙：冰淇淋匙、汤匙、汁匙、咖啡匙、茶匙、甜品匙。

（3）餐叉：可分为海鲜叉、鱼叉、正餐叉、龙虾叉、蜗牛叉、生蚝叉等。

（4）杯：可分为水杯、白兰地杯、香槟酒杯、红、白葡萄酒杯、甜酒杯、雪利酒杯等。

（5）盘：可分为装饰盘、面包盘、黄油盘等。

（三）餐桌服务用具

常见的摆放在餐桌上的各种服务用具，依次为：

（1）洗手盅：客人食用带壳食物后的洗手用具。

（2）芥末盅：专门用来装调味品芥末的。

（3）胡椒磨：用来现磨胡椒或花椒的工具。

其它常见的还有盐瓶、胡椒瓶、带盖黄油碟、酒瓶垫、油醋架等。

六、西餐进餐礼仪

西餐因其文化背景和进餐习俗的特殊，在就餐中应注意其特有的礼貌礼仪。

（一）由椅子的左侧入座

最得体的入座方式是从左侧入座。当椅子被拉开后，身体在几乎要碰到桌子的距离站直，领位者会把椅子推进来，腿弯碰到后面的椅子时，就可以坐下来。就座时，身体要端正，手肘不要放在桌面上，不可跷足，餐台上已摆好的餐具不要随意摆弄。点菜完毕后将餐巾打开。将餐巾对折轻轻放在膝上。餐巾可用来擦嘴或擦手，不可用来擦餐具或擦脸。弄脏嘴巴时，一定要用餐巾擦拭，避免用自己的手帕。最好不要把餐巾塞入领口。用餐巾的内侧来擦而不弄脏其正面是应有的礼貌。手指洗过后也是用餐巾擦的。若餐巾脏得厉害，请侍者重新更换一条。吃到坏的食物非吐出来不可时，也别吐在盘子里，最好在别人不注意时，吐在餐巾上包起来，并要求更换一块新的餐巾。

（二）用餐时

用餐时上臂和背部要靠到椅背，腹部和桌子保持约一个拳头的距离，两脚交叉的坐姿最好避免。注意应抬头挺胸吃，在把面前的食物送进口中时，要以食物就口，而非弯下腰以口去就食物。正式西式料理的套餐中，常依不同料理的特点而配合使用各种不同形状的刀叉，并不是一开始就全部摆出来的。说到全套，很容易使人联想到在餐桌上摆满银器的画面，而现在大多是以点用2～3道单品料理的方式为主流。使用刀叉进餐时，刀叉和汤匙依使用的先后顺序排列。最先用的放在离主菜盘最远的外侧，后用的放在离主菜盘近内侧。假如先上主菜再上沙拉，就要把主菜叉子放在沙拉叉子的外侧，从外侧往内侧取用刀叉。吃西餐要左手持叉，右手持刀。切东西时左手拿叉按住食物，右手执刀将其切成小块，用叉子送入口中。使用刀时，刀刃不可向外。进餐中放下刀叉时应摆成“八”字型，将刀叉分放盘中。刀刃朝向自身，表示还要继续吃。每吃完一道菜，将刀叉并拢放在盘中。如果是谈话，可以拿着刀叉，无需放下。不用刀时，可用右手持叉，但若需要作手势时，就应放下刀叉，千万不可手执刀叉在空中挥舞摇晃，也不要一手拿刀或叉，而另一支手拿餐巾擦嘴；也不可一手拿酒杯，另一只手拿叉取菜。要记住，任何时候，都不可将刀叉的一端放在盘上，另一端放在桌上。

（三）喝汤时

喝汤时不要啜，吃东西时要闭嘴咀嚼，不要舔嘴唇或咂嘴发出声音。如汤菜过热，可待稍凉后再吃，不要用嘴吹。喝汤时，用汤勺从里向外舀，汤盘中的汤快喝完时，用左手将汤盘的外侧稍稍翘起，用汤勺舀净即可。吃完汤菜时，将汤匙留在汤盘(碗)中，匙把指向自己。

(四)吃鱼、肉等带刺或骨的菜肴时

吃鱼、肉等带刺或骨的菜肴时，不要直接外吐，可用餐巾捂嘴轻轻吐在叉上放入盘内。吃剩的鸡、鱼骨头和渣子放在自己盘子的外缘，不要放在桌上，更不能丢去地上。如盘内剩余少量菜肴时，不要用叉子刮盘底，更不要用手指相助食用，应以小块面包或叉子相助食用。吃面条时要用叉子先将面条卷起，然后送入口中。

(五)吃鸡时

吃鸡时，欧美人多以鸡胸脯肉为贵。吃鸡腿时应先用力将骨去掉，不要用手拿着吃。吃鱼时不要将鱼翻身，要吃完上层后用刀叉将鱼骨剔掉后再吃下层肉，要切一块吃一块，块不能切得过大，也不能一次将肉都切成块。

(六)喝咖啡时

喝咖啡时可添加牛奶或糖，添加后要用小勺搅拌均匀，将小勺放在咖啡的垫碟上。喝时应右手拿杯把，左手端垫碟，直接用嘴喝，不要用小勺一勺一勺地舀着喝。吃水果时，不要拿着水果整个去咬，应先用水果刀切成四瓣再用刀去掉皮、核，用叉子叉着吃。

(七)吃有骨头的肉时

用刀叉吃有骨头的肉时，可以用手拿着吃。若想吃得更优雅，还是用刀较好。用叉子将整片肉固定(可将叉子朝上，用叉子背部压住肉)，再用刀沿骨头插入，把肉切开。最好是边切边吃。必须用手吃时，会附上洗手水。当洗手水和带骨头的肉一起端上来时，意味着“请用手吃”。用手指拿东西吃后，将手指放在装洗手水的碗里洗净。吃一般的菜时，如果把手指弄脏，也可请侍者端洗手水来，注意洗手时要轻轻地洗。

(八)点用牛排时

点用牛排时，首先服务生会询问烧烤程度，可依你所喜欢的料理方式供应。

用餐时,以叉子从左侧将肉叉住,再用刀沿着叉子的右侧将肉切开,如切下的肉无法一口吃下,可直接用刀子再切小一些,切开刚好一口大小的肉,然后直接以叉子送入口中。应从左往右吃。点缀的蔬菜也要全部吃完。放在牛排旁边的蔬菜不只是为了装饰,同时也是基于营养均衡的考虑而添加的。国人大都会把水芹留下,如果不是真的不爱吃,最好不要剩下。

(九)吃面包

吃面包时一般掰成小块送入口中,不要拿着整块面包去咬。抹黄油和果酱时也要先将面包掰成小块再抹。面包要吃一口掰一口。吃面包可蘸调味汁,吃到连调味汁都不剩是对厨师的礼貌。注意不要把面包盘子"舔"得很干净,不能用叉叉面包。

(十)中途离席时

万不得已要中途离席时,最好在上菜的空档,向同桌的人打声招呼,把餐巾放在椅子上再走,别打乱了整个吃饭的程序和气氛。吃完饭后,只要将餐巾随意放在餐桌即可,不必特意叠整齐。

(十一)侍者会经常注意客人的需要

若需要服务,可用眼神向侍者示意或微微把手抬高,侍者会马上过来。东西掉了的时候最好请服务生过来替你捡起。如果对服务满意想付小费时,可用签帐卡支付,即在帐单上写下含小费在内的总额再签名。最后别忘记口头致谢。

第二节 西餐服务方式

西餐服务源于欧洲贵族阶层家庭,经过多年的演变和发展,各个国家各个地区的服务方式都不尽相同。餐饮服务方式是一个地区、一个民族在长期的餐饮发展过程中逐渐形成的饮食侍应习惯,并以约定俗称的相对固定的形式得到人们的普遍承认。西餐的服务方式,是西方文明发展过程中的产物,它既反映了西餐进食的要求和特点,又体现了服务过程中对服务对象需要倾注更多的个人照顾和关怀的人文思想。目前,国际饭店中常见的服务方式有法式服务、俄式服务、英式服务、美式服务、大陆式服务和自助餐式服务六种。

一、法式服务

法式服务是由西查·李兹在20世纪初发明的一种用于豪华饭店的服务方式，又称为“李兹服务”，是各种形式中最豪华、最奢侈的服务。服务过程中要使用许多餐具，还要动用许多受过专门训练的服务员，所以法式服务是现在所有餐厅服务中最繁琐、人力成本最高，当然也是最周到的服务。

（一）服务特点

（1）传统的法式服务在西餐服务中是最豪华、最细致和最周密的服务。

（2）注重服务程序和礼节礼貌。

（3）法式服务节奏缓慢，需要较多的人力，用餐费用高。餐厅利用率和餐位周转率都比较低。

（二）服务方法

1. 法式服务的摆台

法式服务的餐桌上先铺上海绵桌垫，再铺上桌布，这样可以防止桌布与餐桌间的滑动，也可以减少餐具与餐桌之间的碰撞声。摆装饰盘，装饰盘常采用高级的瓷器或银器等。将装饰盘的中线对准餐椅的中线，装饰盘距离餐桌边缘1~2厘米。装饰盘的上面放餐巾。装饰盘的左边放餐叉，餐叉的左边放面包盘，面包盘上放黄油刀。装饰盘的右边放餐刀，刀刃朝向左方。餐刀的右边常放一个汤匙。餐刀的上方放各种酒杯和水杯。装饰盘的上方摆甜品刀和匙。

2. 传统的二人合作式的服务

传统的法式服务是一种最周到的服务方式，由两名服务员共同为一桌客人服务。其中一名为经验丰富的正服务员，另一名是助理服务员，也可称为服务员助手。服务员请顾客入座，接受顾客点菜，为顾客斟酒上饮料，在顾客面前烹制菜肴，为菜肴调味，分割菜肴，装盘，递送账单等。在法式服务中，正服务员在客人面前作一些简单的菜肴烹制表演或切割菜肴和装盘服务。而她的助手用右手从客人右侧送上每一道菜。通常，面包、黄油和配菜从客人左侧送上，因为它们不属于一道单独的菜肴。从客人右侧用右手斟酒或上饮料，从客人右侧撤出空盘。

3. 上汤服务

当客人点汤后，助理服务员将汤以银盆端进餐厅，然后把汤置于熟调炉上加热和调味,其加工的汤一定要比客人需要量多些,方便服务。当助理服务员把热汤端给客人时,应将汤盘置于垫盘的上方,并使用一条叠成正方形的餐巾,这条餐巾能使服务员端盘时不烫手,同时可以避免服务员把大拇指压在汤盘的上面。正服务员用大汤匙将银盆内的汤装入顾客汤盘,再由助理服务员用右手从客人右侧服务。

4. 主菜服务

主菜服务与汤的服务大致相同,正服务员将现场烹调的菜肴,分别盛入每一位客人的主菜盘内,然后由助理服务员端给客人。如正服务员为顾客服务牛排时,助理服务员从厨房端出烹调半熟的牛肉、马铃薯及蔬菜等,由正服务员在客人面前调配作料,把牛肉再加热烹调,然后切肉并将菜肴放在餐盘中,正服务员这时应注意客人的表示,看他要多大的牛排。同时,应该配上沙拉,助手服务员应当用左手从客人左侧将沙拉放在餐桌上。

二、俄式服务

俄式服务起源于俄罗斯贵族和沙皇宫廷之中,并渐渐为欧洲其它国家所采用。俄式服务是一种豪华的服务,使用大量的银质餐具,十分讲究礼节,风格典雅,使客人能够享受到体贴的个人照顾。俄式服务已成为目前世界上所有高级餐厅中最流行的服务方式,因此,俄式服务被称为国际式服务,同时也因使用银质餐具的缘故,被称为大银盘服务。

(一)服务特点

(1)俄式服务是西餐普遍采用的一种服务方法。

(2)讲究优美文雅的风度,将装有整齐和美观菜肴的大浅盘端给所有顾客过目。

(3)服务的方式简单快速,服务时不需要较大的空间。

(4)俄式服务使用大量的银器,并且服务员将菜肴分给每一个顾客,因此增添了餐厅的气氛,但购买餐具的投资相对较大。

(二)服务方法

俄式服务的方法是:

(1)分发餐盘。服务员先用右手从客人右侧送上相应的空盘、开胃菜盘、主菜盘、甜菜盘等。注意冷菜上冷盘,即未加热的餐盘;热菜上热盘,即加过温的餐盘,以便保持食物的温度。上空盘依照顺时针方向操作。

(2)运送菜肴。菜肴在厨房全部制熟,每桌的每一道菜肴放在一个大浅盘中,然后服务员从厨房中将装好的菜肴大银盘用肩上托的方法送到顾客餐桌旁,热菜盖上盖子。站立于客人餐桌旁。

(3)分发菜肴。服务员用左手以胸前托盘的方法,用右手操作服务叉和服务匙从客人的左侧分菜。分菜时以逆时针方向进行。斟酒、斟饮料和撤盘都在客人右侧。

三、英式服务

英式服务多为专门接待家庭就餐客人的餐馆使用,不适合饭店接待客人,因此在欧美的旅游饭店中该种服务方式已被淘汰。

(一)服务特点

(1)英式服务又称家庭式服务。其服务方法是服务员从厨房将烹制好的菜肴传送到餐厅,由顾客中的主人亲自动手切肉装盘,并配上蔬菜,服务员把装盘的菜肴依次端送给每一位客人。

(2)家庭的气氛很浓,用餐的节奏较缓慢。

(二)服务方法

英式服务方法是服务员从厨房将烹制好的菜肴传送到餐厅,由主人亲自动手切肉装盘,并配上蔬菜,服务员把装盘的菜肴依次端送给每一位客人。调味品、配菜都摆放在餐桌上,由顾客自取或相互传递。英式服务家庭的气氛很浓,许多服务工作由客人自己动手,用餐的节奏较缓慢。家庭式的餐厅一般采用英式服务。

四、美式服务

美式服务因所有菜肴均在厨房分别装盘而被称为“盘子服务”或“盘式服务”,美式服务是简单、快捷而且廉价的一种服务方式。通常一名服务员可以看管数张餐台,而且这个服务员要完成客人整个就餐过程中的全部接待服务工作,因而能有效地节省时间和人力,解决人力成本昂贵地问题,比较适合于资金高速周转和大规模经营的餐馆。

(一)服务特点

(1)美式服务是简单和快捷的餐饮服务方式,一名服务员可以看管数张餐台。

(2)美式服务是西餐零点和西餐宴会理想的服务方式,广泛用于咖啡厅和西餐宴会厅。

(3)在美式服务中,菜肴由厨师在厨房中烹制好,装好盘。餐厅服务员用托盘将菜肴从厨房运送到餐厅的服务桌上。

(二)服务方法

美食服务的方法是:

(1)美式服务的餐桌上先铺上海绵桌垫,再铺上桌布,这样可以防止桌布与餐桌音质的滑动,也可以减少餐具与餐桌之间的碰撞声。桌布的四周至少要垂下30厘米。但是,台布不能太长,否则影响顾客入席。有些咖啡厅在台布上铺上较小的方形台布,这样,重新摆台时,只要更换小型的台布就可以了,可以节约大台布的洗涤次数。同时,也起着装饰餐台的作用。通常,每两个顾客使用糖盅、盐盅和胡椒瓶各一个。

(2)将叠好的餐巾摆在餐台上,它的中线对准餐椅的中线,餐巾的底部离餐桌的边缘1厘米。两把餐叉摆在餐巾的左侧,叉尖朝上,叉柄的底部与餐巾对齐。在餐巾的右侧,从餐巾向外,依次摆放餐刀、黄油刀、两个茶匙。刀刃向左,刀尖向上,刀柄的底部朝下,与餐巾平行。面包盘放在餐叉的上方。水杯和酒杯放在餐刀的上方,距刀尖1厘米,杯口朝下,待顾客到餐桌时,将水杯翻过来,斟倒凉水。

(3)在美式服务中,菜肴由厨师在厨房中烹制好,装好盘。餐厅服务员用托盘将菜肴从厨房运送到餐厅的服务桌上。热菜要盖上盖子,并且在顾客面前打开盘盖。传统的美式服务,上菜时服务员在客人左侧,用左手从客人左边送上菜肴,从客人右侧撤掉用过的餐盘和餐具,从顾客的右侧斟倒酒水。目前,许多餐厅的美式服务上菜服务从顾客的右边,用右手,顺时针进行。

五、大陆式服务

大陆式服务综合了美式服务、法式服务、俄式服务和英式服务,常用于西方宴会服务。

在服务过程中,根据菜肴特点选择相应的服务方式,如头盆用美式服务,主菜用俄式服务,甜点用法式服务,应符合方便客人就餐、又方便员工操作、同时也便于餐厅管理的原则。

六、自助餐服务

自助餐是一种宾客自行挑选拿取或烹饪自食的就餐形式。在餐桌服务中由服务员来完成的服务项目，在这里完全由宾客自己完成或餐厅只提供部分服务。这种就餐形式活泼、挑选性强、不拘礼节，打破了传统的就餐形式，迎合了宾客的心理，正被越来越多的人所接受。自助餐主要适用于会议就餐、团队用餐和各种大型活动的用餐。目前餐厅对早餐提供自助餐服务更为普遍。开设自助餐必须确保一个最低客流量，顾客太少，显然是不合算的。

第三节　西餐服务程序和标准

西餐服务程序和标准要求比较高，过程比较复杂，现将整个过程介绍如下。

一、迎接客人

餐厅电话铃响不能超过三声。接听电话首先用英文问好："Good Evening, This is the 'XXX', May I help you?"如遇对方没有反应，即用中文问好："您好，请问需要帮忙吗？"在接受订座时，必须登记客人姓名、人数、就餐时间、房间号码等及特殊要求。

当客人来到餐厅时，迎送员应面带微笑，主动上前问好："Good evening Welcome to the 'XXX', Have you made reservation?""晚上好，请问您是否有订座？"如客人已订座，迎送员应热情地引客人入座。如果客人没有预订，迎送员应礼貌地将客人引领至适当的餐桌。

二、带　位

询问客人就餐人数后，礼貌地将客人带到客人满意的餐台前。带客时应走在客人前方约1米处，且不时回头，把握好客人与自己的距离。切忌只顾自己走在前面，而把客人拉在后头。离开前，向客人说："请享用。""Enjoy your lunch (dinner), please!"

三、拉椅让座

服务员站在椅背的正后方，双手握住椅背的两侧，后退半步，同时将椅子拉后半步。用右手做一个“请”的手势，示意客人入座。在客人即将坐下的时候，双手扶住椅背两侧，用右膝盖顶住。拉椅、送椅动作要迅速、敏捷、力度要适中，不可用力过猛，以免撞倒客人。

四、铺席巾

按先女士后男士，先客人后主人的次序顺时针方向依次进行。服务员站于客人的右手边拆开餐巾，左手提起餐巾的一角，使餐巾的背面朝向自己。用右手拇指和食指捏住餐巾的另一角。采用反手铺法，即右手在前，左手在后，轻快地为客人铺上餐巾，这样可避免右手碰撞到客人身体。

五、点蜡烛

服务员退后半步，点燃火种，身体前倾把餐台上蜡烛点燃后，立即熄灭火种。注意火种不能碰到客人。

六、推销和上餐前饮品

酒水员或餐厅领班向客人推销饮品。上饮品时，酒水员站在客人右侧，并报上饮品名称。

七、上面包、牛油

牛油碟放于面包碟正上方约1.5厘米处。备饭匙、大叉各一个，置于面包篮的一端，饭匙柄、叉柄向右，面包篮里备好各款面包。

面包服务按逆时针方向进行。上面包在客人的左侧进行，左手持面包篮身体微前倾，将面包篮送到客人的左前方，礼貌地请客人选择喜欢的面包品钟，然后右手持饭匙和大叉将面包夹送至客人的面包碟里。面包篮递送位置要恰当，不可过高或过低。每服务完一位客人要将饭匙和大叉放回篮子里，同时后退一步再转身去为下位客人服务，千万不可将面包篮直接从客人头上绕过去。在服务另一位客人时再拿起饭匙和大叉。

八、递送餐牌

领班从客人的右边送上餐牌，须将餐牌打开至第一页，送至客人手中；向客人介绍当日特色菜。让客人考虑片刻，再上前站在客人的左边为客人点菜，按逆时针方向进行。按女士优先,先宾后主的原则为客人点菜。点菜结束离开前须感谢客人。

九、撤下餐前饮品杯具

在客人喝完餐前饮品后撤走餐前饮品杯具。并送上酒单介绍餐酒。酒水员从客人的右边送上酒单,并根据客人所点的食品主动推销红、白葡萄酒。推销时用一条餐巾垫在瓶身下,右手握住瓶身上端。

十、上葡萄酒

服务员持点酒单从服务酒吧取酒,走至餐桌商标朝上向客人展示。取得客人认可后,再按照红白葡萄酒的服务方式进行服务。红葡萄酒一般斟倒 1/2 杯为宜;白葡萄酒一般斟倒 2/3 杯为宜。

十一、撤换及摆放餐具

用一个圆形的头盘盘子,上面放上一条折叠好的干净餐巾,将准备好的餐具放入餐巾中。撤换餐具时应先撤一支,再摆放一支。撤换餐具时不可将客人所要用的餐具全部一次性摆上台,而应在下一道菜未上前及时撤换一套相应的餐具。

十二、上　菜

上菜在客人的右侧进行。但是上配料汁酱、柠檬、面包片、沙律汁、胡椒粉等,则从客人左边进行。

上菜时,重复客人所点的菜式名称。将每道菜观赏面或主菜朝向客人。上菜完毕后再一齐揭开菜盖,并请客人慢用。当菜上到 1/3 左右时,领班应主动上前询问客人对食品及服务质量的意见。

十三、巡　台

要及时给客人添酒:客人酒杯里的酒不能少于 1/3,如酒瓶已空,要展示给客人看,待主人认可后方可将空瓶拿走。要主动推销葡萄酒。

添冰水:水杯里的水少于 1/3 时也要添加。

添牛油:如客人还在吃面包,而牛油碟里的牛油已少于 1/3 时可添加。

更换烟灰盅：烟灰盅内超过两个烟头或烟灰盅内已有许多杂物时要及时更换。

撤空饮品杯，并推销其他饮品。

十四、撤餐碟

撤餐碟在客人右侧按顺时针方向进行。要等到整桌客人均吃完同道菜后再一起撤掉餐碟。如果先撤掉吃完的客人餐具，就如同在催促未吃完的客人。

十五、清洁桌面

客人用完主菜后，除水杯（包括有饮料的玻璃杯）、烟缸、茶瓶、蜡烛座外，应将餐桌的其他餐具撤下。服务员一手拿一个甜品盘或银制小簸，一手拿一块叠好的干净餐巾，按逆时针方向在客人的左边清扫桌面。

十六、推销甜口、咖啡、茶及餐后酒

服务员在客人右边送上甜品单，同时推销时令水果、雪糕、芝士、咖啡、茶等。酒水员将餐后酒车推至桌前，推销餐后酒。

十七、结账送客

准备好账单。在主人的左手边递上账夹，然后略后退。结账后须向客人表示感谢。

当客人即将离座时，应及时上前为客人拉椅，并把客人送至餐厅门口，感谢客人的光临。客人离开后，清洁餐桌，检查桌底是否有客人遗留物品，将餐椅摆放整齐，并更换桌布，重新摆位。

第四节 西餐正餐服务

西餐厅正餐的服务效果反映着餐厅的管理水平，体现了餐厅的形象，影响着餐厅的经济效益，因此必须重视对西餐厅正餐服务的管理。

一、扒房简介

所谓扒房，是西餐厅的一种，是西餐中最高档的餐厅。扒房是五星级饭店必须要设有的一个餐厅，是全饭店中最高档的餐厅，一般是单独设立。扒房基本上要有一流的服务和最高级的食物。现在扒房所采用的是法式服务，服务一桌（基本上是两个客人）需要花 2～3 个小时的时间，有沙拉（Salad），汤（Soup），主菜（Main Course）和甜品（Desert）。

在扒房里吃西餐，享受的是法式服务即手推车服务。法式服务很讲究礼仪，这对于不习惯的客人来说会很难受。扒房中，菜品的最后一道工序往往会在客人面前表演完成，很具有观赏性和文化气息。

随着中国饭店业的发展，现在中国大多数高星级饭店都会设有扒房。比如北京的很多高星级饭店内就设有气氛高雅、菜式精美的西餐扒房。建国饭店、中国大饭店等的扒房在北京十分有名。比如走进北京丽都假日饭店的德克萨斯扒房，就恍如时空倒转，让您置身于 19 世纪美国境内的一家小镇餐厅：古朴简约的吧台，柔和暗黄的光线，充满浓郁乡土气息的泥瓷餐具，方巾，草帽等乡间挂饰，悬赏匪徒的重金告示牌，尤其是穿梭于身边的服务人员，一个个都是牛仔打扮，他们头顶宽边高帽，颈系红色方巾，腰挎左轮手枪，手中本应摇荡着的麻绳套索刚好换作托盘，为您献上正宗美式烤肉。

二、西餐正餐服务程序

西餐正餐的服务过程主要有以下环节和内容。

（一）摆　台

1. 要做好相关的准备工作

桌椅必须牢固可靠，无破损，摆放整齐；根据餐厅正门的位置确定主位；铺上新桌布，桌布须干净、整洁，桌布的位置应与正门相对，桌布中缝向上。

2. 摆　桌

按照距离主位的远近分别摆放：烟灰缸、椒盐瓶、花瓶、烛桌（烛桌仅限于晚餐摆桌时使用）；摆放展示盘、餐巾，正面向客人。展示盘置于每个餐位的正中，盘边距桌边 2 厘米；餐巾摆放于展示盘内，正面向客人；展示盘必须洁净，无水迹、无指印。

3. 依次摆放主刀、主菜、面包碟、面包刀

主刀位于展示盘右侧，刀柄下端距桌边 2 厘米，刀刃朝向左侧；主菜位于展示盘左侧，刀柄下端距桌边 2 厘米；餐具保持清洁，不允许用手直接接触刀面和前端。

4. 摆放面包盘、面包刀

面包盘置于展示盘左侧，与展示盘间距 5 厘米；面包刀摆放于面包盘上，右端，刀刃朝向左侧。

5. 摆放酒杯

酒杯摆放于主刀上方 2 厘米处；酒杯要洁净，无破损、无水迹、无指印。

（二）餐桌服务

1. 服务方向

饮料杯固定置于客人右侧，供应与撤除均用右手。

面包牛油碟固定置于客人的左侧，供应与撤除均用左手。

餐食依美式服务是用左手自客人左侧端至客人面前，用右手自客人右侧撤除。

在有多位客人的餐桌斟饮料、呈递菜单、菜肴、食品等，应按逆时针方向依次服务。

对紧靠墙或在走道左侧的客人，宜用右手自其右侧服务；在走道右侧者，则用左手服务，以方便为原则。

自任何方向端上盘碟时，手部都应远离客人，以避免客人突然活动而打翻食品，造成尴尬局面。除非必要，否则绝不可伸手至客人的前方，也不可从客人面前越过，并切忌从客人正面端送食物或物件，以免造成意外。

2. 上菜方式

依据女男老幼的顺序，进行正规的服务。

在厨房领菜核对后，回到餐厅的服务台，经整理后端送客人。

软面包上主菜时用；烤脆的面包开始时用；在服务台要用布巾盖着面包保持热温。供应一位客人用餐时，面包牛油碟置左边；团体客人用餐时，用面包篮盛装，置桌中央。餐厅多采用正餐式的面包碟，取送或补充时夹取面包置碟中。

供应的开胃品小吃如是海鲜类，用间隔的玻璃器盛装，上为海鲜，下为冰块，用托盘从客人左侧供给。

汤从客人左侧放置在底盘中。如客人示意不食用，撤汤盆时连同汤匙及底盘一并撤去。

所有的菜肴，热的要用热盘，凉的要用冷盘，供应时餐盘离桌沿一英寸。

所谓主菜，即是一大块牛排或猪排、鱼、鸡、鸭。若将盘面作钟划分为三，以12点钟为准，左上边是一些米食、马铃薯、野洋芋，统称为淀粉食物类；右上边为胡罗卜、蕃茄、洋葱片，统称为蔬菜类；注意主菜肉类在盘面的下方，正对着客人，置于6点钟方位处。

注意添加冰水，以及面包、牛油（用夹取送）；并再次请问客人有何需要，然后方可离开餐桌。

在上甜点之前，所有餐具均须撤除（仅留水杯在桌上），且须清理屑末，然后供应甜点心。

撤除餐具时，由于客人使用刀时是由外往里拿用的，因此客人每用完一道食品，应将盘碟连同刀一起撤除，一般是视客人食用情况决定。若刀斜架在盘沿，即尚在食用中；若客人吃完一道菜，把刀平行（美式）放置盘中或交叉（欧式）放置在盘中时，即可撤除。有时客人示意不愿再吃，将刀柄置食物盘中，此时亦可撤除。客人进食完毕后，餐桌上应仅留饮料杯，其余均应清除。

正餐时，凡客人用手拿取的食物，如鸡、虾、水果等，需要提供洗手盅的服务，即用玻璃碗盛1/3的温水，置于托盘上，并附上小毛巾以供擦手之用。

最后一道是咖啡或茶，有时随着甜点同上，可放置桌的右边；单独供应时，可放置中央。咖啡必须附带糖及奶精或奶水；如是茶则须加附新鲜柠檬一片。咖啡与茶均须趁热供应。杯置放于托碟中，杯耳与小匙成4点钟方位摆置碟上。

3. 结　账

将账单正面朝下放在收银盘上送到餐桌，有礼貌地询问客人还要些别的什么。客人若表示不要，将账单放在餐桌上，或放在男主人或女主人左侧，说声“谢谢”或“谢谢您，请再度光临”。

第五节　自助餐厅服务

自助餐正在成为越来越受欢迎的餐饮服务方式，适用于各种客人就餐。在客人就餐的过程中，餐厅也应提供相应的服务。

一、自助餐的由来

自助餐的英文为“Buffet”，原意是冷餐酒会。你能想到自助餐的起源竟然是来自海盗吗？据考证，自助餐起源于8—11世纪的北欧，每当海盗们有所猎获的时候，就会大办筵席，以示庆贺。但因海盗们不习惯西餐的繁文缛节，于是便别出心裁，发明了这种自己到餐台上取食品及饮料的吃法。

以后的西餐业者将其文明化和规范化，便形成了今天的自助餐。现在，西方还有不少专业的自助餐厅冠以“海盗餐厅”的名字。第二次世界大战时，自助餐被引入美军的军用食堂，并逐渐发展成主食、甜品、热汤等供自助挑选的就餐形式。战后，这种美式自助餐随一些世界级酒店向东南亚等地进驻，渐渐为世界各地的人民所认识。

二、自助餐厅及自助餐服务

自助餐可谓现代都市人最喜欢的饮食享受之一，菜品多样，荤的、素的、冷的、热的，从日本刺身到西式牛排，从广东糖水到各式点心，都可一网打尽；省时省事，可省略许多点菜的麻烦以及配菜的心思，大家各选自己喜欢的食物；价钱合算，出一个价钱，在最短的时间和有限的空间，品尝各种美食精华。这么多的好处，想不爱上自助餐都难！

根据标准不同，自助餐的档次相差很大。但一般自助餐的布置、用料及菜品种类大多以西餐的焖、烩、煮类菜肴为主，配上沙拉、面包、甜点、饮料作为辅助。较高档的自助餐，餐厅则会安排厨师为客人进行现场烹饪，以保证火候和新鲜程度。

（一）自助餐厅（Cafeteria）

自助餐厅是指客人自选自取适合自己口味菜点就餐的餐厅。

自助餐厅一般只供应早餐和午餐。供应方法有两种：一是客人就餐先购票，到餐厅随意自取食品和饮料；二是先进餐厅自取随意食品和饮料，后到门口结算付款。不得餐后带食品或饮料出餐厅。其特点是供应迅速；客人自由选择菜点及数量；就餐客人多，销量大；服务员较少，客人以自我服务为主。

（二）自助餐服务

自助餐是一种由餐厅按照一定标准安排好菜肴品种，并在开餐以前将所有菜肴陈设在餐厅菜品台上，客人用餐时根据自己的喜好随意选取食品的自我服务为主的用餐形式。它的服务特点在于：

（1）有别于零点餐厅中客等菜的服务形式，而是先将菜肴备好，菜等客，因此需要有足够的菜肴保温设备。

（2）由于餐前准备较为充分，因此可以同时接待众多客人用餐，是一种省时、方便的用餐形式。餐厅需做好开餐前的餐台摆放工作。

（3）客人各取所需，随到随吃，服务工作的重点在于随时保持用餐环境，餐台整洁卫生以及完美宜人的气氛。

（4）由于自助餐要始终保持良好的陈设效果，而客人食用量和菜式偏好难以控制，因此难免会出现菜肴备量过多的现象。为了使菜肴备量不至于影响成本控制，自助餐的用餐菜肴数量和用餐人数形成1:50的基本比例，即每一组菜肴最少应为五十人享用，低于此比例就很难使自助餐既能满足客人的丰盛感，又能满足经营者的成本控制标准。

三、自助餐台布置

自助餐台铺台管理的重点是菜点台，菜点台一般设在靠墙或靠边的某一部位，以客人取用方便为宜，铺台操作要求如下。

（一）设计菜台

菜点台都用长台，台上摆着各种食品饮料，旁边放各种餐具，菜点由客人自取。一般要求是冷菜靠前或靠边，热菜居中，大菜盘靠后，点食居中或靠边，在菜点台上还要摆上花坛，有层次和艺术感。

（二）铺台布

菜点台上铺台布要整齐，四周有台裙，美观大方，效果好。

（三）布置餐桌

摆好餐桌，铺上桌布，摆上花坛、五味架、牙签筒、口布等。菜点台和桌面只提供简单服务。自助餐厅门口设迎宾领位岗，负责迎宾领位工作。

（四）上　菜

在开餐前20分钟上冷菜、点心或面包，10分钟前上热菜、包子或饺子，均按设计要求在菜点台上摆好。

香格里拉宴会服务标准五——如何布置自助餐台

第一步:布置台面。(1)用圆台;(2)把台放在合适的位置;(3)铺台布围台裙;(4)把圆盘放在桌子的中央;(5)把装饰花放在圆台的中央;(6)摆放烟缸和餐巾纸;(7)放置3个烟缸成三角形放置在台面上。

第二步:确认Name Card和装饰风格(与行政总厨确定菜品的数量和种类,商定布置风格,准备NC和装饰物)。

第三步:布置食品台。(1)放置桌子;(2)铺台布围台裙;(3)放置装饰物和NC;(4)放置取餐用具,如Buffet夹等;(5)放置取餐盘,每摞不能多于30个。

第四步:布置酒水台。(1)放置一个简易吧台;(2)根据饮品种类的不同,分别放置;(3)摆放杯子,要确保杯子的洁净;(4)摆放餐巾纸。

第五步:布置后区。(1)放置一张台在隐蔽或者不显眼的位置;(2)铺台布围台裙;(3)放置补充用品在桌子上;(4)在旁边放置一个垃圾桶;(5)套两个垃圾袋,防止一个破陋。

四、自助餐服务程序

自助餐主要是以客人自助服务为主，但餐厅也应配合和帮助客人做好相关的服务工作。

(一)各种餐品用具的准备

备妥餐品所需器皿。(如长锅、圆锅、大汤勺、垫盘、夹子、大平勺、长方盘、圆盘、小汤勺、酒精灯、汤碗、餐巾纸、筷子等。)

往长锅、圆锅里各加四分之一的水量。

准备各种菜牌,若有缺少时报备餐部找人制作。

(二)上餐时的注意事项

厨房人员上餐时用对讲机通知楼层,把各种自助餐品打至所需楼层。

当餐品从一楼菜梯打至该楼层,工作站服务人员听到菜梯门响后,迅速打开菜梯里外门,取出餐品。并把菜梯里外门关闭。

上餐时要注意餐牌和餐品是否摆放一致。

端着餐品在通道走时或上餐时注意不要碰着客人。

(三)提醒客人取餐

开餐时间到后,服务人员要提醒有客人的房间,让客人取餐。敲门三下、默数三声。“抱歉打扰您,先生/小姐您好,我们餐厅的自助餐现已开餐,您现在可以取餐了。”

(四)餐品不够时

客人取餐过程中,若出现餐品不够时,迅速报备餐部。通知厨房工作人员:“XX收到请回答,XX菜二分之一或一份,谢谢!”

(五)注意事项

开餐过程中要时刻注意餐台、垫盘、夹子的卫生,脏时要及时清洁或更换。

撤餐品及用具时要注意安全,避免摔伤。

第六节　客房送餐服务

入住饭店的客人中，有些客人因为临时有事不方便去餐厅用餐或是其他个人原因需要饭店为他提供送餐服务。在大多数的饭店中,都会提供这样的送餐服务。客人可以电话进行订餐,也可以叫送餐员到房间里拿菜单进行点菜。

一、客房送餐菜单

为了方便客人点菜,客房里面一般都会有送餐菜单,客人可以打电话到餐厅去直接订餐。客房送餐菜单要注意做好以下事项。

(一)菜单的内容选择

因为某种原因，经营者过去用过的老菜单上列出的肯定是一些曾经风行一时的菜肴,只不过现在已被放弃,那么目前可能就是你考虑重新修订的时候了。菜单的内容可以从以下几方面参考制作:

(1)书籍。餐饮业的有关书籍上写有菜谱和新的有关菜单菜肴的知识。

(2)商贸刊物。商贸刊物上新的菜单菜肴是菜谱的最好来源。

(3)家庭烹饪书籍。家庭烹饪类书籍能够向你提供许多新的有关色拉、汤、配菜、主菜、甜点等信息,从中选择一些菜点来充实自己的菜单。

(4)网站。目前,餐饮网站的数目在成倍增加,网站上有多种菜谱可选择。

(二)菜单的式样与艺术设计

1. 文稿撰写

菜单文稿的写作也应依据餐饮经营场所的情况、顾客的情况和用餐时段的不同来进行。应包括三部分内容:标题、正文和附加促销内容。

2. 版面布局

版面的设计包括将菜单的各项内容按合适的顺序进行安排,确定菜单的版式,选择合适的字体和纸张以及完整画面在菜单上的位置等。送餐服务的菜单应以简单明了为主,多采用 A4 纸质,塑料薄膜塑封,字迹清晰,所拿菜单要符合客人的爱好。

3. 菜单的封面设计

设计封面应注意以下三个方面的问题:

(1)突出餐馆的风貌特征。

(2)必须在设计好菜单版面布局之后再设计封面。

(3)封面版图设计要考虑制作费用、纸张质量、色彩等因素。

二、客房订餐服务

住店客人电话订餐,接听电话热情、礼貌,熟记菜单内容,向客人介绍。客人点完餐后,向客人复述一遍,问清客人姓名、房号、用餐人数,并记录清楚,得到确认开列菜单。请厨房快速加工,传菜间将先做好的菜用保鲜膜包好保温。

若是客人要求服务员来房间进行点餐,服务流程如下:

第一,敲门两至三下,进入房间后说:"对不起,打扰,为您作点餐服务。"

第二,把小菜样品放在玻璃台面上,以客人实际情况促销餐点。

第三,用便条纸迅速如实的记下客人所点的餐点,并与客人核对所点餐点:"先生/小姐,这边帮您重复一遍,您看是否有遗漏。"

第四,确认无误后,把菜单收到音响显示柜上,退至门边:"如您有任何需要,请按服务铃,祝您消费愉快,谢谢。"

三、客房送餐服务程序

所有菜品做好后,传菜员到收款台取账单,看是否与送餐单相符,带好与食物匹配的所需餐具将其及时送到客人房间。送餐车应干净整洁,符合卫生要求。

车轮转动灵活，推动方便，无噪声。来到客人房门前应轻敲房门，自报身份，经客人允许后进入房间。进门后主动问好，送餐员站在离餐车一定距离处介绍菜品，并按客人要求将菜品放到指定位置，将账单双手呈送给客人，请客人过目付款，现金结账要当面点清，挂账签收要手续完善。离开时向客人致谢。

送餐时，如遇客人着装不整，送餐员应在门外等候，等客人穿好衣服后再送房进餐。

客人用餐，告知客人收餐具的大致时间，收餐具轻稳无声响，收拾用餐台面卫生。最后告别客人，回到餐厅将账款交到收款台，收款员核对。

四、送餐服务注意事项

送餐服务注意事项有：

(1)熟悉了解餐点的种类及各种配套菜点。

(2)确定餐点的所属房间，并立即送出。

(3)将易溶，易受冷的饮料、餐点先行送出。

(4)进入房间后，将每一份餐点分发至客人手中，示意客人："请慢用。"

(5)在房间内的送餐过程以蹲姿完成。

复习思考题

1. 列举西餐的几种服务方式。
2. 简述西餐的进餐礼仪。
3. 简单介绍西餐正餐的服务程序。
4. 简述客房送餐服务应当注意的事项。

主要参考文献

郭敏文. 餐饮部运行与管理[M]. 北京：旅游教育出版社，2003.

姜红. 餐饮服务与管理[M]. 大连：大连理工大学出版社，2006.

吴本. 饭店服务与管理[M]. 北京：旅游教育出版社，2003.

第六章
宴会服务

随着餐饮业的发展,宴会部在餐厅经营中起着创声誉、创效益的重要作用。很多旅游业发达的国家和城市对宴会管理相当重视,甚至将宴会部独立出来经营。宴会管理的内容主要有两大块,一块是食品饮料,另外一块就是服务。其中服务是宴会部管理水平的直接体现,加强宴会服务管理尤为重要。

本章旨在让学习者知晓宴会的特点及在餐厅中的重要作用;了解宴会的种类及宴会预订程序;熟练掌握中西餐宴会服务技能技巧;掌握酒会服务技能技巧。

第一节 宴会概述

与一般的散客就餐不同,宴会是一种有组织、有目的的、大规模的聚餐方式,也是一种以餐饮聚会为表现形式的高品位的社交活动方式。在餐厅经营中,宴会有其特殊的作用,比较能够显现一个餐厅的服务水平和经营档次。

一、宴会经营的特点

宴会是饭店餐饮销售的一种特定方式,是餐厅经营的一部分。宴会类型复杂、档次区别大、服务方式也各有不同,但总的看来,宴会也有着一些普遍却又显著的特点。

(一)组织性

宴会的客人少则几十人,多则上千上万人,这就要求,餐厅配合举办单位,对宴会进行有效的组织和管理。一般来说,宴会的用餐人数,举办的时间、地点、规格和标准,都是可以预先估计或确定的,所以,餐厅据此进行菜单设计、原料配备、人员安排和会场布置。

(二)社交性

宴会是一种重要的交际形式。尤其在中国传统文化的影响下,个人、企业或者政府部门,可以利用宴会形式来表达欢迎、致谢、庆贺等目的。人们可以在就餐中进行交往,从而促进沟通,加深感情。

(三)规格化

宴会一般要求具有一定的格调、规格和档次。宴会的举办,需要多个部门,很多人员的通力合作。不同档次、规格的宴会,要求餐厅进行相应的安排,做好环境布置、台型设计、座次安排、设备配置、菜单设计、人员配备等各方面的工作。

二、宴会在餐厅中的重要作用

宴会在餐厅经营中有其特殊的重要作用。

(一)宴会收入是餐饮经营收入的重要组成部分

一般来说,宴会厅所占餐饮部门面积较大,而且宴会属于高级享受方式,标准较高。一次高档宴会的人均消费水平往往比零点高出几倍、甚至几十倍。正常情况下,宴会收入常常占餐饮部门总收入的60%~70%以上,宴会的毛利润较高。因为这两方面原因,宴会收入直接影响餐饮的整体收入水平。

(二)宴会可以有力地拓展客源,提高餐厅的形象和声誉

宴会客人人数多,并且可能来自不同的地区、职业,覆盖范围广;宴会上,精美可口的菜肴、细致周到的服务,会为餐厅树立起良好的形象,建立起广泛的声誉,从而吸引更多的客源。

(三)宴会是让餐饮管理人员和服务人员得到锻炼、获得提高的重要机会

特别是一些大中型宴会,一般要求较高,涉及面较广,管理复杂,需要一系列

专业的组织活动。这就促使管理人员通盘考虑宴会管理所需要的各种知识,并在实践中运用自己的组织指挥能力和协调配合能力去完成各项管理工作，可以提高餐饮管理人员的组织、协调、指挥能力;而服务人员为宴会提供具体服务,可以较快地提高服务技能和应变能力。

三、宴会的种类

宴会的类型多样,按照不同的标准可以有不同的划分。

(一)按照宴会中的菜式和用餐方式分

一般按照宴会中的菜式和用餐方式的不同,可以分为:

(1)中餐宴会。提供中餐食品和中式服务,宴会厅的设计布置、菜点和服务方式很能体现中国民族文化特点。

(2)西餐宴会。提供西餐食品和西式服务,其突出特点是讲究餐具和菜点相匹配,菜点与酒水相协调。

(二)按宴会性质和目的划分

按宴会性质和目的划分,可分为:

(1)国宴。由代表国家的政府机构举办的具有欢迎、答谢、节庆等性质的宴会,一般档次规格高,隆重热烈,政治、经济和文化娱乐性较强,往往还要挂国旗、奏国歌。

(2)团体宴会。由机关团体、企事业单位、商社、各种社会机构为欢迎、答谢、庆祝、谈判、展销、会议签约等各种目的而举办的宴会。

(3)聚会。由一般机构或个人以一定名义举办的聚餐性质的宴会。这种宴会以聚餐为主,个人色彩较重,规模较小。

(4)喜宴。为订婚、新婚或结婚纪念等举办的宴会活动,这种宴会个人色彩较重,气氛热烈,纪念性强,宴会厅要给予特别布置。

(5)寿宴。为年长者庆贺生日、祝寿而举办的宴会,餐厅给予特别布置,设寿礼台,档次规格主要取决于举办者的身份地位和宴会标准及具体要求。

(6)家宴。即家庭式宴会,宴会出席者主要是家庭成员和亲朋好友。

(三)按菜食酒类和用餐方式划分

按菜食酒类和用餐方式划分,可以分为:

(1)传统宴会。以热菜为主,辅以冷菜、面点和酒水,包括中餐宴会、西餐宴会。

(2)冷餐会。源于西餐,以提供冷菜小吃为主。

(3)鸡尾酒会。以鸡尾酒服务为主,伴以小吃,宾客饮酒交谈、社交活动性较强,一般餐厅需特殊布置。

(4)自助餐宴会。以提供凉菜、热菜、甜点等为主,菜食摆在菜台上,客人自取。

(四)按照宴会的规模不同划分

(1)小型宴会,一般是指10桌以下的宴会。

(2)中型宴会,一般是指10桌到30桌之间的宴会。

(3)大型宴会,一般是指30桌以上的宴会。

(五)按照宴会的功能不同划分

(1)政府宴会,是指由政府等机构举办的较为正式的宴会。

(2)企业宴会,是指由企业举办的招待或答谢宴会。

(3)私人宴会等,是指由个人出面举办的生日宴、婚宴或其他宴会等。

四、宴会预订

由于组织和举办宴会涉及很多环节,需要提前做好相关准备,因此餐厅都会要求举办者事先预定宴会。

(一)预订方式

一般有面谈预订、电话预订、信函预订、电传预订、中介预订、网上预订、政府指令性预订等。

为方便客人预订和尽快做出决定,同时也为了减少餐厅管理的随意性,提高效率,餐厅往往会根据实际需要,事先编制宴会预订所需信息的相关资料,等接到客人预订时,就可以提供相关信息,回答客人询问,供客人比较、选择。

(二)宴会预订的内容

接受客人宴会预订时,要明确如下内容:宴会类型;宴会举办的时间、地点;宴会标准;参加宴会人数;付款方式;特殊要求;主办单位联系方式等。据此信息,预定人员详细填写宴会预订单(见表6-1、6-2)。

表 6-1 小型宴会预订单

主办单位		联系人及其电话	
举办日期		人数及桌数	
宴会标准		宴会地点	
宴会要求			
付款方式			
预订日期		预订接受人	

表 6-2 大型宴会预订单

宴会名称:	
预定日期:________ 落实日期:________ 预定人姓名:________ 预定人工作单位:________ 预定人联系地址:________ 预定人电传、电话:________	宴会形式:________ 宴会地点:________ 宴会时间:________ 开始时间:________ 结束时间:________ 保证人数:________ 预计人数:________
宴会费用标准 食品价格 每位:________ 每席:________ 酒水价格 每位:________ 每席:________ 其它收费:________ 房租: ________ 服务费: ________ 总计: ________	具体要求 宴会菜单: 酒水: 场地布置:台型 主桌型 场地图 音响设备 鲜花 衣帽间 休息室
确认签字:________结账方式:________	预收订金:________

经手人:________

发送部门:

前台□ 总机□ 公关部□ 酒吧□ 餐饮部□ 总经办□ 宴会厅□ 保安部□
厨房□ 财务部□ 采购部□ 工程部□

(三)预订的程序

无论客人采取何种预订方式,所经历的程序都大致相同,如下所示:

客人提出预订要求→餐厅提供详细信息并受理预订→客人做出明确选择→填写预订表格→询问特殊要求→交纳宴会预订金→开具预订定单→排入餐厅全部宴会预定计划→落实执行宴会预定计划。

当餐厅接到客人的宴会预订要求时，首先应该查阅电脑或者宴会预订卷上的相关资料，了解餐厅能否满足客人预订要求。若能够满足要求，可以向客人提供例如宴会费用标准、各类菜单和酒单、服务规格等信息，供客人尽快做出明确选择。预订受理人员把客人的预订信息，详细填入宴会预定单等各类预订表格，同时，可以询问客人还有没有特殊要求。若有，则要做好详细记录，一般宴会预订单一式两份，一份备存，一份送入相关部门。宴会预订单经过双方确认后，餐厅预订服务人员，可根据餐厅规定向客人收取一定的预订金并开具订单，然后，把它排入餐厅的宴会预订计划中，若没有任何的预订变更或取消情况，便可进行预订计划落实工作。

第二节　中餐宴会服务

在我们国家大部分餐厅举办的宴会中，中餐宴会占了很大部分。因此，中餐宴会的服务工作对于餐厅来说非常重要。

一、宴会前的组织准备工作

为了宴会的顺利举行，一般在宴会前要做好相关的准备工作。

（一）做到“八知”、“三了解”

在宴会前的准备阶段，餐厅的管理人员和服务人员，首先应掌握宴会的基本情况，做到“八知”、“三了解”。

“八知”即知道宴会的人数，知道宴会的台数，知道开餐时间，知道宴会标准，知道菜式品种及出菜顺序，知道邀请对象，知道收费方法，知道主办者或者主办方的单位或者房号。

“三了解”即一般情况下，应了解客人的风俗习惯，了解客人有没有生活忌讳，了解客人的特殊需要。

对于规格较高的宴会，还应掌握下列事项：宴会的目的和性质，明确设施、设备要求，如横幅、麦克风及音响、乐队、贵宾安排、有无席次表、席位卡等。

(二)餐厅应该尽可能明确分工

在宴会前的例会中,主要由餐饮部经理或者宴会经理介绍宴会的安排情况,宣布人员分工,向服务人员分配任务并提出具体要求,要求所有人员都有具体任务,将责任落实到人,做好人力物力的充分准备,并保证宴会善始善终。

(三)做好宴会的布置工作

根据客人的预订要求,采取多种手段和方法对宴会的举办场地进行艺术加工和布置。如举行大型隆重的正式宴会时,一般在宴会厅周围摆放盆景花草,或在主台后面用花坛画屏、大型盆景等装饰,用以增加宴会的隆重、热烈气氛;对于婚宴、寿宴,可以在靠近主台的墙壁上挂双喜字、寿字等烘托喜庆的主题。

(四)物品的准备及就位

根据服务要求,准备好中餐宴会所需各式服务餐具,并备好鲜花、香烟、水果及席间一些菜肴应跟配的佐料等;在宴会开始前1小时左右,要按照宴会厅堂设计要求铺设餐台、做好摆台工作;在活动开始半小时前,将准备好的活动指示牌放在活动场所门口的一侧或客人要求的位置;如果是大型宴会,在宴会开始前15分钟左右,要求摆上冷盘,并斟上预备酒,准备迎接客人。

一般情况下,准备工作全部就绪后,宴会管理人员会再做一次全面检查。若发现异常情况,应及时进行补救。

二、宴会迎宾服务

根据宴会的开始时间,迎宾员应提前站在宴会厅门口迎接客人。当客人到达时,迎宾员要热情迎接,礼貌问好。有客人询问情况,要语言亲切,热情回答。

有些宴会厅可能会设置衣帽架或者专门的衣帽间,然后安排服务人员照顾客人脱衣并负责接挂好衣帽。接挂衣服时,应注意提衣领,切勿倒提。贵重的物品请客人自行保管。

客人脱去衣帽后,若时间尚早,可以将客人引入休息区,招呼客人入座并送上茶水、香巾。若按照时间安排或者主人要求可以入席,则直接引领客人入席。

三、宴会就餐服务

宴会就餐服务在整个宴会服务中占据主要地位,主要包括入席服务、斟酒服务、上菜服务、席间服务。

(一)入席服务

一般情况下,值台服务人员可在宴会开始前5分钟开启并斟好红酒,宾客入席后,即可撤掉台号、席位卡、花瓶,然后给客人递送毛巾,帮助他们铺餐巾、除筷套、上菜、斟酒。

(二)斟酒服务

服务人员斟倒酒水时要先征求宾客意见,按宾客需求斟倒酒水,若客人不需要,应将其位前的空杯撤走。服务人员还要注意多观察、勤斟酒。宴会中往往会有宾主讲话或致辞,讲话前,值台服务人员要注意观察每位客人杯中的酒水情况,若客人杯中酒水少于1/3时应及时添酒;当客人起立干杯或敬酒时,应迅速拿起酒瓶或协助客人拉椅。当宾主讲话或致辞时,主宾席的服务人员应用托盘托上斟好的酒水,并在讲台一侧等候,以备宾主举杯祝酒之用。当宾主离席到各桌敬酒时,主宾席服务人员要备好酒跟随其后,并准备好随时添酒。

(三)上菜服务

在宴会上,冷菜食用掉一半时,开始上热菜。多桌宴席的上菜应以主桌为准,要看主桌的上菜情况或者听从指挥,做到行动统一。

中餐上菜讲究顺序,一般是先冷菜,后热菜,再甜菜、汤菜,最后上水果。菜点之间还应互相搭配,如上燕窝后立即上银耳,同时要求每上一道菜要报菜名。

上菜时菜点的摆放要正确,如整只的鸡、鸭、鱼要头向左,腹部面向主人,同时还要注意统一掌握好上菜的进度、选择正确的上菜位置,摆菜上桌要讲究方便、美观。而且上菜还要注意统一掌握好上菜的进度、选择正确的上菜位置,摆菜上桌要讲究方便、美观。

服务人员还可根据具体情况,适时给客人分派汤菜。宴会服务每上一道主菜,要向客人介绍产品名称、风味,重点菜还应介绍典故,然后为客人派菜。派菜时应从主人右边开始,再派左边客人,然后是主人,以体现宴会礼节。每派一道菜都要掌握标准,防止过多过少,影响宴会气氛,如果是西餐宴会,还要特别注意菜点和餐具相匹配,每上一道新菜,都要先撤去用过的餐具,再摆新的刀叉。

分菜的方式一般有如下几种:

(1)旁桌分让式:服务员先将菜完整地端上供客人观赏并作相应介绍,然后再端回备餐台,将其分到餐碟内,用托盘从客人右侧送上。

(2)桌上分让式:服务员站在客人左侧分菜,分菜时应向客人介绍菜点的名称、风味,尽量保证分给每位客人的菜份量相当、色彩搭配均匀。

(3)二人合作式:由两位服务员合作分菜,一位服务员左手持公用勺,右手持公用筷分菜,另一位服务员负责移动客人的餐碟到分菜服务员处,将派好菜的餐碟从客人左侧送给相应的客人。

(四)席间服务

在宾客用餐期间，服务人员还应密切观察客人用餐情况，随时提供适时服务。例如:当餐桌上有空的菜碟、碗和酒水杯时,要及时收撤;为宾客及时更换掉脏的骨碟、毛巾、烟灰缸;随时为宾客添加酒水等。

四、结账服务

服务人员在上菜完毕后,可以适时做好结账准备,清点好除餐饮之外的额外消费,并累计总数送交收银处准备账单。当宾客用餐完毕要结账时,服务员应立即告之收银员,并将事先准备并核对无误的账单,礼貌地呈给客人。

在结账过程中,若宾客对账单有任何疑问,应耐心、礼貌地做解释。

五、送客服务

客人结账完毕要起身离席时,服务员要主动为其拉开椅子,并将衣帽架或者衣貌间的客人衣物取出递给客人。

服务工作要善始善终,送客与迎宾一样重要。当宾客离开时,服务员应提醒宾客带齐物品,并向宾客道别,欢迎下次光临。

餐饮部门经理或者宴会厅经理应和主办单位负责人联系，询问是否满意及还有哪些需求和意见,以便为今后的宴会预订建立联系。

六、结束工作

客人走后,服务员应再次检查宾客是否有遗留物品,如有,则应立即交还宾客或者交由领班处理。然后收拾餐台,清点贵重餐具,把餐具分类送入清洗区域,重新布置餐台以备下次使用。

宴会结束,管理人员还要善于总结经验,表扬成绩,找出问题和不足,以便改进宴会服务工作,不断提高服务质量。

七、宴会服务注意事项

除了以上基本工作外,宴会服务还应注意以下事项。

(一)礼仪礼貌方面

讲究礼仪礼貌礼节,符合宴会相应规格,不要做出干扰客人、影响或破坏宴会气氛的行为。

(二)服务方面

(1)宴会的服务注重规范、要符合程序。

(2)进行服务操作时,要注意餐具要轻拿轻放,上菜要注意安全,避免打翻餐具或者汤汁,溅到客人身上或者衣物上。

(3)宴会服务应注意节奏,不能过快或者过慢,应以宾客进餐速度为标准。

(4)宴会期间,两个服务员不应在宾客的左右同时服务,应有先后顺序;服务员之间要分工协作、讲究默契;服务出现漏洞时,要互相弥补。

(5)当宾、主在席间讲话或者举行国宴演奏国歌时,服务员要停止操作,迅速退至工作台两侧肃立,姿势要端正,排列要整齐,餐厅内要保持安静,切忌发出响声。

(三)其他方面

如席间若有宾客突感身体不适,应立即请医务室协助并向领导汇报,同时将食物原样保存,以备化验。

第三节　西餐宴会服务

因为上菜顺序和文化背景的差异,西餐宴会服务与中餐宴会服务有所不同。现介绍如下。

一、宴会前的准备工作

和中餐宴会相似,西餐宴会开始前,服务人员也要了解并掌握有关宴会的基本情况,进行明确分工,做好宴会厅的环境布置及物品准备、摆台,在开餐前半小时,将一切准备工作做好。

将水杯注入4/5的冰水,蜡烛点燃。

将餐厅门打开,迎宾员站在门口迎接客人,服务员站在桌旁,面向门口。

把面包放在面包篮里,黄油放在黄油碟里,在宴会开始前几分钟摆上黄油、分派面包。面包作为佐餐食品可以在任何时候与任何菜肴搭配进行,所以要确保客人面包盘里总有面包,注意随时给客人续添。

再次进行宴会准备的全面检查。

二、餐前鸡尾酒服务

有些西餐宴会开始前提供鸡尾酒服务,主要是供宾客餐前开胃之用,故又称餐前开胃鸡尾酒。当客人进来时,迎宾员要向客人问好,为客人拉椅、送椅,客人坐下后从右侧为客人铺上餐巾。然后,服务人员应及时用托盘托送各类餐前酒,请宾客选用。

三、宴会中的席间服务

在西餐宴会中,要及时的上菜和撤换餐具,保持就餐桌面的整齐和洁净。

(一)西餐上菜服务

西餐上菜的顺序是:开胃菜、汤、鱼虾海鲜类菜肴、副菜、主菜、甜点和水果、咖啡或茶。注意先给女宾和主宾上菜,而且从客人的右侧为客人上菜。

上肉菜时,应注意肉的最佳部位要面对客人,而配菜一般自左向右按白、绿、红的顺序摆好;主菜后的色拉要立即跟上,色拉盘应放在客人的左侧。

上甜点水果时,应先撤下酒杯以外的餐具,如:主菜餐具、面包盘、黄油碟等,换上干净的烟灰缸,摆好甜品叉匙,水果应摆在水果盘里,跟上洗手盅、水果刀叉。

上咖啡或茶时,在每位宾客右手边放咖啡或茶具,然后拿咖啡壶或茶壶依次斟上。

(二)撤换餐具

西餐用餐,每道菜讲究使用配套的酒水和餐具。例如:食用甜品要摆放甜品叉、勺;上水果要跟上洗手盅、水果刀、叉;上咖啡或茶前,要配套放好糖缸、淡奶壶。所以宾客每食用完一道菜肴后,询问客人是否可撤盘,得到客人允许后,就应该及时礼貌地从客人右侧将的餐盘和配套餐具一同撤下。

四、西餐宴会服务注意事项

西餐宴会服务中,除了以上内容外,还应该注意:

(一)非常注重礼仪

西餐宴会服务非常注重礼仪。例如:餐间为宾客撤换餐具时,要先向客人礼貌示意,然后从宾客右侧按顺时针方向进行,女士优先;撤盘时,还应该要注意宾客刀叉的摆法:如刀叉平行(美式)或交叉(欧式)放在盘上,刀口向外,即表示不再用了,可以撤盘;如刀叉摆放在餐盘两侧,刀口朝内,说明宾客还将继续食用。

(二)需要增添餐具

席间经常需要增添一些餐具,如上点心要跟上饼叉,上水果前要摆上水果碟、水果刀等。

(三)递送洗手盅和香巾的时机和方法

递送洗手盅和香巾时应讲究时机和方法,通常在客人剥吃完虾蟹的菜肴后、在吃水果之前和餐毕后递送洗手盅和香巾,洗手盅内一般用花瓣或柠檬汁装饰。

第四节 酒会服务

“无酒不成席”,酒水是就餐中的重要内容。酒会是以酒水为主要内容的就餐形式,如何做好酒会服务工作不容忽视。

一、鸡尾酒会服务

鸡尾酒因为它华丽的外表和浪漫的感觉而深受人们欢迎,经久不衰。在人们欢聚、庆祝、纪念等一些日子里,往往会举办一场简单、随意、活泼的鸡尾酒会,一般无需摆台和设置座位。酒会在下午或者晚上举行,时间一般在一个半小时到两个小时之间。

(一)准备工作

根据酒会的预订要求,事先要做好明确的分工;酒会开始前做好场地的布置和物品配备工作;布置好酒会所需的酒水台、食品台、小吃台、酒会餐桌等;准备好酒会所需的酒水及配料、辅料和酒水所需配套的各式酒具。

(二)迎接客人

鸡尾酒会一般不拘形式,客人可以迟到或早退。在酒会开始时,引位员应站在门口迎接并问候客人,对客人的到来表示欢迎。同时,服务员、酒水员应在规定的位置站好,迎接客人并问好。

(三)酒会服务

当酒会开始后,服务员要注意保持食品台、餐台的整洁,随时清理掉客人用过的餐具并随时添加餐具、食品,酒会中服务员还应不断走动,随时主动为客人服务酒水,以保证酒会中整洁卫生,而且客人有充足的饮料和食品。

(四)结束工作

酒会结束后,服务员要做好礼貌送客和结账工作,然后清理酒会现场,做好新的准备工作。

二、冷餐酒会服务

作为当今最为流行的一种用餐方式,一些会议、团队用餐和各类大型活动,常举办冷餐酒会。冷餐酒会可以设座或者不设座,一般设置有菜台和酒水台。

做好酒会的相关准备工作并迎接客人后, 客人可以自由入座或者选择位置站好,这时服务员要先为客人提供冰水服务,然后询问客人是否需要及需要何种饮料。

酒会开始后,冷餐酒会的主办单位一般会致辞、祝酒,服务员应随时、主动地为客人服务食品和酒水;服务员要照顾客人取菜,保证菜台和酒会桌的整洁和客人有充足的饮料和食品;随时清理客人用过的餐具,更换烟缸,添加口纸和牙签并随时添加餐具。

第五节 其他服务

现代饭店根据宾客需求和自身实际情况还承接各类其他服务,如会议服务、宴会外卖服务及多功能厅服务等,而这些服务一般都是由餐饮部派员进行的。

一、会议服务

根据会议预订的要求,事先要做好人员分工,会场布置,会议设备、用品等准备工作,并做好迎接。待会议开始后,服务员要在指定位置站好,一般站在会议室的门外或者会议室的侧面、后面。在会议期间,要每隔一定时间为客人添水、更换烟灰缸,服务过程中动作要轻,尽量不打扰客人开会,并保持会议室安静。会议结束后要检查并清理现场。

饭店会议接待服务有如下具体要求:

(一)诚恳热情

热情、友好的言谈举止,关心、周到的服务行为,会使与会者产生温暖、愉快的感觉。

(二)讲究礼仪

会务接待服务是典型的社交礼仪活动,务必做到以礼待人,体现素养。要做到:在仪表上面容整洁、衣着得体、和蔼可亲;在举止上稳重端庄、风度自然、从容大方;在言语上音调适度、语气温和、温文尔雅。

(三)按章办事

企业的会务接待服务都有规章制度,应自觉地照章办事。对服务的标准,不得擅自提高或降低。

(四)细致周到

会务接待服务的内容具体而又烦琐,涉及许多方面,要按照领导的意图和会议的要求,精心组织,统筹协调,内外照应,有条不紊。通过服务,善始善终地保障会议按预定的计划顺利进行。

(五)确保安全

会务接待服务人员要严格遵守安全保卫工作的规章和工作规程，防止各类危害与会人员的事故发生。

(六)注意保密

遵守保密纪律,服务人员接触部分机要事务时,对会议内容、秘密文件、电文资料等不要过问,因工作需要必须过问的,要注意保密。

二、宴会外卖服务

近几年来,大大小小的餐饮企业,都推出了方便又实惠的宴会外卖服务。时间不限、地点不限。很多客人在家里或者其他场合,只要打个电话,就可享用宴会外卖酒食。宴会外卖,就是根据客人的要求把宴会从餐厅做到客人指定的场地,而宴会的内容及服务水平丝毫不能降低。像宴会外卖这种服务,通过时空转换来丰富形式,给消费者以新鲜、刺激的感觉,可以说是一种新奇的创意,是一种超前的经营模式,在都市中时尚、前卫、有品位的消费群体中,可能会成为一种消费新时尚。

一般情况下，客人在一定时间内提出预约，餐厅就会派人先到现场考察场地。到了宴会开始的日子,餐厅会带上美酒美食美厨,开着冷藏车,保温车,拉着宴会服务员、调酒师到顾客家,或顾客指定场地进行专业宴会服务。

这种宴会,一般要求餐厅要有专业的餐饮服务团队,能够根据顾客需求提供相应服务。同时这种宴会成本较高,所以一般收费也较高。

三、多功能厅服务

饭店一般设有多功能厅,供会议、用餐或者其他活动包场之用。

多功能厅使用前,服务人员应首先做好大厅、看台处的清扫卫生工作,检查各项设备是否完好及设施有无损坏;由领班召集班前例会,检查员工仪表仪容、总结前日工作情况、布置当日工作。其具体服务流程一般如下:

(一)岗前准备

(1)提前10分钟到岗。

(2)将前一日工作日志交至办公室。

(3)检查岗位上有无异常情况,做好活动开始准备。

(二)迎宾行为规范

(1)站姿应标准,双手轻握,自然交叉在前或自然下垂于身体两侧,不插腰,不抱肩,不插兜,不倚靠他物。

(2)热情、礼貌地接待宾客,做到精神饱满,彬彬有礼,保持微笑服务。

(3)若客人有询问,应耐心解答客人的问题,与客人交流时眼睛要正视对方,音量适中。

(4)使用敬语,不与顾客争辩,更不能与顾客争吵。

(三)大厅流动岗行为规范

(1)引导顾客入座。

(2)随时打扫厅内卫生。

(3)协助顾客在厅内的一切活动。

(四)活动结束后工作

(1)下岗后及时反映岗上所出现的问题及其他一些情况。

(2)如有大型活动,岗位设置可有所变化。活动结束时,全体人员列队于门口,欢送宾客。

(3)活动结束后,及时清理场地,搞好卫生。

复习思考题

1. 简述宴会的特点及在餐厅中的重要作用。

2. 简述中餐宴会服务技能技巧。

3. 简述西餐宴会服务技能技巧。

4. 简述酒会服务技能技巧。

主要参考文献

蔡万坤. 餐饮管理[M]. 北京:高等教育出版社, 2005.

姜文宏. 餐厅服务技能综合实训[M]. 北京:高等教育出版社, 2004.

吴克祥. 餐饮经营管理[M]. 天津:南开大学出版社, 2004.

杨欣. 餐饮企业经营管理[M]. 北京:高等教育出版社, 2005.

俞仲文. 餐饮企业管理与运作[M]. 北京:高等教育出版社, 2007.

中华餐饮管理资讯网[EB/OL]. http://www.dake21.net/hotel.

第七章
酒吧、咖啡厅、茶坊服务

随着人们生活方式的转变，酒吧、咖啡厅、茶坊如雨后春笋一样出现。酒吧、咖啡厅、茶坊是以休闲餐饮的形式出现的餐饮场所。人们在这里可以放松身心，结交朋友。但是酒吧、咖啡厅、茶坊如果不能提供好的环境气氛与酒水饮料，服务不到位，不能满足客人的需求，则很难再继续经营下去。因此，加强对它们的服务管理尤为重要。

本章主要让学习者熟悉酒吧的类型、布局、设备及服务程序，掌握咖啡厅、茶坊的服务技能技巧，并了解酒类用具及酒杯的保养和清洗。

第一节 酒吧服务

酒吧最初源于欧洲大陆，但 Bar 一词也还是到 16 世纪才有“卖饮料的柜台”这个义项，后又经在美洲地区的进一步变异、拓展，形成今天意义的酒吧。酒吧进入我国后，得到了迅猛的发展，尤其在北京、上海、广州等地，更是得到了淋漓的显现。酒吧是以一种很“文化”、很反叛的姿态出现的，是城市对深夜不归的一种默许，它悄悄地却是越来越多地出现在中国大都市的一个个角落，成为青年人的乐土，亚文化的发生地。

一、酒吧的类型

酒吧根据其销售方式、作用以及在企业中的具体位置不同，可以分为以下四种主要形式。

（一）立式酒吧

立式酒吧是饭店、餐馆和独立酒吧最常见、最典型、最具代表性的酒吧。“立式"并不是指客人必须站立饮酒或服务员必须站立服务,它只是一种传统的称呼而已。立式酒吧的特点是以吧台和靠凳为中心,以桌椅、沙发为凭借形成面向吧台的整体布局,为客人提供酒水服务。

(二)服务酒吧

服务酒吧又称餐厅酒吧。它是配合各餐厅菜点销售而设置的一种酒吧,以销售佐餐酒水和软饮料为主。这种酒吧对混合饮料,即鸡尾酒的销售很少,一般也很少提供。服务酒吧的特点是吧台酒水员不直接面对客人,客人购买酒水是通过桌面服务员开票,再由桌面服务员到吧台将酒水提供给客人。因此,其酒水销售服务以瓶装或原包装为主。

(三)宴会酒吧

宴会酒吧是专门为宴会而设置的一种酒吧。它主要设置在宴会厅的某一场所,其酒吧设施可以是活动结构,也可以是永久固定型设施。宴会酒吧根据其营业形式和收款方式不同,又可以分为三种:

(1)现金酒吧。即参加宴会的客人取用的酒水,需要随取随付钱,宴会主办单位或主办人不负担宴会酒水费用。这种形式一般用于大型宴会。

(2)赞助酒吧。这种酒吧的客人取用了酒水饮料无须付钱,有时凭券取酒水,酒水费用由赞助方即主办单位承担。故也称"请饮酒吧"或"料金付讫酒吧"。

(3)一次结账酒吧。即客人在宴会或招待会中,可随意取用酒水饮料,所有费用在宴会结束时由东道主即主办单位或主办人一次结清。

(四)鸡尾酒吧

鸡尾酒吧又称鸡尾酒廊,通常设置在饭店门厅或附近,不少饭店的大堂酒吧、消闲酒吧大多属于这一种。鸡尾酒吧的特点是设计高雅,环境美观、舒适。一般比立式酒吧宽敞,大多有钢琴、竖琴或小乐队演奏。

酒吧的类型根据其考虑问题的角度不同,还可以有其它的分类方法。比如按客源对象划分为男士酒吧、女士酒吧、会员酒吧、公共酒吧等;按位置和重要程度可分为大堂酒吧、屋顶酒吧、中心酒吧等。

二、酒吧的布局

酒吧的设置可根据居室的不同情况及个人的喜好进行布局,但是布局时要考虑以下几点。

(一)空间布局与装饰

酒吧空间布局与装饰的原则是:无论是桌、椅、柜、几之类的家具,还是桌布、窗帘之类的装饰织物(甚至服务员的服装),以及文物字画、盆景、挂屏之类的观赏品,它们的造型、色调、布置、组合,都要在与整个吧厅总体美学风格一致的基础上,着眼于具体的环境特征与主题,以统一而又富于变化的风格,清新雅致的格调,造就一种轻松安逸、舒适愉快的气氛。

(二)光照与色彩

不同的光照和色彩可以使人产生不同的情绪反应。在处理酒吧的光照与色彩时,应注意到以下几方面的问题:

(1)光色的象征性和情感性。红色使人联想到火,它象征热烈、革命,使人兴奋、激动;绿色象征生命、青春,可以唤起对自然、生命的热爱,使人愉悦舒畅;蓝色则如天空、海洋的淡远,使人感到平静、淡泊等,这些特点可供酒吧布局时参考。

(2)光色的时间性和季节性。夏天炽热,日光强烈;冬天寒冷,日光暗弱。季节的变化使人的心理产生这样的反应,看到强光或暖色光就想到炎炎夏日而产生暖感;处于弱光或冷色光下,就想到冬天而产生冷感。我们便可根据这一特点,在夏天以冷色为主,冬天以暖色为主,通过光色调节人们心理的冷暖感。

(3)光色的地方性与民族性。东方人看紫色容易疲劳,而西方人视之为雍容华贵;日本人忌讳绿色;伊斯兰教徒把蓝色当作不祥之色,等等。据此,我们可以根据不同宾客的不同心理,调节酒吧的光色及装饰。

(4)光色影响食欲。无论是食物原有的色还是光照的效果,凡与腐烂、霉变等色相似的色彩,人们都不喜欢。相对地说,暖色(如黄色、乳白色、淡咖啡色等)容易引起食欲。酒吧光照的目的,一方面是为宾客提供照明,另一方面就是要营造某种气氛和意境,增加美感。

(三)根据酒吧的主题来进行布局

如原始风情酒吧应定位于古怪、离奇又与自然紧密结合,主要采用具有异域风情的色彩和图案,配以粗糙的墙面、锯齿形的造型,从而给人以原始洞穴的感觉。在酒吧中应用小空间隔,划分出一个个小空间,以木质栅栏分隔,也可以尝试其他造型的分隔。室内可采用枯枝、藤蔓做装饰,桌椅选择自然材料的。

除了以上几点外,还要注意一些细节。吧台的台面较高,台面必须防水,还要有较好的抗污性能,可用塑料饰面板等来装饰。它的造型大都采用不对称的设计方法,造型多变。吧椅可以是移动的,也可以是固定的,如果酒吧的空间面积较小,宜采用可以移动的椅子;如果要想营造出专业酒吧的氛围且可利用的面积又较大的话,就可采用固定的椅子,其椅背的高度最好为 800 ~ 900 毫米,这样能最大限度减少人的疲劳感。

三、酒吧的设备

酒吧设备的种类有很多,经营者可以根据规模、特色来选择适合自己酒吧的设备。一般包括音响设备、灯光设备、家具和厨房设备四种。前三种设备是直接提供给消费者使用的,一般都比较熟悉,经营者可以根据需要来选择自己的设备;厨房设备则是间接为消费者提供服务的,大家对其了解比较少,我们着重介绍几种常用的厨房设备。

(一)展示冰箱

展示冰箱是酒吧中用于冷藏碳酸饮料、啤酒、水果的设备。它的大小、宽度、高度可根据酒吧的具体要求进行定做。展示冰箱为单门设计且正面多以玻璃等透明材料制成。冰箱的内置温度通常可调节,以便适应酒水储藏要求,在储藏时冰箱温度一般调节在 5℃ ~ 10℃ 之间,冰箱内部可分为若干层,以便存放更多种类的酒水。冰箱在工作时不仅要注意温度,还要时刻保持冰箱内的卫生以及四周照明灯的正常工作, 起到能够吸引客人注意的作用。冰杯机与卧式冰柜外型相仿,只是常在上方设有一个水平推拉门。用于冰镇鸡尾酒杯、冰激凌杯、啤酒杯等多种杯具的摆放。冰杯机的温度应该控制在 4℃ ~ 6℃ 左右。当杯具从机器中取出时杯具上应有雾霜,但不可结有水滴。

(二)卧式冰柜

存放各种需冰镇饮品的冰柜,长 150 ~ 180 厘米,宽 60 ~ 80 厘米,高 80 ~ 100 厘米不等,也可根据酒吧的具体要求进行定做。卧式冰柜上面可摆放其他设备如咖啡机、榨汁机等。酒吧中常用的卧式冰柜多为内侧双开门三层储物设计,在门的旁边有一控温面板和通风口。控温面板上有调温旋钮,可根据冰柜内存放饮品进行控温;通风口外有一空气过滤罩,用来阻隔灰尘,每月需清洗一次。设计酒吧时应在卧式冰柜下预设下水管,用于冰柜内积水滴流。选购时应注意:卧式冰柜分风冷却和管冷却两种,酒吧应选择风冷却。

(三)葡萄酒冷藏柜

由于白葡萄酒、玫瑰红葡萄酒、汽酒、香槟酒的特殊要求,故需要将它们放入葡萄酒冷藏柜中恒温冷藏。此类冰柜温度也可调节,通常被定在5℃~12℃之间。

(四)咖啡机

用于研磨咖啡、加热牛奶、提供开水以及制作一些人们所常见的意式特浓咖啡、卡布基诺等等。咖啡机有许多型号,在用量不大的酒吧可选用人工加水的小型咖啡机;反之,则需较大型的咖啡机。由于是自动供水所以要预留上水管,这两种咖啡机均是使用咖啡豆进行研磨。在星级酒店为客人提供早餐的餐厅中,常备有较大型的咖啡炉,以满足客人短时间内咖啡的大量需求,但它是用咖啡粉末来进行冲泡的。上述两类咖啡机/炉,可根据自身需求酌情选购。

(五)咖啡保温炉

将研磨煮好的咖啡装入与咖啡保温炉配套的咖啡保温壶中,放置于炉上,通常的保温炉有加热、保温两个温度调节档,选定温度通好电源即可。此保温炉适用于大型酒吧或酒店,以应付大型团队为主。虽然可保温,但咖啡的质量会随时间的推移而下降,保温的咖啡最多保留8小时。除此之外,它还适合将红茶等进行保温。

(六)制冰机

专用于制作冰块的机器,是酒吧中必不可少的重要设备。与其说它重要不如将它形容成鸡尾酒的"心脏"更为贴切,因为99%以上的鸡尾酒在制作过程中甚至包括制作完成之后,"冰块"都是重要原料。制冰机所制作出的冰块形状也有很多种,有正方形、长方形、圆形、扁方形、M形等,仅仅就酒吧而言,方形的冰块更理想一些,因为它溶化的速度较慢,这样一来对酒的味道的影响不会太过于明显。另外在设计内部结构时应预留上、下水管。

(七)碎冰机

随着人们对饮品口感要求的不断提高,随之出现了碎冰机,有的碎冰机是直接制作出细小的冰粒,还有的碎冰机是将冰块研磨成冰沫状,就像人们看到的"雪"一样。同样是碎冰,第二种碎冰机更被人们喜欢。在酒吧中人们常见的碎冰饮料有:奶昔、冰沫玛格丽特等等。如果在未配备碎冰机的酒吧,临时需少量碎冰时,可将整冰放入硬制器皿中捣碎或放入搅拌器中打碎,但效果均不佳。

除了上面介绍的几种外,还有扎啤机、清洗机、果肉榨汁机、橙子榨汁机、电动搅拌机、碳酸饮料机、微波炉等各种设备。

四、酒吧服务程序

酒吧服务是酒吧全部活动的主体,关系到酒吧的生死存亡,其程序主要包括班前准备程序、接客服务程序、酒水服务程序和送客程序。

(一)班前准备程序

(1)整理酒吧卫生。每天正式营业前按卫生标准整理,包括清理吧台内外杂物和废弃包装物,倒入垃圾箱;用干湿布擦拭吧台、吧柜、酒水陈列架、酒吧间桌椅,按从上到下、从左到右、从里到外顺序擦拭;整理吧柜、陈列架上的酒水,按规定位置摆好,商标朝外,倒放、竖放的酒瓶要整齐;整理酒台上的酒具,擦拭干净;整理调酒用具,摆放整齐;观察整理效果,确保卫生标准,不留卫生死角。

(2)检查营业准备。主管查看酒水柜台的各种饮料、进口酒、国产酒是否齐备,各种调酒器具准备情况、吧台布置、环境卫生,酒吧设备是否达标和齐全完好。并签单补充当日需要的酒水。

(3)查看营业报表。主要是看前一天的营业报表,检查销售情况。

(4)召开班前会。主管布置当天工作,检查员工着装仪表、个人卫生,记录员工出勤,提醒注意事项,准备迎接客人。

(二)接客服务程序

(1)迎客。面带微笑招呼问候客人,询问客人数。

(2)带位。要用指示动作,在客人稍前侧引领入座。

(3)拉凳、示座。到位后即主动上前拉凳,并示意客人就坐。

(4)递酒牌。翻开酒牌递给客人(先女后男)。

(5)整理台面。把花瓶、烟盅、意见卡移至无人坐的地方。

(6)问饮品。介绍特饮,描述鸡尾酒的配方。烈酒类,如 Cin,Rum,Vodka,Scotch 等需问明加冰还是净饮,还是加上其他饮料。Verouth,Martini 要问 Dry 还是 Sweet。推销特饮咖啡,蒸馏水,矿泉水。

(7)复述柯打。把客人所点复述一遍,检查错漏。

(8)落单。按要求写上日期、工号、人数,需附上特殊注明的饮品,要在柯打单上显示出来。属于鸡尾酒的要写鸡尾酒名,而不是写配方,有 Coupon 的需在柯打单上说明,所有柯打单均需打上时间。

(三)酒水服务程序

(1)从吧台取出饮料,取用饮料必须使用托盘,配备杯垫等服务用品,出品的酒品符合标准。

(2)向客人提供饮料服务。服务中始终保持微笑,取杯具时手指不碰触杯口,握在杯具 2/3 以下或杯脚部分。提供每份饮料时应同时报酒名,提供杯垫、餐巾纸或口布,所有酒水饮料应按标准斟倒,客人中有女士的,女士优先。

(3)值台服务。询问客人是否满意或有无其他要求,当客人的饮料还剩 1/3 时,询问客人是否添加。如发现客人饮酒已过量,不得向其提供含酒精饮料,发现问题应及时汇报领班。

(四)送客程序

(1)准备账单。预先打好账单,分单的要分清楚,并核定账单,属改错的单要有领班以上人员签名方有效。

(2)结账,谢客。账单夹把账单夹好,递给客人,并多谢客人,在客人离开前,再次道谢,并欢迎下次再光临。

五、酒吧服务注意事项

在进行酒吧服务时,要注意一些细节,以下列举几点:

(一)推　销

积极推销,服务员要始终坚持微笑,要主动介绍酒水特点、口味,根据客人爱好提出建议。

(二)上酒水、饮料和小吃

上酒水、饮料和小吃时一律使用托盘。不得直接用手拿取。

(三)开 瓶

开瓶前要先切掉瓶顶金属薄片,用布巾按软口塞及瓶口。开红葡萄酒,切忌用力晃动防止沉淀物上浮。开有气的酒水,必须轻拿轻放,切忌瓶口对着客人。

(四)服 务

为单人客人服务,可适当陪客人说几句话,使其开心。为成双成对的客人服务,不要乱插话,也不要侧耳细听。

(五)酒水温度

服务酒水时必须掌握好温度,需要加冰块的酒水,必须按定量加冰。客人若要添加冰块,可随时添加。

(六)其 他

酒吧客人消遣时间较长。客人饮酒消遣慢,不应有催促客人的举动。若有客人醉酒,不能有轻慢态度,更不可取笑。醉酒客人暂离开,要保留桌面食物原样。

除了这些,还有很多要注意的事项,在进行酒吧服务时要用自己的真心诚意去服务客人,努力去解决客人的需求。

第二节 咖啡厅服务

随着经济的发展,人们生活水平的提高,越来越多娱乐、休闲设施和场所的出现为人们生活增添了许多乐趣,咖啡厅就是其中的一种。

一、咖啡厅的起源与发展

最早的咖啡厅叫做“Kaveh Kanes”,是在麦加建成的。尽管最初是出于一种宗教目的,但很快这些地方就成了下棋、闲聊、唱歌、跳舞和欣赏音乐的中心。从麦加开始,咖啡厅又遍及亚丁、梅迪纳和开罗。现在的咖啡厅是人们休闲、商务交流的场所。目前普遍认为,人类首次在非洲发现咖啡。亚洲人浮士德内罗尼的《不知道睡觉的修道院》里记载了这个故事:埃塞俄比亚的牧羊少年发现自己的羊群吃了灌木上的红色果实之后,兴奋不已地不肯回家。他以为羊群中毒了,但是几个小时之后,羊群恢复正常。少年自己尝了一口这个果实,顿时倦意全消。他把这个发现告诉周围的人,夜晚需要长时间静修的基督教修士们开始把它当成日常食用的提神食品。

土耳其人占领了也门之后,随着宗教的传播,16 世纪,第一家咖啡厅在麦加建立。咖啡从药品性质发展成为大众饮料。

欧洲的第一家咖啡厅于 1650 年在英国牛津大学建立,咖啡厅随之在伦敦风起云涌,很快变成了"公开的思想交流地"。可以说,在现代印刷业发展之前,咖啡厅在一定程度上起着媒体沙龙的作用。1669 年,咖啡被法国人了解。1683 年,维也纳人阴差阳错地得到了穆斯林不肯外泻的咖啡豆,维也纳首家咖啡厅"蓝瓶子"开张。不过这些基督徒们不喜欢穆斯林的饮料,聪明的老板柯其斯基过滤掉咖啡渣,并且把牛奶倒入咖啡中,这就是今天拿铁(Latte)咖啡的原型。维也纳咖啡馆的特点是,里面飘荡着音乐与拿铁气味的空气。1670 年,咖啡进入德国,严谨的德国人一直争论着咖啡是否有利健康,所以咖啡厅直到 1721 年才在德国大量出现。但是到了 19 世纪,德国人却抓住了历史机遇,在咖啡产业上大赚特赚。当时的美洲咖啡种植园主在废奴浪潮的冲击下,开始向欧洲招募咖啡农。至少有 80%的危地马拉咖啡豆经德国商人之手运往欧洲各地。两次世界大战轮番洗牌,到了今天,德国是世界上第二大咖啡消费国,人均消费量则远高于美国。1945 年,意大利人加贾(现在这也是咖啡器具品牌了)发明的新型蒸馏器,风靡欧洲。意大利的咖啡厅和英法不同,他们是精致随意而富有艺术气息的。随意精致体现在咖啡馆的装潢上;艺术气息则体现在他们露天喝咖啡的地方,如周围是斗兽场和米开朗其罗的雕塑。

日本人是在明治维新时期才接受西方生活方式之代表的咖啡的。最便宜的咖啡,速溶咖啡和罐装咖啡都是日本人发明的。

现代社会咖啡已成为世界三大饮料之一,咖啡厅也遍布世界各地,成为各类人群休闲、娱乐的好去处。预计,中国将成为全球最大的咖啡消费国,到 2020 年中国人人均每天喝一杯咖啡的话,仅咖啡豆市场每年将达到 500 亿美金,整个产业链将产生上千亿美金的市场。咖啡行业无疑是投资者的乐土,创业者的天堂。现今阶段的咖啡厅出现了很多的新形势,如咖啡厅变成了茶楼,咖啡厅快餐化等。

二、咖啡厅服务程序

现代咖啡厅不仅仅只局限于销售咖啡,它有很多的服务项目,其服务程序也很复杂,对服务人员的要求一般都比较高,其服务程序主要分为以下步骤:

(一)餐前准备服务程序

(1)客人到达咖啡厅时,由领位欢迎客人。领位立于领位台内;见到客人走至2米外后,走出咨客台,左手握菜牌,向客人微笑,打招呼。如是常客,则以某某先生/小姐称呼。询问客人是否预订,如客人已预订,带其到事先已订好的桌前;如客人未预定,按客人要求和人数带入相应的餐桌。接受预订时,问清楚客人姓名、订座人数、就餐时间、联系方法和客人的特殊要求。询问客人是否吸烟,并分别带入吸烟区或非吸烟区;询问客人有否其他爱好,如靠窗或角落位子,引导入座。为女士拉椅,等其入座后,将椅子推入;将餐巾对折成三角,铺于客人大腿上(和厅面服务员合作做);打开菜单及饮料单从右边递至客人;倒退两步,转身离开,迅速回到领位台。

(2)厅面服务员倒冰水。立于客人右侧,用左手轻轻拿起水杯,将水往水杯中间倒,以示对客人的尊重,水倒八分满,轻轻放置客人右手边。

(3)点单,送单:在离桌子一步的地方停下,轻轻点头面带微笑和顾客打招呼,点单时不宜太急,以仔细为原则,介绍店内的特色商品和活动内容。顾客点完单后务必再对顾客进行二次推销,并复单一遍给顾客听,以确认点单数量和品种正确无误。

注意事项:点单本的桌号,日期,品名,数量和姓名务必正确填写,点单完毕及时将点单送往吧台交于收银员,保证先点先出的原则,顾客等待的时间较长时可建议吧台视情况交替出品,顾客换台及时更换点单本上记录的桌号并告诉收银员。

(二)席间服务程序

(1)服务调味汁。站于客人左侧,将汁浇于客人沙律顶部,让汁酱顺势往下流,询问客人是否满意,无须将汁酱留在客人桌上,倒退离开餐桌。

(2)要不断添加酒水,水杯或酒杯里的酒水不能少于1/3。

(3)烟灰缸内不能超过两个烟头。当烟灰缸内超过两个烟头或烟灰缸内有许多杂物时,左手拖托盘,托盘上放置干净的烟灰缸,站于客人右边,用右手将干净的烟灰缸放在脏的烟灰缸上面,同时拿起两个烟灰缸到托盘上,将干净的烟灰缸放回到台面上。

(4)主菜完毕,站于客人右侧,将客人主菜盘、面包篮、酱油碟等撤走,用甜品碟、餐巾清扫桌面。

(5)上甜点时站于客人右侧,客人左手边放甜点叉,右手边放甜点匙,两者离开桌边一英寸,从冷菜间取出甜品,用右手服务,服务完毕退后两步,离开。

(6)上咖啡或茶。糖盅内放一包低糖、一包咖啡晶糖、一包白糖,奶盅内倒1/2奶,将糖盅、奶盅置于餐桌中间,右手拿咖啡底碟,上放咖啡杯,茶匙平置于咖啡杯前,从客人右手边放于客人两手之间,用茶壶/咖啡壶为客人倒2/3满,将壶放于客人右手边,壶口勿对客人,应朝外。

(三)送客程序

准备账单,预先打好账单,分单的要分清楚,并核定账单。还要为客人拉椅,与客人告别,欢迎客人再次光临。

三、咖啡厅服务注意事项

在进行服务时要注意一些细节方面,包括以下几点。

(一)讲话时,声音不要过大

咖啡厅一般都比较幽静,大声说话可能影响其他客人。喝咖啡的人是想在忙碌、嘈杂的工作下寻求一丝的安静,大声说话可能引起别的顾客反感。

(二)积极推销

服务员要始终坚持微笑,要主动介绍咖啡特点、口味,根据客人爱好提出建议。现阶段大多数人对咖啡的品牌和种类不甚了解,所以,在选择时一般比较困难,因此服务员要主动向客人介绍。

(三)音乐的选用

咖啡厅选用的音乐要适合咖啡厅的整体环境,不要播放嘈杂的音乐。

(四)咖啡用具必须高温消毒,干净,完好

喝咖啡是一种高雅的行为,要求用具必须干净、美观,因此咖啡用具一定要消毒。

(五)杯　具

冰咖啡用长饮杯,先放冰块1/2,然后倒入咖啡,杯中插吸管,糖奶客人自加。

(六)及时为客人添咖啡

服务员要及时地为客人添加咖啡,不要引起客人对服务工作的不满、抵触。

除了上面的一些注意事项外,还有很多需要在服务时注意的细节,在实际工作中,要注意养成良好的服务习惯。

第三节　茶坊服务

茶坊是利用空间场地、设备和一定消费性物质资料,通过人的服务活动来满足顾客的需要,从而实现经济效益和社会效益。其服务水平的高低影响着经济与社会效益的高低。

一、茶坊的发展历程

茶坊的经营管理是一项专业性比较强的工作, 除了具有一般性服务行业的共同之处,它还有自身独特的内涵。

茶坊的兴起,并非是偶然形成的,而是有其历史根源,那就是由茶馆文化延续下来,并加以发扬光大而成。现在就将茶坊的发展略述如下。

(一)由寺院茶堂到民间茶肆

饮茶成为风尚最初始于唐代的寺院。唐代佛教盛行,寺院专设有众僧讨论佛理,招待施主宾客的饮茶品茗场所,称之为"茶堂"。僧人每日都要坐禅,坐至焚完一炷香,就要击"茶鼓"召集饮茶。并设有"茶头",专门烧水煮茶,献茶待客。这大概就是最早的较大规模的集体饮茶形式。

寺院中以茶供养三宝(佛、法、僧),招待香客,逐渐形成了严格的茗饮礼仪和固定的茗饮程序。平素住持请全寺上下僧众吃茶,称作"普茶";在一年一度的"大请职"期间,新的执事僧确定之后,住持要设茶会。

茶在禅门中成为修行持戒、体悟佛理的媒介,并最终凝铸成了"茶禅一味"的禅林法语。

始建于唐朝的径山寺，自宋至元一直为江南禅林之冠。其“径山茶宴”极具盛名，在遇到朝廷钦赐袈裟、锡杖之类的庆典时，就会举行茶宴，请寺院高僧和文人墨客。宋代日本禅师来径山寺求学取经，径山茶宴的精神随之传入岛国，推动了日本茶道的发展。

饮茶之风使茶叶贸易频繁，朝廷于唐德宗建中元年（公元780年），向全国产茶之地征收茶税。专派太监、茶使在阳羡设立“贡茶院”，专门管理阳羡贡茶。诗人卢仝的《走笔谢孟谏议寄新茶诗》中有“天子须尝阳羡茶，百草不敢先开花”之句。至晚唐，开始在宫廷兴办清明茶宴。皇帝在收到贡茶后，先行祭祖，后赐给近臣宠侍，并摆“清明宴”以飨群臣。

寺院僧的饮茶习俗对民间饮茶产生了重大影响。据唐代封演的《封氏闻见记》记载，“开元中（公元713—741年），泰山灵岩寺有降魔师大兴禅教，学禅务于不寐，又不夕食，皆许其饮茶。人自怀挟，到处煮饮。从此转相仿效，遂成风俗。”至盛唐，“王公朝士，无不饮者。”（唐杨华《膳夫经手录》）同时，文人雅士喜好品茶鉴水，精研茶艺，文人间时兴茶会、茶诗，这影响到上层统治者，慢慢出现了官办的大型茶宴，饮茶遂成风俗，促成了我国最早的茶肆的产生。《封氏闻见记》中有明确的关于茶肆的记载：“开元中城市多开店铺，煎茶卖之，不问道俗，投钱取饮。”这些店铺已有一定规模，但尚未有茶馆之名。

（二）宋代茶馆——“茶博士”的出现

茶叶产量的剧增、质量的提高和在人们日常生活中的渐趋重要，带来了北宋茶肆业的兴盛。宋代都城茶肆茗坊遍及大街小巷，而且由都市普及到乡村。如《水浒传》第三十三回《宋江夜看小鳌山　花荣大闹清风寨》中写道：“那清风镇也有几座小勾栏并茶房酒肆。”茶坊之外，还有提壶往来叫卖的人。在杭州城内亦有一种流动的茶担、茶摊，称为“茶司”，服务对象为普通民众。

宋代茶坊大多实行雇工制，熟悉烹茶技艺的人，称为“茶博士”，是市民阶层中有特色的人群之一。宋代的茶肆十分重视摆设，尤其是南宋。《梦粱录》记载当时杭州茶肆是：“插四时花，挂名人画，装点门面。”大茶坊更是富丽堂皇，讲究文化装饰，营造品饮环境。苏东坡也有“尝茶看画亦不恶”的诗句。

为吸引不同层次的顾客，茶肆提供的服务亦日益多样化，各样娱乐活动中较为普遍的是弦歌，再者是安排说唱艺人说书，还有博弈下棋等活动。茶馆除供应茶水外，也开始供应茶点。到宋代，人们更为喜爱清茶。

宋代风俗,“客至则啜茶,去则啜汤。”一般茶坊中都会备有各种茶汤供应顾客。南宋临安的大茶坊“四时卖奇茶异汤”,有的茶肆在卖茶业之外还兼营其它生意,买卖衣服图画领袜之类,还有兼营旅馆或浴室的。此外,酒肆、面食店等也普遍兼营茶水。

宋时出入茶馆的人较唐时更为广泛,但在宋代士大夫看来,茶馆仍旧是鄙俗之地。士大夫饮茶与民间饮茶亦有区别,民间好调饮,所以茶馆中备有多样茶汤;士大夫则尚清饮。民间饮茶,添加佐料,味厚浓,重实用,可解渴疗饥;士大夫饮茶,重在品,在于玩味茗、水、器、境、人所构成的意境。

(三)明代的茶馆业

宋代没落,元明交替,战火中茶馆业转向衰落,直到明中叶以后,随着城市的繁荣,茶业才再度开始繁荣。而“茶馆”一词,直至明末,在张岱《陶庵梦忆》中有“崇祯癸酉,有好事者开茶馆”才出现。此后,茶馆即成为通称。茶馆是旧时曲艺活动场所。北方的大鼓和评书,南方的弹词和评话,同时在江北、江南益助茶烟、怡民悦众。茶摊则远比茶馆朴拙得多。明末,在北京出现了只有一桌几凳的简朴茶摊,于街头摆起粗瓷碗,广卖大碗茶,创造了以后的北京大碗茶。另外,明代出现了另一种茶馆。受时尚的影响,此类茶馆告别注重茶室的幽静、雅洁环境,如文震亨《长物志》云:“构一斗室,相傍山斋内设茶具,教一童,专主茶役,以供长日清谈,寒宵兀坐,幽人首务不可少废者。”这不是经营性的茶馆,而是文人雅士接待友人、宾客之用,主要是品茗清谈、修心养性,论茶者都讲究茶道,形成了文人雅士与风雅茶文化的结合。

(四)清代的茶馆业

茶馆的真正鼎盛时期是在清朝。“康乾盛世”,清代茶馆呈现出大的景观,数量多,种类、功能全。当时杭州城已有大小茶馆八百多家。乡镇茶馆中,太仓的璜泾镇,全镇居民只有数千家,而茶馆就有数百家。 以卖茶为主的茶馆(北京人称之为清茶馆),环境优美,布置雅致,茶、水优良,兼有字画、盆景点缀其间。文人雅士多来此静心品茗,倾心谈天,亦有洽谈生意的商人常来此地。此类茶馆常设于景色宜人之处,没有城市的喧闹嘈杂。荤铺式茶馆,既卖茶,也兼营点心、茶食,甚至有的茶馆还备有酒类以迎合顾客口味。这种茶馆兼带一点饭馆的功能,不过所卖食品不同于饭馆的菜,主要是各地富有特色的小吃。如杭州西湖茶室的桔饼、处片、黑枣、煮栗子;南京鸿福园、春和园的春卷、水晶糕、烧卖、糖油馒头等。清代盛行宫廷的茶饮,自有皇室的气派与茶规。除日常饮茶外,清代还曾举行过四次规模盛大的“千叟宴”。其中“不可一日无茶”的乾隆帝在位最后一年召集所有在世的老臣3 000多人列此盛会,赋诗三千余首。乾隆皇帝还于皇宫禁苑的圆明园内建了一所皇家茶馆——同乐园茶馆,与民同乐。清代戏曲繁盛,茶馆与戏园同为民众常去的地方,好事者将其合而为一。宋元之时已有戏曲艺人在酒楼、茶肆中做场,及至清代开始在茶馆内专设戏台。久而久之,茶园、戏园,二园合一,所以旧时戏园往往又称茶园。后世的“戏园”、“戏馆”之名即出自“茶园”、“茶馆”。

二、茶坊的类型

茶坊依据经营者不同的风格,以及茶坊在装潢布局,陈列摆设,及所在地区特性等的不同,可分为:

(一)庭院式茶坊

庭院式茶坊的布置以中国江南园林建筑为蓝本,有小桥流水、亭台楼阁、曲径花幽、拱门回廊,令人有一种“庭院深深深几许”的感觉。室内陈设多以民艺、木雕、文物、字画等为主,清静悠闲的气氛,有一种返璞归真、回归大自然的感觉,令人有种进入“庭有山林趣,胸无尘俗思”的境界,并可领略中国文人的心境及思维。

(二)厅堂式茶坊

厅堂式茶坊的布置以传统的家居厅堂为蓝本,摆设古色古香的家具,张挂名人字画、陈列古董、工艺品等,布置典雅清幽。所用的茶桌、茶椅、茶几等,古朴、讲究,或红木、或明式,也有采用八仙桌,太师椅等,反映中国文人家居的厅堂陈设,让人有种时光倒流的感受。

(三)乡土式茶坊

乡土式茶坊的布置强调乡土特色,追求乡土气息,以乡村田园风格为主轴,大都以农业社会时代的背景作为布置的基调,如竹木家具、马事、牛车、蓑衣、斗笠、石臼、花轿等,充分反映乡土的气味。有的直接利用废置的古屋、古厝加以整修成茶坊,有的特别设计成野趣十足的客栈门面,户外是花轿、牛车;屋内是古意盎然的古井、大灶,店里的工作人员穿凤仙装、店小二装来接待客人,更增添一番情趣。

(四)唐式茶坊

唐式茶艺馆的布置,也就是一般习惯说的“日本和式”茶艺馆,以拉门隔间,内置矮桌、坐垫,以木板、榻榻米为地,入内往往需脱鞋,席地而坐,以竹廉、屏风或矮墙等作象征性的间隔,顶上大都以圆形灯笼为照明器,有一种浓厚的东洋风味。

(五)综合式茶坊

综合式茶坊的布置是将古今设备结合,东西形式合璧,室内室外相衬的多种形式融为一炉的茶坊,以现代的科技设备创造传统的情境,以西方的实用主义结合东方的情调,这类茶坊颇受年轻朋友的欢迎。

三、茶坊经营管理的特点

要经营好一家茶坊,不是一件容易的事情。要根据茶坊的特点进行有针对性的管理。茶坊的特点主要有:

(一)文化特色的民族性

茶坊表现的是茶艺和茶文化,其服务的内容也代表了中华民族文化精神的内容,可以说,茶坊是民族文化的浓缩。随着社会的发展,茶馆越来越成为人们社交的重要场所,茶坊悬挂的字画,古朴典雅的家具,悠扬的民族音乐,具有民俗特色的挂饰、装饰,风格各异的民族服装,工艺品,再加上各种各样的名茶、引人入胜的茶艺表演,让人在领略茶文化风韵的同时,感受民族文化的丰富内涵。茶艺员也通过语言、形体动作、情感交流等向顾客展示茶文化,诠释中国优秀的民族文化。

(二)艺术的综合性

很多茶坊在装饰、陈列上,突出某一时代的特征,将该时代各种艺术综合地渗透和融合,充分地展示其艺术魅力。这里不仅有茶,还有琴、棋、书、画、诗、词、歌、赋,以及服装、工艺品、食品等,共同营造一个和谐的艺术氛围。在这样的环境中,就要求从业人员努力学习茶艺和茶文化知识,不断提高艺术修养,通过自己的不断努力来展示民族文化艺术的无穷魅力。

(三)顾客的多样性

从服务对象看,茶坊的顾客多种多样。有的人文化素质较高,追求高雅、宁静的环境和艺术享受;有的人是为了社交或商务需要;有的人附庸风雅,追求时髦。去茶馆的人,既有各界名人、海外侨胞、港台同胞,也有国际友人。由于各自的文化素质、兴趣爱好、风俗习惯、品茗动机不同,他们对茶坊服务的要求也就存在一定的区别。这就要求茶坊不断提高服务人员的服务技能和服务水平,以更好地满足各种层次顾客的需要。

(四)产品的独特性

茶坊的核心产品是服务。服务产品具有无形性、随机性、服务的提供与客人消费的同时进行、顾客的参与性等特点,使其与有形产品的消费表现出明显的不同。这不仅要求服务人员知识全面、技能娴熟,而且还要独具慧眼,善于观察和分析顾客,了解顾客的真实需求,及时调节现场气氛,表现出服务的灵活性、随机性和亲和性,使顾客与茶坊的气氛能融为一体,积极主动地参与到茶艺过程中,更好地理解和接受茶坊的服务。

(五)效益的社会性

当然,追求良好的经济效益,是茶坊生存和发展的必要条件。但是,由于茶艺行业的特殊性,在经营管理过程中,更要强调其社会效益。茶艺能净化心灵,美化人生,善化社会,能促进人与人之间的和谐,推动社会文明的进步。茶坊在经营过程中,要注意茶文化的宣传和普及。同时,良好的社会效益也能促进茶坊经济效益的提高。

(六)经营管理的复杂性

从以上分析可以看出,大多数茶坊尽管规模不大,但对其经营管理却提出了较高的要求。茶坊的经营管理涉及方方面面,内容繁杂,要想在激烈的市场竞争中发挥茶坊的功能,获得良好的经济效益和社会效益,就必须不断提高经营管理水平。

四、茶坊服务的基本要求

为了更好地体现茶叶的灵性,展示茶艺之美,演绎茶文化的丰富内涵,在进行茶艺服务时就要体现出“礼、雅、柔、美、静”的基本要求。

（一）礼

在服务过程中，要注意礼貌、礼仪、礼节，以礼待人，以礼待茶，以礼待器，以礼待己。

（二）雅

茶乃大雅之物，尤其在茶艺馆这样的氛围中，服务人员的语言、动作、表情、姿势、手势等要符合雅的要求，努力做到言谈文雅，举止优雅，尽可能地与茶叶、茶艺、茶坊的环境相协调，给顾客一种高雅的享受。

（三）柔

茶艺员在服务时，动作要柔和，讲话时语调要轻柔、温柔、温和，展现出一种柔和之美。

（四）美

主要体现在茶美、器美、境美、人美等方面。茶美，要求茶叶的品质要好，货真价实，并且要通过高超的茶艺把茶叶的各种美感表现出来。器美，要求茶具的选择要与冲泡的茶叶、客人的心理、品茗环境相适应。境美，要求茶室的布置、装饰要协调、清新、干净、整洁，台面、茶具应干净、整洁且无破损等。茶、器、境的美，还要通过人美来带动和升华。人美体现在服装、言谈举止、礼仪礼节、品行、职业道德、服务技能和技巧等方面。

（五）静

主要体现在境静、器静、心静等方面。茶艺馆最忌喧闹、喧哗、嘈杂之声，音乐要柔和，交谈声音不能太大。茶艺员在使用茶具时，动作要娴熟、自如、柔和、轻拿轻放，尽可能不使其发出声音，做到动中有静，静中有动，高低起伏，错落有致。心静，就是要求心态平和，心平气和。茶艺员的心态在泡茶时能够表现出来，并传递给顾客，表现不好，就会影响服务质量，引起客人的不满。因此，管理人员要注意观察茶艺员的情绪，及时调整他们的心态，对情绪确实不好且短时间内难以调整的，最好不要让其为顾客服务，以免影响茶艺馆的形象和声誉。

五、茶艺表演

在客人饮茶前先进行优雅的茶艺表演可以起到让客人了解、学习茶艺的作用,并引起客人饮茶的兴趣和情趣。因此,服务员必须娴熟地掌握茶艺表演的技巧和过程。

(一)茶艺表演的由来

茶艺表演是茶艺员展示宣传传统茶艺技巧、方法和品饮艺术的一种方式,也是观者了解、学习茶艺的一种直接途径。中国最早的茶道萌芽是从晋代开始至茶道大行的唐代,尚无茶艺表演的专职,但唐代因陆羽善于烹茗被太守请去试茗,与现在的茶艺表演却有相似之处。宋代,人们兴起斗茶,卖茶水的人也相互间试论高低,乃至运匕成象,被时人称为"茶百戏",既能称"戏"自然是一种表演内容了。

现在茶艺表演与宋代的"茶百戏"无论形式、内容均有所不同,现代茶艺表演的兴起也是近十几年内的事情,兴起的客观原因大致可分为以下三点:

其一是日本茶道作为东亚文化圈中的一种独特文化现象,闪烁在世界文化圈中,世界各国对茶道一词,联想到的是日本茶道及其文化内涵。虽然日本茶道源于中国,并融洽了岛国文化的特征,但它作为独特的文化内容一直被世界各国所关注。学习茶道以培养人们的道德情操,提高人们的文化修养,融合人际关系,已成为人们的共识。国际茶文化的交流,促进了这一过程。

其二是中国改革的进程,增强了综合国力以及提高人们的物质生活水平。在国运兴盛的年代,人们丰衣足食,在满足了物质生活的情况下,需要不断提高精神文化生活的需求。

其三是台风东来、南风北渐的茶艺馆现象。从20世纪70年代开始,台湾茶艺馆的兴起到粤式早茶、杭州、福州的茶人之家及茶艺馆在90年代的燎原之势,遍及大中城市。格调独特、氛围宜人,使人们对茶艺的追求面迅速扩大,茶艺爱好者及受茶艺熏陶者日益众多。

在上述因素的综合推动下,促使人们想更多地了解茶艺、茶道,观看的过程也是学习茶艺的过程,从而促进了茶艺表演的产生与发展。

(二)茶艺表演的分类

纵观各种茶艺表演,大体可分为三类:

1. 民俗茶艺表演

民俗茶艺表演取材于特定的民风、民俗、饮茶习惯，以反映民俗文化等方面为主，经过艺术的提炼与加工，以茶为主体。如“西湖茶礼”、“台湾乌龙茶茶艺表演”、“赣南擂茶”、“白族三道茶”、“青豆茶”等。

2. 仿古茶艺表演

仿古茶艺表演取材于历史资料，经过艺术的提炼与加工，大致反映历史原貌为主体，如“公刘子朱权茶道表演”、“唐代宫廷茶礼”、“韩国仿古茶艺表演”等。

3. 其他茶艺表演

其他茶艺表演常取材于特定的文化内容，经过艺术的提炼与加工，以反映该特定文化内涵为主体，以茶为载体，如“禅茶表演”、“火塘茶情”、“新娘茶”等。

(三)茶艺表演的客观条件

茶艺表演的基本条件有许多，如服装、场地、音响、茶器具、茶、辅助器物、水等。

1. 茶艺表演的服装

茶艺表演服装的式样、款式多种多样，但应与所表演的主题相符合，服装应得体、衣着端庄、大方，符合审美要求。如：“唐代宫廷茶礼表演”，表演者的服饰应该是唐代宫庭服饰；“白族三道茶表演”应穿白族的民族特色服装；“禅茶”表演则以禅衣为宜等。

2. 茶艺表演的环境

茶艺表演的环境选择与布置是重要的环节。表演环境应无嘈杂之声，干净、清洁，窗明几净，室外也须洁净，环境宜茶，或气爽神清之佳境，或松石泉下。还须预备观看者的场所以及坐椅，奉茶处所等。如日本茶道在茶会前要洒扫庭院，室内悬挂简单又令人沉思良久的字画，摆上插花以及布置小型花芸等，以利茶艺表演的进行，使各位进入茶艺表演的艺术创造之中。

3. 茶艺表演的音乐

茶艺表演时，所配音乐与茶艺表演的主题应该相符合，正如服装与茶艺表演主题相符合是一样的，均有助于人们对表演效果的肯定与认同，如“西湖茶礼”用江南丝竹的音乐；“禅茶”用佛教音乐；“公刘子朱权茶道”用古筝音乐等。

(四)茶艺表演中的礼仪

中国是文明古国、礼仪之邦，素有客来敬茶的习俗。茶是礼仪的使者，可融洽人际关系。在种种茶艺表演里,均有礼仪的规范。如“唐代宫庭茶礼”就有唐代宫庭的礼仪;“禅茶”中有敬茶(奉茶)之后,僧侣向客人的礼仪;日本茶道中有主人对客人的礼仪,客人对客人的礼仪,人对器物的礼仪;在“台湾乌龙茶茶艺表演”中,有表演者对客人光临的礼仪,感谢观看的礼仪,助泡敬茶后向客人鞠躬致意的礼仪等等。

在行礼时,行礼者应该怀着对对方的真诚敬意进行行礼,行礼应保持适度、廉合,是从内心深处发出的敬意。体现到礼仪中,主要包括眼睛的视角,动作的柔和、连贯、摆动的幅度等。

(五)茶艺员礼仪之美

1. 茶艺员的人格魅力

一位推销大师说得好:推销自己比推销商品更重要。作为茶艺员,老板并不在乎你今天让客人消费了多少,他更在乎的是客人能否回头再来。一些有远见的茶馆老板,非常留意有多少高层次、高品位的客人是因你而来。因为作为茶人,茶馆老板是儒商,高朋满座是他的追求。茶艺员吸引贵客靠的是自己的人格魅力,那么,怎样做足自己,实现个性化服务呢?

(1)微笑。茶艺员的脸上永远只能有一种表情,那就是微笑。有魅力的微笑,发自内心的得体的微笑,这对体现茶艺员的身价十分重要。茶艺员每天可以对着镜子练微笑,但真诚的微笑发自内心,只有把客人当成了心中的“上帝”,微笑才会光彩照人。

(2)语言。茶艺员用语应该是轻声细语。但对不同的客人,茶艺员应主动调整语言表达的速度,对善于言谈的客人,你可以加快语速,或随声附和,或点头示意;对不喜欢言语的客人,你可以放慢语速,增加一些微笑和身体语言,如手势、点头。总之,与客人步调一致,你才会受到欢迎。

(3)交流。茶艺员讲茶艺不要讲得太满,从头到尾都是自己在说,这会使气氛紧张。应该给客人留出空间,引导客人参与进来,除了让客人品茶外,还要让客人开口说话。引出客人话题的方法很多,如赞美客人,评价客人的服饰、气色、优点等,这样可以迅速缩短你和客人之间的距离。

(4)功夫。这是茶艺员的专业。知茶懂茶,知识面广,表演得体等,这是优秀茶艺员的先决条件。

2. 茶艺员的慧眼

茶艺员应该有一双洞察力极强的慧眼。客人进入茶室后,从第一眼看到客人开始,60 秒内,优秀的茶艺员应该能判断出客人的性格类型、大概的社会地位、来茶馆的目的等。这很重要,它决定了服务的方式和服务质量。内向型和外向型的客人不一样,来休闲的和来谈商务的客人不一样;高层次的和一般的客人不一样。为此,茶艺员应多学一些交际方面的知识。

3. 全程服务

茶馆应提倡全程服务,即从客人走进茶馆直到离开茶馆,茶艺员应跟踪服务。从迎宾、入室、落座、点茶、茶艺表演、闲聊、送客,茶艺员都应伴随客人左右,除非客人有自己的事(如谈商务、自娱等)。

需要特别强调的一点是:送客。送客是茶馆服务的最后一个环节,这个环节是否能善始善终地做足满分,是全程化服务的很重要一步。目前,许多茶馆的做法是,茶艺员送客仅打个招呼就走人,送客出门的差事完全交给了迎宾,这是不恰当的。送客是茶艺员留给客人“最后的恋情”。之所以这么说,因为这是茶艺员赢得回头客的最后一个绝活。

怎样做好这一环节,建议应从以下几点着手:

(1)话不要太多,如果客人不是有意提问,三句就足够了:

“今天您玩得满意吧?”

“希望您对我们的服务提出宝贵的意见。”

“欢迎您下次再来。”

(2)微笑直到客人离去为止。茶艺员的微笑永远要真诚,发自内心。优秀的茶艺员在送客时微笑得更为生动,微笑中包含着一种与客人依依不舍的“恋情”,要让客人隐隐约约有这神会,那简直是服务到家了。

(3)引领客人到大门口,茶艺员应该把客人送出茶馆,并躬身相送。在引路中可以提醒客人注意安全,或有意识提醒客人关注茶馆的环境、饰物等,以便让客人留下更深的印象。

(六)茶艺表演中的位置、顺序、动作

茶艺表演中的位置、顺序、动作,包括主泡、助泡的位置,出场进场的顺序,行走的路线、行走的动作,敬茶、奉茶的顺序、动作,客人的位置、器物进出的顺序,摆放的位置,器物移动的顺序及路线等。人们往往注意移动的目的地,而忽视了移动的过程,而这一过程正是茶艺表演与一般品茶的明显区别之一。

这些位置、顺序、动作所遵循的原则是合理性、科学性,符合美学原理及遵循

茶道精神“和、敬、清、寂”、“廉、美、和、敬”，符合中国传统文化的要求。

（七）茶艺表演的“精、清、净、美”

精（精品、精通、熟练）：包括茶须名茶、特色茶，茶叶干燥、质量上乘。水须好水，茶具质量上乘与茶相配。精，上乘也，沏泡出一杯上等茶汤，令人拍案叫绝。精包括精通、熟练茶艺表演，精通选茶、置具、选水、贮茶，熟练沏泡程序。

清（纯洁、纯和、无邪、清醒、去杂念）：清包括人、水、环境之清爽，茶可使人清醒头脑，称之谓提神醒脑，在茶艺表演的环境中，很难“清”，但应追求“清”，不但茶艺表演者要“清”，通过茶艺表演要让观众有所“清”，清醒的头脑，有助于人的思维，感受相聚一起享受品茗的不容易。“日本茶道”中的洗手、擦尘，“台湾乌龙茶”茶艺中的点香，“禅茶”中的燃香，各种素色朴实的茶器，饮茶的活动均在不知不觉中，拂去人们心灵上的尘埃，心清自然明。

净（洁净、净化）：包括人、衣着、环境、茶、茶器、水等，人的洁净，如手的洁净，头发的梳理，衣服的清洁整齐，具体点如手指不应戴戒指，口红、脂粉尽量不要让观众感觉到，手指甲不能搽色彩等。桌椅、板凳无尘埃，场所无杂物、脏物。茶具应洗涤干净，水应干净符合饮用要求，茶叶应干净，无杂物。此外是人思想上、心灵上的净化，无杂念、邪念。

美（美好）：美应符合茶道的美，符合观赏美学的要求，符合中国传统文化的审美情趣。要求表演者服装合身，衣着得体、大方，环境优美、清爽，如茶艺表演中的礼仪是否美？茶艺表演中的位置、顺序、动作是否美？茶器具是否配套，环境布置选择是否美等等。

（八）沏泡一壶好茶

茶艺表演是在茶艺的基础上产生的。运用选茶、辨水、选具、涤器、投茶等方法、技巧，沏泡出一壶好茶汤，是整个茶艺表演的基础，学习沏泡技艺是茶艺表演的基本功。茶艺员应经常接触茶、品尝茶，通过实践，对茶叶质量的好坏、水的选用，用水量、水温、投茶量、浸泡时间、冲泡方法等经常练习，会喝好茶，鉴别得出茶汤质量的好坏，学会品茶艺术，则成为茶艺员、品茶师、出色的茶艺表演员是可以期望的。

六、茶具介绍

我国的茶具，种类繁多，造型优美，既有实用价值，又富艺术之美，所以驰名中外，为历代饮茶爱好者所青睐。在中国饮茶的发展史上，无论是饮茶习俗还是茶类加工，都经历了许多变化。作为饮茶用的专用工具，必须也有一个发展和变化的过程。主要的茶具种类如下：

（一）陶土茶具

陶器中的佼佼者首推宜兴紫砂茶具。早在北宋初期就已崛起，成为别树一帜的优秀茶具，明代大为流行。

紫砂壶和一般的陶器不同，其里外都不敷釉，采用当地的紫泥、红泥、团山泥砖制焙烧而成。由于成陶火高，烧结密致，胎质细腻，既不渗漏，又有肉眼看不见的气孔，经久使用，还能汲附茶汗，蕴蓄茶叶；且传热不快，不致烫手；若热天盛茶，不易酸溲；即使冷热剧变，也不会破裂；如有必要，甚至还可直接放在炉灶上煨炖。

紫砂壶具还具有造型简练大方、色调淳朴古雅的特点，外形有似竹结、莲藕、松段和仿商周古铜器形状的。

《桃溪客语》说“阳羡（即宜兴）瓷壶自明季始盛，上者与金玉等价。”可见其名贵。明文震享《长物志》记载：“壶以砂者为上，盖既不夺香，又无熟汤气。”

（二）瓷器茶具

我国茶具最早以陶器为主。瓷器发明之后，陶质茶具就逐渐为瓷器茶具所代替。瓷器茶具又可分为白瓷茶具、青瓷茶具和黑瓷茶具等。

白瓷茶具以景德镇的瓷器最为著名，其他如湖南醴陵、河北唐山、安徽祁门的茶具也各具特色。景德镇原名昌南镇，北宋景德三年（1004 年）真宗赵恒下令在浮梁县昌南镇建办御窑，并把昌南镇改名为景德镇。到元代，景德镇的青茶瓷闻名于世，并远销国外。

青瓷茶具晋代开始发展，那时青瓷的主要产地在浙江，最流行的一种叫“鸡头流子”的有嘴茶壶。宋朝时五大名窑之一的浙江龙泉哥窑达到了鼎盛时期，生产各类青瓷器，包括茶壶、茶碗、茶盏、茶杯、茶盘等，瓯江两岸盛况空前，群窑林立，烟火相望，运输船舶往返如梭，一派繁荣的景象。

黑瓷茶具的驰名是因为宋代福建斗茶之风盛行，斗茶者根据经验认为建安所产的黑瓷茶盏用来斗茶最为适宜。宋蔡襄《茶录》说：“茶色白，宜黑盏，建安所造者绀黑，纹如兔毫，其坯微厚，之久热难冷，最为要用。其他处者，或薄或色紫，皆不及也。其青白盏,斗试家自不用。”这种黑瓷兔毫茶盏,风格独特,古朴雅致,而且瓷质厚重,保温性能较好,故为斗茶行家所珍爱。

(三)漆器茶具

漆器茶具始于清代，主要产于福建福州一带。福州生产的漆器茶具多姿多彩,有“宝砂闪光”、“金丝玛瑙”、“釉变金丝”、“仿古瓷”、“雕填”、“高雕”和“嵌白银”等品种,特别是创造了红如宝石的“赤金砂”和“暗花”等新工艺以后,更加鲜丽夺目,逗人喜爱。

(四)玻璃茶具

在现代,玻璃器皿有较大的发展。玻璃质地透明,光泽夺目,外形可塑性大,形态各异,用途广泛。

玻璃杯泡茶,茶汤的鲜艳色泽,茶叶的细嫩柔软,茶叶在整个冲泡过程中的上下穿动,叶片的逐渐舒展等,可以一览无余,可以说是一种动态的艺术欣赏。特别是冲泡各类名茶,茶具晶莹剔透,杯中轻雾缥缈,澄清碧绿,芽叶朵朵,亭亭玉立,观之赏心悦目,别有风趣。

而且玻璃杯价廉物美,深受广大消费者的欢迎。玻璃器皿的缺点是易破碎,比陶瓷烫手。

(五)金属茶具

用金、银、铜、锡等金属制作的茶具,尤其是锡作为贮茶器具材料有较大的优越性。锡罐多制成小口长颈,盖为筒状,比较密封,因此对防潮、防氧化、防光、防异味都有较好的效果。

唐代时皇宫饮用顾渚茶、金沙泉,便以银瓶盛水,直送长安,主要因其不易破碎,但造价较昂贵,一般老百姓无法使用。

(六)竹木茶具

在历史上,广大农村,包括产茶区,很多使用竹或木碗泡茶,它价廉物美,经济实惠,但现代已很少采用。至于用木罐、竹罐装茶,则仍然随处可见,特别是作为艺术品的黄阳木罐和二簧竹片茶罐,既是一种馈赠亲友的珍品,也有一定的实用价值。

中国历史上还有用玉石、水晶、玛瑙等材料制作的茶具,但总的来说,在茶具史上仅居很次要的地位。因为这些器具制作困难,价格高昂,并无多大实用价值,主要作为摆设,用来显示主人富有而已。

第四节 酒类用具

酒的种类很多,而不同的酒水需要使用不同的酒具。作为餐厅人员必须了解相关的酒具知识。

一、一般常用的酒具

现代酒具有陶瓷酒具、玻璃酒具、塑料酒具、金属酒具四种。

(一)陶瓷酒具

陶瓷酒具主要有酒缸、酒坛、酒壶、酒盅。酒缸容量较大,用于储酒;酒坛容量较小,用于存放小量名贵酒类;酒壶用于斟酒;酒盅用于饮酒。使用陶瓷酒具时,一是要经常清洗、擦抹和消毒;二是防止磕碰。

(二)玻璃酒具

玻璃酒具主要有高脚酒杯、筒形酒杯、啤酒杯、带柄酒杯等类型。高脚酒杯大口、高型,容量有 25、30、50、75、100 毫升等规格,主要用于家宴和筵席;筒形酒杯规格有大有小,其形状可分为方底、圆底、五星底等几种,一般用于自斟自饮;啤酒杯,容量较大;带柄玻璃酒杯,主要用于饮用啤酒和黄酒等低度酒。使用玻璃酒具时要特别注意轻拿轻放,防止碰撞,并要及时清洗和消毒。

(三)塑料酒具

塑料酒具常见的有塑料酒盅、酒杯、显影杯等。这类酒杯的优点是不怕碰撞,不容易损耗,但怕火烤和热水烫,容易老化和变形。使用这类酒杯切忌用热水冲洗、煮烫,以防变形裂损。

(四)金属酒具

金属酒具主要有啤酒筒、酒提、铜酒壶等多种。使用时要经常擦洗,注意避免碰撞、生锈。

二、酒杯的保养和清洗

在客人饮酒前和饮酒后，都要保持酒杯的清洁和明亮，做到无污迹、无破损。

（一）清　洗

在家里保养好那些娇贵的水晶杯和养护你的名车一样重要，自然要非常用心。如果是普通的玻璃酒杯，当然会变得简单一些，这也和养车的道理一样。水晶杯非常容易碎，面对价格不菲的一只杯子，谁又希望看到它易碎的心呢？最好的办法当然是用你温柔的手和温暖的水去清洗它，切忌不要拿着高脚部分、另一只手去旋转着清洗杯壁，高脚和杯子体连接的部位是最容易碎的地方，正确的做法是手拿着杯壁一边旋转一边清洗。

（二）洗涤剂

如果需要用洗涤剂的话建议用小苏打替代，但是一定要冲洗干净，小苏打虽然可以帮助洗干净杯子上留下的滑腻朦胧的酒迹，有时候也会留下一点异味，客人可不希望下一次喝酒的时候，喝出小苏打的味道。

（三）擦　拭

洗好的杯子，可以用纯棉不掉毛的口布一边旋转一边擦拭，不宜直接晾干，除非你是拿纯净水清洗杯子，否则会留下难看的水渍。

复习思考题

1. 试介绍酒吧的分类。
2. 概述咖啡厅服务的注意事项。
3. 茶坊服务的基本要求是什么？
4. 现代酒具一般包括哪几种？

主要参考文献

戴桂宝. 现代餐饮管理[M]. 北京：北京大学出版社，2006.
姜红. 餐饮服务与管理[M]. 大连：大连理工大学出版社，2006.
万坤. 餐饮管理[M]. 北京：高等教育出版社，2005.

第八章 餐饮管理概述

餐饮管理是指餐厅为了自身的经营目标和任务，对餐厅内与经营管理相关的产品、人员、设备、成本核算及安全等进行管理的过程。餐饮管理的好坏直接影响到餐厅的生存、影响到餐厅的竞争力。因此，依据餐厅自身的条件，结合市场发展的需要，将餐厅能力发挥到最大化是餐饮部的的主要工作。

本章的学习目的在于使学习者掌握餐饮管理的目标与任务，理解并能够运用餐饮管理体系中的各个环节及其要点。

第一节 餐饮管理的目标与任务

餐厅需要依据自身的能力和条件，确定自己的经营目标和任务。没有目标的餐厅实际上是将自己的目标指定在了眼前，“做一天和尚，撞一天钟”，今天之后明天就可能关门。没有了目标，也就没有了努力的内容即没有任务。这样的餐厅必定不会长久的存在下去。所以，餐厅的目标与任务是相互联系，并对餐厅的发展起着决定性的作用的。

一、餐饮管理的目标

餐饮管理的目标是以生存为基本出发点，以扩大收益为目的，以提高餐厅竞争能力为使命的。餐饮管理的目标应可操作、可测量、可发展，主要有以下几点作为其基本目标。

（一）资源管理

餐饮管理的目标应有利于餐厅充分、有效地分配资源，使各项经营活动都围绕餐厅经营目标来进行。

(二)质量管理

餐饮管理的目标应有益于不断提高产品质量、服务质量和品牌知名度为前提。

(三)环境管理

餐饮管理的目标应以不断改善经营环境、适应市场的变化、增强餐厅的竞争活力为主。

二、餐饮管理的任务

餐饮管理的主要任务有:

(一)产品管理

产品管理体现在二个方面:一是不断提高餐饮产品的制作质量,二是不断调整经营的品种,也就是对菜单的设计与制作。

(二)原材料管理

原材料管理就是对餐饮加工所用的原材料进行采购、验收、储藏与发放管理,是提高餐饮企业经营效益的有效途径。

(三)厨房管理

厨房管理是对厨房的人员组织、管理制度、产品生产以及厨房设备所进行的管理。

(四)餐厅服务管理

餐厅服务也是产品,它与餐饮产品不同的是它的无形性。餐厅不仅为顾客提供可点的菜肴、食品和酒水,更重要的是为消费者提供服务。餐厅服务管理主要包括餐厅的待客管理、服务卫生管理、服务安全管理等三方面的内容。

(五)成本核算与控制

餐饮成本核算与控制是衡量餐厅经营效果的重要手段,是餐厅不可缺少的。

它包括餐品制作成本、人员成本和经营管理成本等。

（六）设备物品管理

设备物品管理是为了保证餐厅的正常营运，对所需要的设备及物品的管理。

（七）餐厅安全管理

餐厅它不仅要保证就餐客人的安全，同时也要考虑餐厅生产和服务人员的人身健康和安全。因此，餐厅从厨房生产到餐厅每个环节都必须意识到安全的重要性，没有安全餐厅也不可能在社会中生存。餐厅安全管理主要包括：餐厅的卫生安全、餐厅的生产安全、餐厅的治安安全等。

第二节 餐饮管理体系介绍

餐饮管理涉及到很多方面的内容，每个内容都自成体系。现将各个体系介绍如下。

一、菜单设计与制作

菜单是餐厅所生产产品的清单，也是为就餐客人提供菜肴品种及服务的一览表，是餐饮的关键和灵魂，餐厅的管理和所有经营都是围绕菜单来进行的。因此，菜单的设计与策划对餐厅的发展具有十分重要的作用。

菜单如同生产企业的产品组合，是依据企业的资源情况和销售目标来确定的。所以，菜单的设计与策划一般应当在开店之前完成，并在经营过程之中，不断改进不断完善，最终形成本餐厅的特色。

二、原料管理

原料管理是餐厅日常管理的重要内容之一。无论一个餐厅规模的大小如何，采用何种菜单形式，聘用什么样的员工，如果缺少合乎标准的原料，则不可能生产出高质量的餐饮产品。因此，加强原材料的采购、验收、储藏与发放管理是提高餐厅经营效益不可忽视的工作。原材料的管理一般包括：原料的采购管理、原料的库存管理两个方面。

(一)原料的采购管理

由于餐厅经营的特点,即常年性和原材料消耗每日性特点,所以决定了餐饮采购的特点。原材料采购要以合理的价格,在适当的时间,从可靠的渠道,按规定的标准和预定数量进行采购。加强餐饮部的采购管理不仅可以保证餐厅经营的顺利进行,同时还可以降低生产成本。餐厅的采购要有计划、有原则、有采购流程,同时选派具有相当专业知识的采购人员执行具体的采购工作。

在小型餐厅中,原材料的采购一般由经理本人或厨师长直接负责,从做出采购决策到实际订货购买全由一人经办。但在大中型餐厅中,因采购量较大、品种复杂,也为了防止采购过程中产生不必要的损失,采购任务常常由某个部门或几个人共同执行,具体采购工作要视餐厅规模、类型的不同而定。

餐饮原材料的采购控制,不应忽视验收这一环节。如果原料的质量不符合餐厅的要求,将会降低餐饮产品的质量,降低采购规格标准;如果原料的进货价格不合理或与报价相差很大,原材料产品的数量短缺,就会无形中提高餐厅的生产成本,使得采购控制成为空谈。因此,验收控制的主要目的是检查送货的数量是否符合订购的数量,原料的质量是否符合规格标准,价格是否符合原先的报价。

(二)原材料的库存管理

餐饮原材料的库存管理是一项十分艰巨的任务,目前多数餐厅都存在库存管理比较混乱的现象,以至造成较大的库存损失(包括自然损耗和遗失)。除此,库存管理中还需要掌握合理的库存量,以减少企业资金的占用。

餐饮原材料贮存性质不同,对贮存条件的要求也不同(参见采购原材料分类)。同时,因餐饮原料使用的频率、数量不同,对其存放的要求也不同。为此,餐厅应将原料进行分门别类地贮存。商品贮存库一般可分为以下几类,如图 8-1。

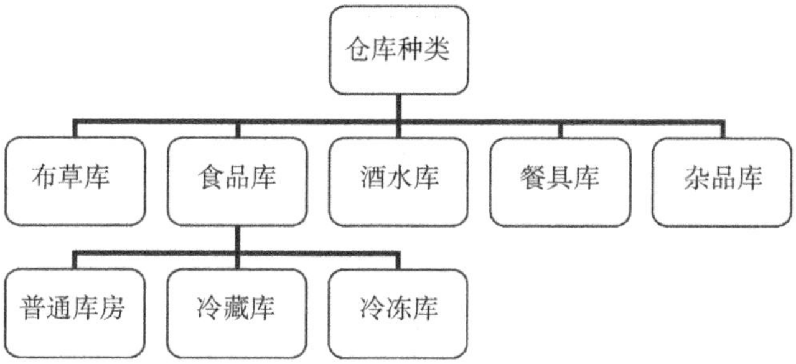

图 8-1　储藏库分类图

餐厅进行原材料管理时，往往是根据各部门的职能不同设立不同类型的仓库。各仓库的性质一般是固定的,货品管理之间存在交叉。

大型餐饮部都设有中心库房,存放的商品也比较繁多,原材料采购之后可直接入库。中心库房主要是贮存保存期较长、体积较大的商品原材料,以普通库房为主;同时又在库内加设冷冻货柜便于集中和专业化的保管。中心库房一般设有专用通道或场地,供进货车辆停放卸货。

三、厨房管理

厨房管理是餐饮管理的重要内容之一,也是整个餐饮管理中技术内容较多的部分。主要包括厨房行政管理、厨房生产管理、厨房设备管理等三大内容。由于餐饮产品生产的特点,使得厨房管理的好坏不仅直接影响到餐厅顾客的满意度,也会影响到整体经营效果和业绩,也是餐饮成本上升的主要原因之一。

(一)厨房行政管理

厨房行政管理主要是厨房部门的组织管理,包括厨房的组织结构、厨房的组织制度等。不同规模的餐饮企业其厨房组织结构和管理不同。

1. 组织结构

厨房的行政管理主要依赖于厨房的组织结构，不同的餐厅规模其组织结构差异很大,大致上可以划分为三大类。一类是小型餐厅;一类是中型餐厅;一类是大型餐厅。他们的组织结构图如图 8-2、8-3、8-4 所示。

(1)小型餐厅厨房组织结构。

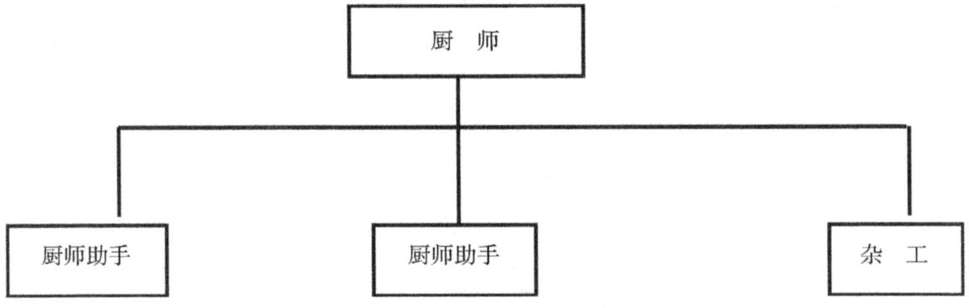

图 8-2 小型餐厅厨房组织结构

(2)中型餐厅厨房组织结构。

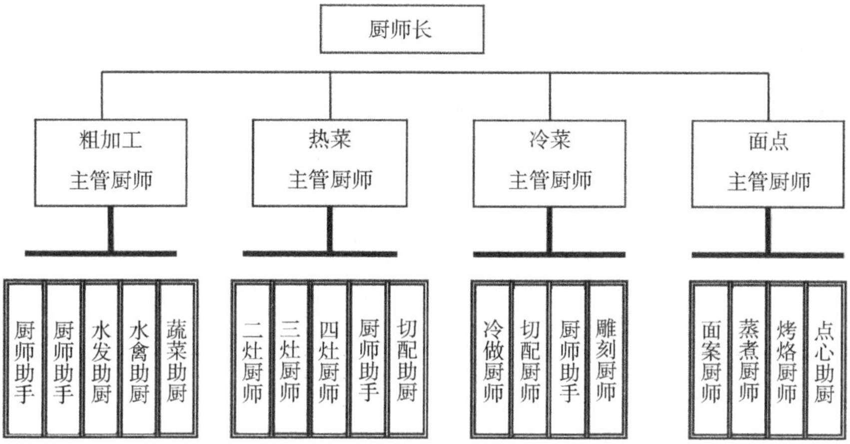

图 8-3　中型餐厅厨房组织结构

(3)大型餐厅厨房组织结构。

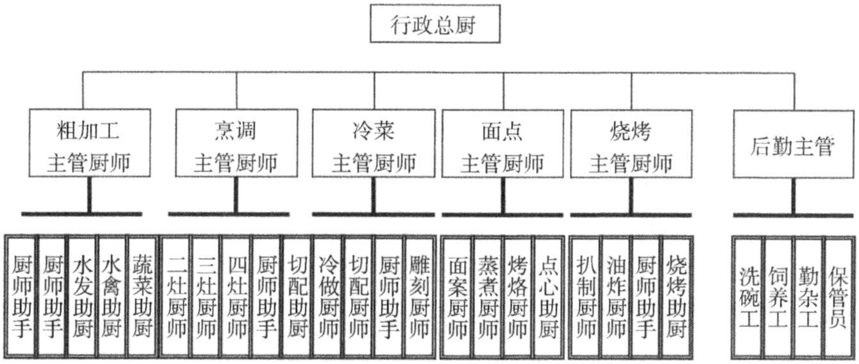

图 8-4　大型餐厅厨房组织结构

2. 厨房的组织制度

厨房的组织制度是指建立在组织结构上的一种工作管理制度，使厨房内的各种生产工作具体到人,并使厨房的管理工作有章可循,保证厨房工作有序的进行。主要包括:厨房工作制度、厨房生产制度、厨房卫生制度和厨房安全制度等。

(1)厨房工作制度:厨房工作制度是指在厨房工作的人员必须遵守和执行的基本规则,包括工作时间、工作纪律、工作着装、工作签到和员工用餐等。

(2)厨房生产制度:厨房生产制度是指厨房工作人员工作时的规则流程、各岗位职责和要求等。在厨房中工作岗位主要包括:行政总厨、总厨助理、大厨、主厨、厨师、后镬岗、砧板岗、上什岗、打荷岗、水台岗、熟食岗、烧卤岗、面点岗、管事部主管、管事部保管员、洗碗岗等。

行政总厨:行政总厨全面负责厨房的餐饮生产与管理工作。包括设计餐厅的菜单、制定采购计划、核定餐饮成本,并根据厨房工作流程、岗位要求和厨师的技术专长,合理的安排岗位工作人员;需要掌握餐厅客人的需求、了解原材料货源供应情况; 组织好厨房的生产过程和做好厨师及厨房工作人员的培训工作。对于大型餐饮企业,由于有不同的餐厅和厨房,各厨房的餐饮生产流程和特点不同,可分设不同的厨房。各厨房由厨师长担当负责,总厨需组织、监督各厨房的工作。

总厨助理: 总厨助理主要是协助行政总厨开展工作, 并负责厨房日常管理、日常报表、协调劳务、代总厨检查各厨房的生产环节和各类信息的收集与反馈等。

大厨(或厨师长):大厨或称厨师长,是各个厨房的主要负责人。在行政总厨的领导下,安排和组织好本厨房的菜肴生产及各种工作。大厨是一线工作的管理人员,必须负责厨房菜品的生产加工、采购计划、原料耗损及成品菜肴的质量,以保证餐厅的正常供应。

主厨及厨师(镬头岗):主厨及厨师是厨房生产一线的技术工人,在大厨(或厨师长) 的领导下按餐厅菜单要求进行菜品的加工制作。主厨是厨房里的班组长,一般应由技术能力突出的厨师担任,协助大厨完成各种生产工作;厨师(镬头岗)则是厨房的主要生产人员,依据厨师长和主厨的安排进行菜品的加工。在厨房一般会按照炉灶的次序分为头镬(头灶)、二镬(二灶)、三镬(三灶)等。头镬技术最好,完成一些技术难度高和特色菜品,有的厨房也会依据每位厨师的技术特长安排指定菜类或菜品的生产如海鲜类、烧菜类、炒菜类等。

其他岗位职责分述如下:

砧板岗:砧板岗依据菜单要求负责各种烹调原材料的生品加工、切配等,以保证镬头(灶头)厨师进行烹饪加工时的原材料使用。刀工和配料是砧板厨师的主要工作,也是基础工作。

上什岗:上什岗一般由小厨师担任,主要负责各种汤类制作如煲、烫、炖等,同时根据厨师长的要求对干品原材料、特别是高档干货(海产品类干品)进行发制,如鱼翅、鲍鱼、各类海参、干贝和燕窝等的处理。

打荷岗:打荷岗是中餐厨房特有的岗位,主要负责镬头岗制作各类煎、炸类菜肴前的备料,如上粉、卷、包、贴穿等。

水台岗:水台岗是厨房原材料的初加工岗位,主要负责各种生鲜、鲜活原材料的初加工。水台岗的工作人员应当了解厨师的烹调工艺和流程,以及菜品对原材料的要求。同时必须懂得对鲜活品的饲养、保管、宰杀等,如活的禽类、水产活品、生猛原材料等;能够识别各类生鲜原材料的品质,如各部位的特点、老嫩、肥瘦、软硬,各部位的烹调用途与加工要求等,为厨师生产加工菜肴作原材料上的保证,水台岗也要向厨师提供原材料使用的合理化建议,以便降低生产成本。

熟食岗:熟食岗负责制作各种冷荤(即各种肉类熟食品)、冷素(即各类凉拌蔬菜)及各类雕刻造型的制作等。

烧卤岗:烧卤岗负责各种卤菜及烧烤品的制作,如烤鸭、烧鹅、烤卤猪、卤猪头等。

面点岗:主要负责餐厅的各类面食、点心的制作。

管事部主管:根据厨房负责人的要求,管理厨房的各种勤杂事宜。包括勤杂工的安排与调度,餐具的洗涤、厨房的卫生和各类用具的保管等。

管事部保管员:在管事部主管的领导下,管理厨房的各类设备、用具、用品。负责日常报表登记、清点等工作。

洗碗岗:主要保证餐厅餐具、厨房用具卫生清洁工作。

(3)厨房卫生制度:厨房卫生制度是指对餐饮生产部门的卫生管理制度。餐饮的产品生产有着其特殊性,其一餐饮产品是根据消费者的要求临时加工,所以餐饮加工的卫生程度是保证就餐消费者人身健康和安全的大事;其次厨房的生产环境长时间处于高温环境,半成品和原材料种类也较多,有时难免会相互接触,如果管理不慎会直接影响菜品的质量和消费者的健康。

厨房卫生管理也是影响餐厅信誉和口碑的大事,因此,厨房的卫生管理工作要严格执行其规章制度,绝不马虎。厨房卫生管理包括个人卫生管理、原材料卫生管理、用品用具卫生管理和环境卫生管理等。如每日的生产前、生产后都要对工作环境、炉台、墙壁进行清洁,生产中也必须随时保持工作环境的清洁。

为了保证餐饮产品的质量和卫生,保持厨房工作人员良好的工作、卫生环境,厨房应设专用更衣室和卫生间,供厨房工作人员使用。厨房卫生管理还需要执行国家和地方的相应法律法规,如食品卫生法及各类食品卫生标准等。

(4)厨房安全制度:厨房安全制度是指为保证厨房的安全生产和保证餐饮生产原材料的丢失而制定的管理制度。主要包括刀具的管理制度、火源管理、电源管理、人员出入管理和原材料的使用及领用管理等。厨房的餐饮生产中,由于常常与刀具、火源打交道,因而厨师的小事故也是常常发生的,因此在厨房要设置卫生箱,存放一些医药品,但也要注意这些医药品绝不能与食品接触。

3. 管理工作文件

厨房工作管理文件是厨房管理中不可缺少的文字记录，便于工作也便于检查。常见的工作文件有二类：

(1)计划、档案文件资料。包括：

计划类:工作计划、培训计划、维修保养计划;

档案类:菜品菜肴制作档案、宴会菜品档案、员工技能评估档案;

表格类:工作/休假安排表、日工作记录表、用品用具损耗登记表、采购申请表及验收单等。

(2)日常工作文件资料。包括:每日公告、每日预订、检查表、工作时间记录等。

(二)厨房生产管理

厨房生产管理是指餐饮生产与加工过程中的各工序划分、各工种的配合以及餐饮生产的整个工作流程。

1. 厨房生产管理流程

厨房生产流程是指餐厅主要产品的生产过程,是餐厅菜肴出品的重要环节,关系到整个企业的运营。合理的厨房生产流程能提高菜品的出品效率,同样会降低成本减少损失。

现代厨房与传统厨房相比,其布局和流程都有了很大的改变,特别是大型餐饮的发展,使厨房的工作量有了很大的提高,厨师及相关工作人员也在增加(有些厨房工作人员可达 30 ~ 40 人),也有些大型餐饮企业还设有不同风格的厨房与餐厅相对应,如主厨房、粤菜厨房、川菜厨房和西餐厨房等。无论哪类厨房其工作流程都大致为:原材料初加工(原材料的清洗、宰杀等)、切料备料及半成品制作、配料、烹调加工、出菜(菜品送交餐厅)等基本环节,可参考图 8-5。

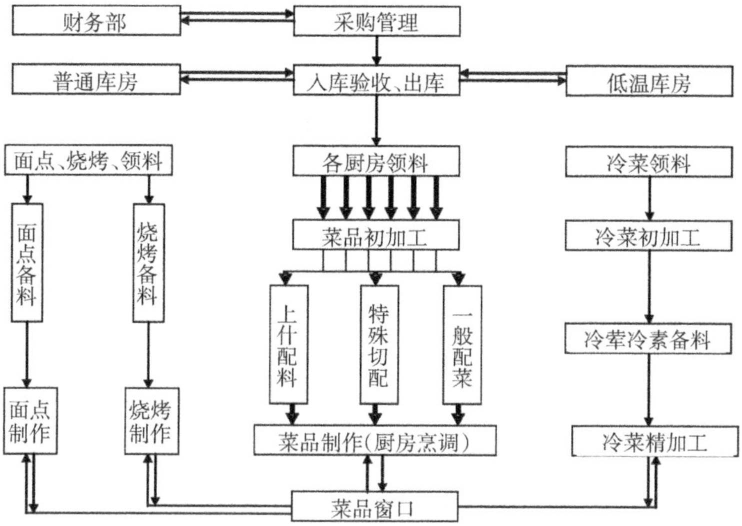

图 8-5　厨房生产流程简图

2. 厨房布局

厨房布局是依据厨房生产流程进行设计的，即根据菜品生产制作的顺序和流动方向进行和安排。基本过程为:进料(仓库或购进)、初加工、精加工、成品菜肴、出菜,如图 8-6。

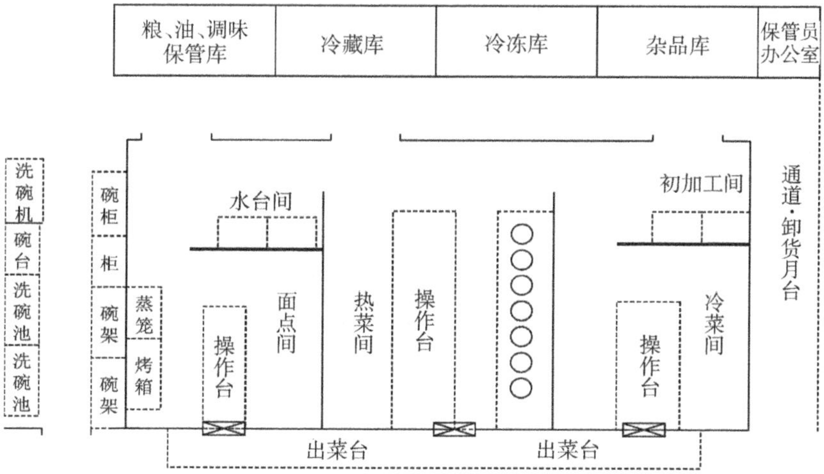

图 8-6　厨房布局简图

由于各餐厅经营特点不同、各厨房菜品加工流程不同,因此在厨房设计时要考虑餐饮生产的整体布局,又要考虑各自特点来进行设计。基本原则为:

第一,有利于厨房空间的有效利用。

第二,有利于生产流程,各工种操作线路减少交叉,以避免生产高峰时拥堵。

第三,有利于厨师出菜效率,减少烹调时的流动。

第四,有利于厨房整体的生产管理和卫生管理。

常见的厨房布局有:

(1)直线型布局。直线型布局适用于高度分工合作、场地面积较大、相对集中的大型餐馆和饭店的厨房。南京金陵饭店、中心大酒店的中厨房均采用这种布局方式。所有炉灶、炸锅、蒸炉、烤箱等加热设备均作直线型布局。通常是依墙排列,置于一个长方形的通风排气罩下,集中供应制作,集中吸排油烟。每位厨师按分工专门负责某类菜肴的加工烹制,所需设备工具均分布在左右和附近,因而能减少取用工具的行走距离。与之相应,厨房的切配、打荷、出菜台也直线排放,整个厨房整洁清爽,流程合理、畅达。但这种布局对餐厅出菜来说,可能走的距离较远。因此,这种布局一般在厨房两边分别出菜,这样可缩短餐厅跑菜距离,保证出菜速度。

(2)相背型布局。相背型布局是把所有主要烹调设备背靠背地组合在厨房内,置于同一通风排气罩之下。厨师相对而站,进行操作。工作台安装在厨师背后,厨房分工可能不很明细,北京丽都假日酒店的咖啡厅厨房和肯德基快餐厨房都是这种布局。这种布局由于设备比较集中,只使用一个通风排气罩而比较经济,但另一方面却存在着厨师操作时必须多次转身取工具、原料,以及必须多走路才能使用其他设备的缺点。

(3)L型布局。L型布局通常将设备沿墙壁设置成一个犄角形。当厨房面积、形状不便于设备作相背型或直线型布局时,往往采取L型布局,通常是把煤气灶、烤炉、扒炉、烤板、炒锅等常用设备组合在一起,把另一些较大的,如蒸锅、汤锅等设备组合在另一边,两边相连成一犄角,集中加热抽烟。这样使厨师能便利地使用每一组设备,加热和切配加工之处也有了相应的集中和分工。这种布局方式在一般酒楼或包饼房、面点生产间等厨房得到广泛应用。

(4)U型布局。厨房设备较多而所需生产人员不多,出品较集中的厨房,可按U型布局,如点心间、冷菜间。将工作台、冰柜以及加热设备沿四周摆放,留一出口供人员、原料进入,甚至连出品亦可开窗从窗口接递。这样的布局,人在中间操作，取料操作方便，节省跑路距离，设备靠墙排放，既平稳又可充分利用墙壁和空间，显得更加经济和整洁。

(5)相对型布局。与相背型相反，设备中间留一通道，一般适于要求菜肴的制作不十分紧凑的厨房使用，如职工食堂。但是它需要用两个油烟机，不经济。

(三)厨房设备管理

厨房设备管理是指对厨房内的所有设施、设备和用具进行管理。厨房设备主要包括：烹调设备、加工设备、储藏设备和各种用具。

1. 烹调设备

(1)中餐烹调灶：中餐烹调灶是中餐厨房的主要烹调设备，它的用途广泛，适用于炒、爆、煎、炸、烧等任何中式烹调方法。中餐灶一般为长条台式设计，每个灶台有若干个(1～3个)灶孔(火头)，也有的灶台设计成主灶和次灶等多孔形式。主灶火力足，是主要的工作灶眼；而次灶眼中的燃烧器少，火力小，是辅助灶眼，用于煮汤、调汤等用途。中餐灶台的设计中一般配有上水管和排水槽部分。在日常的管理中，主要是保持清洁和排水的畅通，坏损的零配件及时更换，保证生产的正常进行。

(2)西餐烹调灶：西餐烹调一般以平底锅为主要器具，炉灶多为组合型烹调设备。它常由平式炉灶、扒炉、平板炉、炸炉、烤炉和烤箱等组成长条形灶台，适用于许多西餐烹调方法，如：煎、焖、煮、炸、扒、烤等。西餐灶台可根据厨房实际需求设计成两孔、四孔或六孔等。

(3)扒炉：是烤炉的一种，它的特点是火源在下方，上方用铁条架开食品，通过下边火源将食物烤熟。现代扒炉使用的热源为电或煤气，可以进行定时定温工作，而传统的扒炉多以木炭为燃料，经木炭烤出的食品带有烟熏的美味。欧美人喜爱烧、烤、扒制的菜肴，如牛扒(牛排)、海鲜扒等。现代的扒炉又在电和煤气的基础上，增加了烧木炭的装置，可使菜肴的香味保持原有的特色。

中餐烹调灶

西餐烹调灶

扒 炉

烤箱

(4)烤箱:是厨房的重要设备之一。它的用途广泛,可生产各种点心、面包,也可烤制各式菜肴。烤箱常以煤气、电为热源。烤箱的种类繁多,根据烤箱的用途分类,可以分为面点烤箱和菜肴烤箱;按照烤箱的工作方式又可以分为常规式、对流式、旋转式和微波式等四种。

常规式烤箱:常规式烤箱的热源通常来自烤箱顶部、底部或四周,通过热辐射原理将食品烘烤至熟。这类烤箱一般有若干层(也可以将烤箱位置设于西餐灶下部与西餐灶成一体)。

对流式烤箱:对流式烤箱内装有风扇,通过风扇使烤箱内的高温空气不断对流绕动,使食品均匀受热至熟。对流式烤箱的成品速度快(比常规式烤箱提高三分之一时间),其工作温度也比常规式温度高约24℃。使用对流式烤箱,应当特别留心炉内菜肴的变化及炉内温度、烘烤时间,否则极容易将菜肴风干。

旋转式烤箱:旋转烤箱是烤箱内带有旋转烤架的常规式烤箱。通过烤架旋转,使食品均匀受热并烤制成熟。

微波烤箱:微波烤箱是一种特殊的烤箱。它的工作原理是通过微波的作用将食品加热,由于微波具有较强的穿透作用,使食品的内、外同时受到加热,因此加快了食品的成熟时间。也是由于这一原理,在加热食品时应注意食品本身或盛载容器的开放性。如果过于密闭,加热时食品内部会产生高热量和高压力导致食品或容器爆炸。另外,金属对微波的作用有明显的阻挡、反射和放电作用,使用不当可能会引起炉内燃烧,在使用时应多加注意。此外,由于微波具有一定的辐射伤害(热穿透性),所以要避免微波烤箱在工作时接近视窗查看食品的加工情况,以免产生人身伤害。

微波烤箱是一种新型烹调设备,使用前一定要认真阅读使用说明书,并接受有关技术人员的指导。

(5)炸炉是厨房常用烹调设备之一,主要用于食品的油炸操作,特别是西餐厨房从菜肴到主食很多加工都需要油炸,如土豆条、土豆块、土豆球等。炸炉主要有三种类型:方型炸炉、压力式炸炉和自动炸炉,各种炸炉的热源均采用电加热式并配有温度控制装置。

方型炸炉:方型炸炉的上部为方形开放式炸锅,下部是加热器,炸炉配有时间和温度控制装置。

压力式炸炉:压力式炸炉的顶部有盖密封,可将炸锅密封作业。当油炸食品时,由于密封作用使炸锅内产生一定的气压,从而使锅内温度高于一般的炸锅,易于食品的成熟。压力式炸炉的工作效率非常高,可以大量生产油炸食品,适合于大规模的快餐店和大型企业的食堂,如飞机场快餐店。压力式炸锅的成品特点是食品外部香脆、内部酥烂。

自动型炸炉:自动型炸炉是在方形普通炸炉的基础上,增加自动提取食品的装置以避免超时间加工的炸炉。自动炸炉的工作原理是在炸锅内设有金属网架炸蓝,加工食品时将食品放入炸蓝内进行自动加温油炸,待时间到后炸蓝自动提起,使食品脱离油锅,达到定时加工的目的,主要优点是节省了人工控制成本。

方型炸炉

自动型炸炉

(6)翻转式烹调炉(又称蒸汽套锅):是一种大型生产加工设备,是在翻转式平锅的基础上加以改进,常用于大型厨房的设备。翻转式烹调炉多为夹层锅体,锅体中间通入高压蒸汽用于升温, 菜肴加工完成后锅可进行翻转倾倒将菜肴放入盛器当中,一般以加工汤类为主。

(7)蒸炉(蒸箱):是中餐厨房中常用的烹调设备。许多菜肴和主食(米饭、面点)都是通过蒸汽加工的方法制作,蒸汽加工的优点是菜肴的味道和营养损失较少。常用的蒸炉有常压蒸炉和高压蒸炉两种。常压蒸炉如同普通蒸锅通过蒸汽加热熟制食品,高压蒸锅是利用高压蒸汽加工食品,因此在加工过程中不可随意打开锅盖(或箱门),必须等到锅内压力降到常压时才能打开。蒸箱一般内分有数个隔层,适用于大批量生产食品,多用于大型食堂如学校、企业和军队等。

2. 加工设备

厨房的加工设备是指用于烹调前对食品原材料进行加工时使用的设备，使用这些加工设备的主要目的是提高劳动生产率。常见的加工设备有切割机、搅拌机和压面机等：

(1)切割设备。主要用于食品原材料和半成品的切割工作，如绞肉机、切丝机、切片机、切骨机和万能去皮机等。

绞肉机：绞肉机是加工肉沫的主要设备，通过机械的挤压剪切使食品原料变为小颗粒状原料。绞肉机由于最早应用于加工肉类原材料所以叫绞肉机，但目前在厨房的加工中也可以加工其他食品原材料如豆沙、蔬菜茸等。绞肉机由于加工原理是通过挤压作业完成的，所以要求食品原材料必须有一定的水分或油脂。

切丝机：切丝机是现代中餐厨房设备之一，主要用于肉类食品原材料的加工，可以将原材料加工成片或丝。

切片机：切片机是西厨房中常用的机械设备，根据食品原材料的不同有很多种类，如面包切片机、香肠火腿奶酪切片机、蔬菜切片机等。主要优点是使用切片机切割的食品厚度均匀，形状整齐、加工速度快和提高生产劳动效率。

切片机

切骨机：切骨机是用于切割带骨的大块肉类的机械，它是将林业伐木使用的电锯小型化后用于厨房的生产加工，可将带有骨头的肉类锯断，使用时应注意安全。

万能去皮机：万能去皮机是专门切削带皮蔬菜的设备，有些去皮机还可以去除禽类的毛和洗刷贝类原料。去皮机一般由两部分组成：上部是可旋转的圆筒容器，下部为支架，通过圆筒的高速旋转达到与食品原材料摩擦而去皮的目的。

(2)搅拌机。搅拌机是用于食品原材料的搅拌，以弥补厨房工作人员的体力不足，其种类也很多，如面粉搅拌机主要用于和面制成面团；蛋类搅拌机用于蛋类和奶油的搅拌工作;肉馅搅拌机用于各种肉沫的搅拌等。

(3)压面机(擀面机)。压面机又称擀面机,是中餐面点厨房的常用设备,主要用于加工面条、饺子皮、点心和面包等。工作原理是利用机械的方法,将面团加工成一定形状的原材料的方法。

3. 储藏设备

厨房储藏设备是厨房在生产加工过程中临时存放待加工原材料之用。主要有冷藏设备、保温设备和货架系统等。

冷藏设备:为了方便厨房的生产,餐饮企业常常在厨房安装小型冷库,除此之外还会根据需要配置一些冷藏柜及冷冻柜。冷藏柜的温度应控制在 2℃~10℃,冷冻柜温度约为 -18℃。由于厨房冷藏设备经常会存放一些生鲜原材料和半成品,因此在管理上应当遵循生熟分开和原料包装存放的原则,以避免出现卫生问题和串味现象。

保温设备:和冷藏设备一样,厨房也必须配备有保温设备。主要有保温箱、保温台(或称保温柜)、保温车、保温罩等。

保温箱:保温箱(也称发面箱)是用来生产需要一定时间保温的食品原材料,如面团发酵、米酒发酵等。保温箱一般需要一定的温湿度,多半是带有水槽,使用时需关闭箱门。在日常的管理中,要注意在不工作时要及时清洗内箱,保持通风,保持清洁的环境,避免微生物的滋生。

保温台(或称保温柜):一般是长型、方型或半圆形槽台,内放清水,通过加热保持一定的温度。用于摆放加工好的菜肴,以备随时出菜,多在快餐中使用。

保温车:保温车的工作原理与保温台相同,只是保温车可以移动。

保温罩:保温罩也是用来保持菜肴温度的设备,不同于保温台和保温车的是其工作原理为使用红外灯对菜肴进行保温。特点是简便易操作,同时光线还可使菜肴展现出诱人的色彩。

货架系统:在厨房除使用专用的储藏设备外,一般都配有大量的货架,用于临时放置各种原材料、半成品、调料和用具如盆、盘、勺等。货架应选用不锈钢材料,并设计成可移动式,以便于厨房的卫生清扫。

4. 各种用具

厨房中的各种用具多而杂。主要有:

(1)各类刀具。中餐厨房常用的刀具有片刀(大、中、小三种型号,其特点是刀身长而窄,轻而薄,适用于切不带骨的精细原料,多用于片切法);方刀(方刀有大、中、小三种型号，方刀特点为方形，比片刀略重，适用于斩带骨的原料)；剔骨刀形状与以上刀具不同，它的前端尖，刀身窄，适用于剔肉；西餐厨房用刀主要以各类型尖刀为主，用于各种肉类和蔬菜的切配；奶酪火腿刀(片刀)是一种边长型刀，主要用于切制各种熟食，刀锋部分常常带有锯齿形状，方便切割。

(2)菜板、菜墩。菜板、菜墩是用来斩切原材料时的小型案板(便于清洗、更换)。传统木墩一般使用质地坚硬的木料、竹料制作如椴木墩、银杏木墩、竹墩板，现代菜板则使用聚丙烯PP、聚氯乙烯PVC、聚乙烯PE、聚酯PET和偏二氯乙烯PVDC等。

(3)烹调用具。烹调用具是烹调的基本工具，种类很多。其中炒锅(铁锅、烧锅)是中餐厨房的主要烹调用具(一般熟铁打造)，是用来加工菜肴的用具；手勺与炒锅配合使用，可以加工菜肴和盛装食物，同时手勺也是一个量具；漏勺用于滤油和从汤锅中捞取食物；网筛用于过滤汤汁，放置调料。

(4)面点工具。面点工具是厨房进行面点生产的基本工具。主要包括：

面案：硬木制做的面板。

面棍：用于制作包子、饺子、花卷等面点之用。

通心槌：又名走槌，是由两根木棍组成，一个是中间有孔的短粗木棍；另一个是细长木棍。将长木棍插入短木棍孔中，通过细木棍操作。短木棍与擀面杖的用法类似。适用于制作超薄的面皮制品如烧麦皮等，也可用它擀制有花边的面皮。

擀面杖和单手杖：是专门用来制作饺子、包子皮的工具，擀面杖是北方面点厨师使用的短面棍，中间略粗，约30厘米长。单手杖为南方面点厨师使用的，中间较粗，两端较细，成橄榄形状，单手操作可制成各种小面皮，缺点是不像北方厨师制作的面皮中间厚周边薄，而是中间薄周边厚。

其它还有：模子——制作月饼、点心的工具，模子内带有各种花纹或字样；印子——刻有花纹、文字的木戳儿，用来印制点心表面的图案；尺板——竹子制作的小薄板，包饺子、包子时打馅用；花钳——做面点时，钳花用的金属片；油刷——小刷子，用于在面制品上刷油；小型磅秤——用于称量原材料重量。

5. 厨房设备的管理

在日常的管理中，各类厨房设备及用具，主要是归类放置，并保持清洁，对坏损设备及零配件要及时修补和更换新的零件，保证生产的正常进行，特别是危险性较大的刀具，需指定厨师专人保管(或谁领用谁保管的方法)，下班后应加锁。

厨房设备的管理主要包括：

(1)制定各种设备和用具的保管计划和保养计划。主要包括:建立厨房设备和用具的档案(包括名称、规格、型号、生产企业、数量、购买时间、主要用途、使用方法及说明书、维修电话、使用人员或保管人员等);建立厨房设备和用具的定期检查与保养制度和方法。

(2)制定各种设备和用具的保养措施。是指具体的保养步骤和方法,举例如下:

各种烤箱与扒炉的保养措施:每天工作结束后,清洗设备内部并使之干燥,清理设备通风孔或排气管以免阻塞和沉积污垢,检查箱门关闭是否严密,电源线路是否通畅,有无线路绝缘损坏情况,定期检查箱、炉温度控制系统等。

蒸汽套锅和翻转式烹调锅的保养措施:每天工作结束后使用中性洗涤剂清洗设备内外,清洗管道过滤网并检查压力阀门,定期测压和为齿轮、轴承上油。

多功能绞肉机的保养措施:要求每次使用完毕及时清洗,每天工作结束进行清洗,并将清洗干燥后的零配件放在指定工作架上,定期检查电动机和皮带等运动部件。

四、餐厅服务管理

餐厅服务管理是餐饮管理的另一个重要内容之一,也是整个餐饮管理中技巧性内容较多的部分。主要包括餐厅的待客管理、服务卫生管理、服务安全管理等三方面的内容。由于餐厅的服务直接关系到客人的需求和客人的满意,而餐厅服务的技巧性多于其他部门,使得众多优秀企业在餐厅服务管理上更加严格。餐厅服务的好坏不仅会影响到一位或一桌客人的满意,有时也会影响到整体餐厅客人的满意问题,直接影响餐厅经营的效果和业绩,所以提高餐厅服务管理的水平是提高餐饮销售业绩的主要手段。

(一)餐厅服务概述

餐厅服务管理主要是餐厅服务部门的组织管理,包括服务业务管理、服务组织管理和服务组织制度管理等多方面内容,不同规模的餐厅其组织结构和管理方式不同。

1. 餐厅服务的概念

服务是一种无形的产品,是餐厅最基本的工作之一,目的是为来到餐厅的客人提供最优质的餐饮过程服务、用餐环境服务和餐品菜肴服务,使顾客获得在家庭中无法得到的消费服务形式,让客人不仅满意而且还会再来。

2. 餐厅服务的种类

餐厅服务的种类主要包括餐前服务、餐中服务和餐后服务三大类。从业务管理的角度,我们也可以把餐厅服务的种类叫做餐饮服务流程。其主要的目的一是更好的为顾客提供规范化的服务;二是在经营中更好的、有效的对服务人员进行培训,使他们清楚自己的工作程序和职责。

(1)餐前服务:餐前服务是接待客人的重要工作之一。主要是接待来到餐厅的客人,包括引领、入座、倒茶、点餐及回答客人的疑问等。

(2)餐中服务:上餐、分餐、更换餐具等一系列服务。

(3)餐后服务:结账、引领送客以及客人走后的餐桌清理工作。

3. 餐厅服务的类型

餐厅服务的类型是指不同餐厅提供菜肴的形式和菜系以及用餐的服务方式。按服务方式不同可划分为二大类:一类为自助式服务,一类是餐桌服务。

(1)自助式服务。自助式服务是餐厅的服务员或前台厨师,将准备好的菜肴、主食和面点等产品,放在指定的餐台上,顾客根据自己的饮食喜好和需要自己去用的形式。自助式服务的主要服务内容是及时补充缺少的食品和及时为客人更换用过的餐具等。这类服务多见于西餐类餐厅,随着我国对外开放,餐厅的服务形式也日趋多样化,在许多大中城市也可见到自助式服务餐厅,有的中餐也提供自助式服务如火锅系列等。

(2)餐桌服务。由于菜系的不同,餐桌服务也有许多种形式,主要可分为西餐式服务和中餐式,在西餐服务中又可依据服务的形式分为各种西餐服务。如一般西餐服务式服务,法式用餐服务,英式用餐服务,俄式用餐服务,中餐用餐服务等。

(二)餐厅服务管理

1. 餐厅服务组织

餐厅组织是餐厅管理的基础,不同的餐厅规模其组织结构差异很大,大致上可以划分为三大类:小型餐厅、中型餐厅和大型餐饮企业。他们的主要区别是小型餐厅的组织结构比较简单,餐厅面积小,餐厅类型比较单一,人员也比较少,管理者往往身兼多项工作;中型餐厅结构相对复杂,由于营业面积大(目前多层式餐厅很多),往往将营业区域划分为若干部分,每一部分有独立的主管或领班负责;又因营业时间较长,会产生多个班次等。大型餐饮企业特点是规模大,餐厅工作人员多(有时会达几百人),同时拥有多个不同风格和类型的餐厅,服务形式也不同,组织结构复杂,管理难度也较大。

2. 餐厅服务的规划

餐厅服务的规划是从餐饮销售的角度,对餐厅服务产品进行设计、推行和实施的过程。包括服务业务规划、服务组织规划和服务组织制度规划等。

(1)服务业务规划。服务业务规划是根据餐厅菜品销售特征,对餐厅服务进行设计的过程。对服务业务规划应主要遵循以下特征:

风格化特征:餐厅服务应依据餐厅的种类、整体风格,设计出具有一定风格特色的服务程序和服务方法,以展示餐厅的服务特色。如包房内的图片、绘画及民风民俗介绍等;也可以让服务员用民俗方言为客人介绍菜品的故事等,使客人留下深刻的印象。

标准化和程序化特征:餐厅的服务没有统一的格式,只有相对的程序。因此,餐厅应根据自身的特点,设计出标准的服务程序,让顾客感受到服务价值。标准化的服务程序也是保证餐饮产品质量的前提。

营销特征:餐厅服务不仅仅是为客人提供所需的产品,同时应体现营销的特征,合理的向客人推荐菜品、推荐服务和推荐餐厅。使客人的消费过程成为餐饮营销的过程。不要死搬硬套、抄袭模仿,僵硬的餐厅服务也是对客人的不尊重。

个性化特征:由于消费对象的广泛性,消费需求的差异性,在餐厅服务的设计中,应当有一些个性化的服务设计。例如对老人、残疾人、生日聚会等,以及送餐时的介绍等。

(2)服务组织规划。服务组织是指餐厅中为保证用餐客人消费而建立的专门提供服务的组织。根据餐厅的大小、风格和类别的不同而异。餐厅组织规划的目的是为了有效的管理餐厅服务人员队伍,提供高效的服务,并根据需要规划岗位。餐厅组织一般包括餐厅经理、餐厅主管、餐厅领班、餐厅服务员等。餐厅服务组织规划的层次、幅度、任务、责权等都要以餐厅的服务任务和经营目标为基础。一般要遵循以下原则:

按餐厅服务特色划分班组:现代餐厅的服务专业性很强,如包厢和大厅、贵宾厅和宴会厅就分别有不同的服务标准,应划归不同的班组便于管理;

根据服务流程合理安排班组:餐厅的班组是服务管理的基础,因此要合理规划,有利于服务范围的管理以及服务效率的提高。通常采取先划分业务流程,再划分服务区域和规划班组的原则。如餐厅一般设有前厅迎宾服务班组、餐厅前台和预订班组、服务员班组(又可分为:大厅服务和包厢服务)、传菜班组等;按服务范围或地点又可分为一层班组、二层班组等;以及一层大厅前厅组(或一班组)、一层大厅(二班组)等。总之,班组的合理划分有利于提高工作效率,更好的为顾客服务。

根据人员管理的能力划分班组:餐厅的工作不仅为了高效服务,同时也要考虑到人员服务的复杂性及工作人员管理的复杂性、管理和协调能力等。由于餐厅面积大,服务人员多,虽然其工作性质相同,仍然需要规划为不同的班组,一般基层服务组织的人数以不超过9人为宜,即一名领班下面最多管理9名工作人员。主管下设3~4个班组,以此类推,科学合理。

服务组织规划力求简洁:餐厅服务组织的设计应与其工作服务内容相对应。即便是在班组较多的情况下,也要尽可能减少组织的层次,以免管理不畅的现象发生。

(3)服务组织制度规划。服务组织制度规划是指服务组织之间的上下级层级关系和隶属关系,并明确组织的分工、组织岗位的设置及各组织之间的关系等。餐厅组织必须保证餐厅服务的集中指挥,餐厅服务组织实行餐厅经理负责制,可以避免多头领导和无人负责。餐厅组织应实行直线职能的组织结构,实行逐级管理逐级负责,避免越权指挥。例如餐厅服务员只接受她的领班或主管人员指挥,其他管理人员只有通过该领班或主管人员才能对该服务员进行协调等管理工作。

3. 餐厅服务的管理

餐厅服务管理就是对餐厅服务过程中的各个环节及过程进行有效的管理。包括:服务流程的设计与管理、服务技巧的设计与管理、服务人员的培训与管理、服务环境的设计与管理、服务组织的设计与管理、服务思想和理念等。

由于各个餐厅的规模、服务要求和服务理念的不同,服务管理的内容也有所不同,简述如下:

(1)服务流程的设计与管理。服务流程的设计与管理是餐厅对客服务中重要的内容之一。服务流程是指客人在来店前(电话预订)、来店后的接待程序、到餐台后的服务、点菜、送餐等一系列过程的设计与管理。这些过程可繁可简,要依据餐厅的规模和要求来确定。餐厅一般都要对服务员进行培训,有些高档餐厅为了保证服务质量,将这些流程制成图片的形式用于员工培训,这样可以减少因人员水平的差异而造成的培训水平差异。

(2)服务技巧的设计与管理。服务技巧的设计与管理也是餐厅对客服务中重要的内容之一。如托盘服务、斟酒茶饮服务、摆台服务、上菜服务、分菜服务、换烟缸服务、换台布服务等。这些都需要进行预先设计,并依据设计进行管理,使无形的服务形成有形的管理标准，可提高餐厅的服务质量。

(3)服务人员的培训与管理。服务人员的培训与管理是保证餐厅服务质量的重要一环。服务人员的培训不是一蹴而就的事，是一个长期的过程。一名服务员要经过多次的培训和实践才能达到餐厅服务的要求，优秀的服务员更需要通过培训和实践锻炼才能做好。

(4)服务环境的设计与管理。服务环境是指餐厅的就餐环境，就餐环境的好坏直接影响餐厅的服务质量。其中服务环境的卫生是最重要的，如果没有好的卫生环境，服务再周到、菜肴品质再有特色也不能激起顾客的消费欲望，甚至会马上离开餐厅。例如某特色餐厅因为客人在就餐时，餐桌上爬出了蟑螂而遭客人投诉，客人不仅没有付餐费，还要求餐厅做出一定的赔偿……其次就餐环境的氛围和文化环境，也是提高餐饮服务质量的重要内容。绿色的植物、名人的字画、雕塑等不仅烘托出高雅的文化氛围，也为顾客的就餐提供了很好的就餐环境，使顾客能够感受到物有所值，可提高顾客回头就餐的可能。

(5)服务组织的设计与管理。服务组织是指餐厅服务的班组。服务组织的设计与管理是保证服务质量管理的基础。只有设计合理的组织结构，才能使服务人员发挥有效的工作效率。服务组织设计不好，很可能会造成管理上的混乱，或者人浮于事，或者服务人员忙于事务，或者工作量不平衡，忙的忙闲的闲，造成部门之间、员工之间的矛盾，降低了服务的质量。设计不好、难于管理是目前许多餐厅中出现管理混乱的主要原因，如班组人员过多，一个领班带 15～16 个服务员(以 9 人为宜)，领班难以管理和代好班组的现象；又如班组过多，产生相互之间争夺好的管理区域和有利的工作，以及调班调休之间的矛盾，管理职责不明确相互推诿等矛盾。所以餐厅服务组织的设计必须根据企业自身的业务情况，进行合理设计和管理。

(6)服务思想和理念。服务思想和理念是服务管理中较高层次的管理问题，需要贯穿于服务工作之中，通过服务体现餐厅的文化和服务思想。例如“顾客永远是正确的”和“顾客永远是对的”，二字之差却体现了不同的企业精神和文化。又如关爱顾客、关爱社会、绿色环保等，这些理念的使用都体现了餐厅的一种思想和理念。

(三)餐厅服务的标准化管理

餐厅服务是餐饮重要的产品之一，是无形的。为了使餐厅的无形产品做到有形的管理，现代餐厅提出了服务标准化的管理，使无形的服务进行了有形的量化，提高了餐饮企业服务质量。餐厅服务标准化的管理内容很多，主要包括：

1. 语言标准化

(1)口语表达标准化。如:“您好,欢迎光临”;“请问,您们有几位就餐”;“请您慢走,谢谢光临”;“欢迎您们下次再来”等程式化的语言。

(2)形体语言标准化。如:向客人行礼的姿势、弯腰的角度;走路的姿势、仪态;微笑的程度、手势和形体语言的运用等。

2. 服务动作标准化

如拉椅子的动作、上餐时的动作、斟酒时的动作;更换骨碟、餐具的动作;撤盘动作等等。

3. 用具摆放标准化

如碗筷、碟盘的摆放位置与间距,菜肴的摆放位置与顺序(如鱼头、鱼尾的朝向等)。

4. 礼貌礼仪标准化

如不同民族顾客的礼貌礼仪;就座时的礼仪标准化;点餐时的礼仪,如与客人的距离、点餐用语等。

5. 服装标准化

如不同岗位设计不同的服务服装,一来体现餐厅的风貌,二来便于顾客的识别,以利于更好的为顾客服务。有些餐厅服务服装设计的过多,使顾客弄不清楚哪些是服务员、哪些是传菜员、哪些是促销员,顾客的需求没能得到很好的满足,顾客抱怨连连,如要一双碗筷同几位工作人员讲了,等了十几分钟也没能送来。

6. 与客人之间的距离

在服务的过程中服务人员通常要与客人保持距离, 以便为客人留下一定的私人空间,这也是提高服务质量的内容之一。

(1)引导距离:是指服务人员为顾客带路时彼此双方之间的距离。据惯例,服务人员行进在顾客左前方 1.2~1.5 米左右最合适。

(2)服务距离:是服务人员与顾客之间所保持的一种最常规的距离。服务人员为顾客提供服务时,一般以 0.5~0.8 米之间为宜。具体的服务距离还应根据服务的具体情况而定。

(3)展示距离:服务人员需要在顾客面前进行操作示范,以便使后者对于服务项目有更直观、更充分、更细致的了解。展示距离以 1~2 米为宜。

(4)待命距离:指服务人员在顾客尚未传唤自己、未要求自己提供服务时,所需与对方自觉保持的距离。在正常情况下,应当在 3 米以外,只要顾客视线所及即可。

(5)信任距离:是服务人员为了表示自己对顾客的关心,同时也是为了使顾客感知到服务人员时刻在关注顾客的需求而采取的一种距离。即离开对方的语言范围,但又能使顾客感受到你的存在而不是消失,随时保持为顾客服务的状态。

总之,餐厅服务的标准化管理是一项细致而繁琐的工作,也是服务质量和水平体现的关键,每个餐厅都需要认真对待。随着我国餐饮行业的迅速发展,餐饮的竞争也在加剧。餐厅的硬环境和软环境(服务质量)的优劣是决定餐厅生存的重要因素,每个餐厅不同的设计方法和思路,都会有别于其他餐厅而形成自己独特的风格。

五、成本核算与控制

餐饮成本控制是餐饮经营管理中的重要内容。餐饮成本的构成影响着餐饮产品的价格,价格又是影响消费者选择餐厅的重要依据。所以,餐饮成本的管理与控制,是制约餐厅经营好坏与经营发展的大问题。有效的成本控制不仅会提高餐厅经营运作的水平,同时也是保证参与市场竞争的有效手段和措施。

(一)餐饮成本概述

餐饮成本控制是指对制作和销售餐饮产品时所发生的各项费用的控制,它包括餐品制作成本和销售成本;管理人员、厨师、服务人员的工资与福利成本;固定资产的折旧、餐具用具等低值易耗品的消耗;食品原材料的保管费用、燃料及能源消耗费用、经营管理与办公费用、促销费用等。

1. 餐饮成本的分类

餐饮成本费用分类的方法很多,不同的分类有着不同的作用,大致上可以划分为:

(1)根据餐饮成本的实际构成归类:可将各种实际支出归纳为食品原材料成本、人员工资成本和经营管理费用成本三大类。

(2)根据餐饮成本的性质构成归类:固定成本与可变成本。

(3)根据餐饮成本的控制性构成归类:可控制成本与不可控制成本;标准成本与实际成本等。

2. 餐饮各种成本的概念

根据在餐饮成本控制中经常使用的概念,分述如下:

(1)食品原材料成本。食品原材料成本是指直接或间接用于餐饮产品加工的原材料成本。包括:主料如畜禽肉、水产鲜活品等菜肴的主要成本;如松鼠鳜鱼的鳜鱼、水煮牛柳的牛柳等;辅料成本:菜肴烹调中所使用的调味品和辅料。如油、盐、酱、醋、料酒、桂皮和味精,葱、姜、蒜、香菜等。

(2)人员工资成本。人员工资成本是指餐饮所有人员的工资、各类保险(五险一金)及福利等。五险一金包括:养老保险、医疗保险、失业保险、工伤保险、生育保险、住房公积金。

(3)经营管理费用成本。经营管理费用成本是指在经营过程中为保证餐厅的产品生产和经营所需要使用和消耗的费用。包括:房屋租金或建筑折旧金、设备折旧金、燃料和能源费、餐具用具和低值易耗品费用、办公费用、采购运输、保洁与治安费、广告促销费、公共关系费等。(实际上在餐厅运营中,为了简化管理过程,通常把除食品原材料成本和人员工资成本以外的所有费用都划入经营管理费用中)

(4)固定成本与可变成本。

固定成本:主要是指餐厅在经营范围内所使用的设备设施成本(其总量价值不随餐饮产品的生产和销售量变化)。如餐厅的建筑设施、餐桌、餐椅、内部装潢及设施等。无论餐厅是否开业或有顾客,它的初期投入成本都要通过折旧的形式,计入餐饮的成本中去。所以在有限的餐饮设施中(固定成本不变),销售量越多,摊入到每一单位产品中的费用就越低。当餐饮销售增加,餐厅必须通过增加设备来完成生产时,固定成本就会随着设备的购置而增加。需要说明的是人工成本一般不作为固定成本计算。

可变成本:主要是指餐厅在经营过程中,随产品生产量的增加或减少而发生的成本增加或减少的成本费用。如食品的原材料、辅料、燃料和能源费、餐具用具和低值易耗品费用等,都会随销售量的增加、产量的增加而增多费用。需要说明的是人工成本一般计入可变成本中(各个企业计算方法不同,大中型企业可将人员工资成本部分计入固定成本中)。

(5)可控制成本、不可控制成本与半可控制成本。

可控制成本:可控制成本是指餐厅管理和工作人员,通过设计与努力可以控制和改变的生产成本。如原材料成本中平均每10份菜肴消耗的食用油用量可以通过精耕细作,合理管理,使其在品质不变的条件下消耗量降低;还有辅料、燃料和能源费、餐具用具和低值易耗品费用等,都可以通过科学的管理得到控制。

不可控制成本:不可控制成本是指餐厅管理和工作人员不可能通过管理的方法降低的成本,主要是固定成本部分(如无论是否营业,设备设施的折旧都是存在的)、基本员工的工资等。

半可控制成本:有些成本是可以通过随生产和销售的变动而发生变动的。如电灯、炉灶的火源(属燃料和能源费),在生产销售较少时仍然需要维持一定的用量,但当客人多经营好时,其平均用量反而降低。再如正常经营时的人员工资和经营高峰时增加的临时用工等平均人员工资成本就不是等比增加(有时也可以通过提高员工的工作效率,并给它们增加补贴的形式,降低人均工资水平)。

(6)标准成本、实际成本与边际成本。

标准成本:标准成本是根据行业平均成本或者是本餐厅过去几年在生产和经营中积累的历史资料计算出来的成本。一般可以计算到平均每一份菜肴原材料成本和总成本(多使用 10 份平均值计算,但对一些价值高的菜品必须单份计算,如进口龙虾、鱼翅等)。标准成本是一种预期成本或者说是计划成本。它是衡量和控制餐厅实际成本的一种标准。

实际成本:实际成本是依据餐厅的前后生产运营部分(厨房和餐厅)实际发生的各种费用成本的总和。需要说明的是在实际经营管理中,餐厅经理常常会以一种毛利成本的形式计算实际成本,其实这种计算方法是简单的以餐饮产品的原材料和成品的销售差价用来作为实际成本,这是十分不科学的。因为它忽略了许多成本如人员工资、固定成本折旧、燃料和能源费、餐具用具和低值易耗品费用、税收等等。(但实际运作中一些有经验的管理人员,也可以通过这些毛算加上一定的利点,预估成本,这比通过财务核算计算要快的多,如婚宴及大型订餐的成本预估等)

边际成本:边际成本是指在标准成本基础的生产量上,超额生产所使用的成本。虽然可变成本同样会增加,但固定成本基本不变,此时产生的利润是超额利润。企业将获得更大的利益,此时的利润几乎就是原材料与产品的进销差价。

3. 餐饮成本的特征

餐饮成本在餐厅管理中有如下特征:

(1)餐饮成本的变动成本与餐厅的规模、管理水平和餐厅的级别有很大的关系,一般的成本率在 28%～45%左右。餐厅的规格和级别越高,其餐饮的变动成本率越低,因为他的人工费用、经营管理费用较高。餐饮成本率的高低会影响餐厅的竞争能力。

(2)在餐饮成本中,大多数是可控成本。如食品原材料成本、人员工资、燃料和能源费、餐具用具和低值易耗品费用等,都可以通过加强生产和经营管理来有效的加以控制。

(二)食品原材料成本的核算与控制

食品原材料成本是餐饮管理中最重要的部分之一，占餐饮成本管理中的比例也较大(费用高、工作量大),因此是一个不可忽视的重要环节。食品原材料成本管理与控制包括三个环节,即采购成本、库存成本和经营管理中的使用成本，其中采购成本影响因素较多,也是最难管理与控制的部分。如果采购成本过高，会直接导致经营成本的上升。所以,加强对食品原材料成本管理与控制成为餐厅最重要的工作。

需要说明的是,在餐厅中,常常把餐饮生产中一些生产资料的消耗品也归入食品原材料成本中,如餐具、厨房用具和生产用低值易耗品等,这与工业企业中生产原材料成本管理相同。

1. 食品原材料成本的构成

(1)主料成本:主料成本指餐厅生产中主要产品的原料成本。不同的产品它的主料也不同,在成品中其主料可以是一种食品原料,也可能由两种或更多种类的食品原料构成。一般我们将餐饮产品成品中起主要作用、数量多、在产品成本中占主要成分的原材料,称之为主料。成品中的色、香、味、形和特色都是以主料的特点为基础进行加工制作(许多产品常根据主料的名称、产地和特点命名)。

主料主要包括菜肴类主料和主食点心类主料:

菜肴类主料:肉、禽、蛋、水产品类、蔬菜及瓜果等。

主食点心类主料:米、面及杂粮类。

(2)辅料成本:辅料成本包括两类:

第一类是产品制作时的辅助原料,又称为配料。如肉菜中加入一些蔬菜等,在产品中起着衬托主料的作用。辅料成本是不可忽视的成本,它在中餐和西餐菜肴成本中都占有一定的比例。

第二类是产品制作时的调味品成本。调味品在食品加工中起着重要的作用,它影响到食品产品的色、香、味、形等质量指标的形成。如中西餐中的调料酒、各种香料、各种调味蔬菜(葱、姜、蒜),一些特色精品菜肴调味品材料更是成本的重要组成部分,个别食品(菜肴)还会出现调味品成本高于主料的现象。在现实创新成为餐饮业竞争与发展的重要内容时,成本中调味品所占的比重有愈来愈多的趋势。

(3)酒水饮料成本:酒水饮料成本是指餐饮中为客人提供的各种酒水饮料的成本。大多数的酒水饮料是工业性成品,有完好的包装和保质期。也有少数配料是非工业性产品如水果等。目前,我国餐厅饮料酒水的销售习惯是以销售包装的形式出售,但在西餐、酒吧中,则更多地出现零点销售,也因此出现酒水饮料短缺的现象。随着餐饮经营与销售形势的发展,越来越多勾兑式饮品的出现,加强酒水饮料的控制与管理已势在必行。

(4)其他原材料成本:其他原材料成本主要是指用于餐厅生产服务中的非食品性原材料。主要是餐具、餐厅布草、厨房用具(如刀具、小工具)和生产用低值易耗品。也包括餐厅装饰材料如绘画、工艺品等(餐厅设施维修费用如粉刷等,不列入此类)。

2. 食品原材料成本的核算与控制

(1)食品成本日报表。食品日报表是餐厅中与食品加工相关的部门(主要是厨房)编制的食品成本日报表。食品加工的日成本主要包括直接采购原料成本和库房发料成本两部分。

直接采购的原料购进后直接发送厨房,因其在购进时就算作成本,因而有必要算出每日直接采购原料的总额。采购后送入库房的原料是在发料时才记入成本。成本控制员要每日计算原料的发料金额。由于所有发出的原料都必须凭领料单,所领原料都必须列在领料单上,所以将各领料单总额相加就能得出每日发料总额。

许多餐厅的食品原材料和酒水饮料的成本额有相互转移和调整的现象,在食品成本日报表中应予体现。例如在厨房的食品成本中要减去填在食品饮料调整单上、转到饮料成本中的柠檬、橙子、西瓜等;也需要将厨房领用的调料用酒转到厨房的食品原料中去等等。此外,职工用餐、招待用餐、食品饮料质量试验用料、销售耗损、顾客免费水果等成本都应该分项计入成本中去。

厨房食品成本日报计算方法如下:

直拨原料采购额	(取自验收日报表)
+ 库房发料成本额	(汇总领料单数据)
+ 转食品的饮料成本额	(汇总调拨单数据)
− 转饮料的食品成本额	(汇总调拨单数据)
− 职工用餐成本额	(转经营费用及企业管理费)
− 招待用餐成本额	(转经营费用及企业管理费)
− 其他杂项扣除额	(转经营费用及企业管理赞)
净食品日成本额	

为了更好地做好餐饮成本的控制和管理，有必要将食品成本日报表和销售日报表合并一起,编制成厨房餐饮营业日报表(许多餐厅将酒水饮料的成本和餐厅总销售情况也列在一起,形成餐饮总营业日报表。包括:整个餐饮部成本耗用情况;各餐厅、部门(吧台)成本耗用情况;成本调整情况;各餐厅就餐客人数、营业额和平均消费额等。

这张营业日报表能反映当日整个餐饮部和各餐厅的销售情况与成本控制情况。如果销售或成本控制不理想,可及时找出原因和责任部门。

(2)食品成本月报表。食品成本月报表是指餐厅中,与食品加工相关的部门(主要是厨房)编制的食品成本月报表。月报表的优点是对一段时期内餐厅的成本进行核算、评估,对日报表中的盈漏进行修正,能够更加科学合理的管理和控制成本。

计算月食品成本与计算日食品成本的一个不同之点是，月食品成本要根据库存的实际盘点额来核算,而日成本额的核算对存货额一般不作计算。有些餐厅只计算库房的库存额而厨房的库存额忽略不计。但许多厨房的库存额往往数额很大,若忽略不计,成本额计算仍会有较大出入,故计算厨房的库存额是科学的管理方法。餐厅总月食品成本的计算公式如下:

月初库房库存额	(上月末实际库存额)
+月初厨房库存额	(上月末实际库存额)
+本月库房采购额	(验收单数据汇总)
+本月直拨采购额	(验收单数据汇总)
-月末库房库存额	(月末实际盘点库存额)
-月末厨房库存额	(月末实际盘点库存额)
+成本调整额	
-各项扣除额	
月净额成本	

(3)饮料成本核算。饮料一般是指酒、饮料、饮品(茶叶、速溶咖啡)等的总称。饮料成本核算是指前台、酒吧等专司酒水饮料的部门对饮品与饮料的成本核算。每日饮料成本的核算是根据每日发料额来计算。为了便于控制和检查,许多餐厅

要求前台和酒吧对每种酒水和饮料的贮存有规定的数量限制（即建立标准贮存量制度）。这样可有效防止饮料的短缺。

许多酒水、饮品、饮料的价格很贵，为更有效地随时发现饮料的短缺，有些餐厅还实行保留空瓶制度（对有零杯销售和混合销售的饮料时更要保留空瓶）。整瓶销售的饮料往往由服务员将整瓶送到桌上，有时难以保证100%地回收空瓶，因此就要求服务员填写整瓶销售单。在领料时，各餐厅和酒吧不仅需填写领料单，而且还要附上空瓶和整瓶销售单。那么，每日饮料额就是各餐厅和酒吧各种饮料的空瓶数或整瓶销售数乘以每种饮料单价的总和。

一些餐厅不推行凭空瓶领料制度，而是通过由各餐厅和酒吧清点库存量来算出领料量。

领料量＝各种饮料标准贮存量－库存量

如果采取标准贮存量制度，则每日的领料额实际就是上日的饮料消耗额：

上日饮料消耗额＝$\sum$本日各种饮料发料瓶数×每瓶成本单价

若不采取标准贮存量制度，则当日发料额即为当日饮料的消耗总额。不管是否采取标准贮存量制度，在饮料消耗总额上还要加减成本调整额和各项扣除额才是日饮料成本净额。

本日饮料发料额
＋转饮料的食品成本
－转食品的饮料成本
－赠客饮料成本
－招待用饮料成本
－其他扣除成本额
———————————
日饮料成本净额

每日的饮料成本核算中，因按数量清算，常常没有将酒吧或餐厅库存中没售完的开瓶酒（即半瓶酒）计算在内，所以不十分准确。由于零售酒品均以容积为单位计算，有时也可以计量其剩余容积（但不是将酒品倒出衡量，如使用电子秤秤重、或使用钢板尺测量高度等方法，间接计量存量）。也可在日饮料销售成本表中，列出逐日累积的成本额，精确度就较大。见表8-1。

对月饮料成本的核算，需要进行库存盘点。由此算出饮料的月成本率。月成本率与标准成本率进行比较，便能清楚地反映出一个月饮料成本控制的效果。饮料成本月报表应尽量简洁，很多餐厅将其与食品成本月报表列在一起，方便管理人员使用。示例如下：

月初库房库存额	￥15 000（取自上月末库存额数据）
＋月初餐厅／酒吧库存额	￥12 000（取自上月末库存额数据）
＋本月采购额	￥19 000（汇总验收单数据）
－月末库房库存额	￥ 9 000（本月末库房实际盘存额）
－月末餐厅／酒吧库存额	￥14 000（本月末餐厅／酒吧实际盘存额）
本月饮料消耗总额	￥23 000

本月饮料消耗总额	￥23 000
＋转饮料的食品成本	￥ 2 000
－转食品的饮料成本	￥ 1 500
－其他扣除额	￥ 2 000
本月饮料成本净额	￥21 500

表 8-1 ×××大酒店酒水饮料成本日报表

项目	当日	当月累计
	成本%	成本%
饮料发料总额	4 660.18	132 361.24
加转饮料的食品成本	120.30	3 999.32
减转饮料的食品成本	153.20	3 115.62
减其他杂项扣除	933.49	22 732.24
宴会	591.70	18 571.80
黄山厅	170.20	4 162.70
西餐厅	707.59	24 689.60
酒吧	1 163.13	32 789.90
客房小酒吧	1 059.17	30 298.70
净额成本合计	3 691.79	110 512.70
	酒水饮料营业收入	
宴会	1 969.70	59 145.86
黄山厅	559.87	14 015.82
西餐厅	2 923.93	99 957.90
酒吧	5 786.20	156 142.38
客房小酒吧	4 186.44	123 165.45
净额成本合计	15 426.14	452 427.41

(三)人工成本的核算与控制

餐饮业是劳动集密型的产业，人工成本一般占到餐厅营业收入的30%~40%(包括基本薪酬、福利薪酬、工薪税费和培训成本等)。随着社会的发展,人工成本在餐饮成本中所占的比重将呈上升的趋势，人工成本对餐饮经营收益的影响会越来越大。

1. 影响人工配备的因素

人工成本控制是在保证服务质量的基础上,对人员进行合理的计划、协调和控制,使之得到最大限度的利用,从而避免劳力的过剩或不足,有效地控制人工成本支出。人员的合理配置包括两层含义:一是指满足餐饮经营活动所需要的所有餐厅工作人员(包括管理人员)的配备,即餐厅各岗位的选择;二是人员的劳动定额。员工分工、定岗是否合理不仅直接影响到人工成本的开支,同时对员工的工作热情有很大的影响,导致对餐饮生产效率、服务质量以及餐饮经营管理产生直接的影响。

不同规模、不同档次、不同规格的餐厅,其人工配备的数量各不相同。即使同一地区、同一规模、同一档次的餐厅,其员工数量也不尽相同。影响人工配备的因素是多方面的,主要包括:工作场所的面积与布局、服务的形式、餐厅产品(菜式品种、主食和饮品)的数量、员工的技术水平等。

(1)工作场所的面积与布局。餐厅、厨房的布局是否紧凑、合理是影响餐厅工作人员效率的重要因素之一。如果布局不科学,餐饮服务区与厨房生产区的距离过大或工作区域内放置的物品过多,都会使服务员、厨师行走路程过长,体力消耗过大,而影响工作效率,从而增加人员需求。保证生产场所道路顺畅,是提高工作效率、节约用工成本的最好方法之一。

(2)服务的形式。采用不同的餐厅服务形式也会影响餐厅人工成本的高低。例如，自助餐厅及自助餐服务由于食品可以集中预制加工，餐厅只需要较少服务,因而厨师和餐厅服务员的人工费用也就相对较低。快餐系列餐厅对服务要求不高,因此服务用工较少,可以降低人工成本。正餐餐厅、西式餐厅、大型宴会等则一般都需要较高的人工费用。因此,餐厅应合理地选择和采用服务形式,以使人工费用控制在适当的范围内。

(3)餐厅产品(菜式品种、主食和饮品)的数量。餐厅产品如菜式品种、主食和饮品的数量等,对人工成本的影响也十分显著。一般的正餐餐厅菜式品种约为200种左右，主食约10余种，点心可以略多一些（点心可以事先准备），另外还有饮料和饮品等。例如餐厅为宴会烹调加工300份相同菜肴所需的人工，远远低于为点餐客人加工烹调30种不同的菜肴人工。菜肴所采用的加工烹调方法越复杂，差异则越明显。这就是为什么300份相同菜肴或许只需要一名厨师就能完成，而同样数量但加工烹调方法不同的菜肴则往往得由多名厨师才能对付。大型宴会菜肴需同时上桌，这样加工时间大大缩短，利润率往往会更高。因此，适当减少或控制菜式品种数量是控制餐厅人工成本的重要内容。

(4)员工的技术水平。员工的技术水平和熟练程度，对提高劳动生产的效率是十分有利的，同时也可以降低人工配用率。一般来说新员工初到餐厅多为新手，不熟悉餐厅的服务流程和标准，员工之间也缺乏默契配合，工作效率低，这样不仅员工的需要量大，生产服务的差错率也较高。为了提高员工的工作技能，多数大中型企业都会花费相当的时间来培训新员工。培训成本与员工的流失率成正比。

2. 人员劳动定额标准

人员劳动定额标准是指在餐厅中，各工种人员在一定时间内应提供的基本劳动生产量或应生产的产品数量。制订合理的劳动定额标准对促进餐厅的发展，调动员工的工作积极性，提高劳动生产效率都具有积极的作用。餐厅应当根据各种岗位的服务或生产质量标准要求，并分析各项工作任务的特点、难度及所需时间，来制定标准定额，不得随意加减。由于各餐厅的具体情况不同，规模、等级、服务形式与内容不同，其定额标准也有所差异。

餐厅中各工种的劳动定额标准一般是以工作的时间来进行计算的。厨房工作以连续工作八小时为准，但大型饭店（含住宿）厨房也会安排夜班和早晚班，以保证住店客人的随时用餐。由于餐饮工作的特殊性，餐厅服务员的定额标准是按照时间累计完成8小时计算。所以，排班的科学性与合理性则成为餐厅管理的重要内容。一般餐厅早餐工作时间约2小时、中餐工作约3小时、晚餐工作时间约6小时左右，由于客人用餐常常会使晚班时间延长，这样就需要通过补休或调班的形式来解决服务人员超时工作问题。餐厅常常设机动人员，以备临时需要。酒吧服务员的定额指标也应根据实际营业时间长短确定。

目前一般餐饮人员劳动定额如表8-2：

表 8-2 一般餐饮人员劳动定额

餐饮企业工种	额定指标
中档中餐厅	8～10 客
高档中餐厅	6～8 客
西餐厅	20～25 客
酒吧、咖啡厅	40～50 客
厨师	25～30 份 / 小时
洗碗工	100～120 个 / 小时

在制订各工种劳动定额标准的基础上，餐厅便能确定各种不同营业量时，各类服务人员的配备标准。餐厅可以根据每天的营业量来确定配备的服务人员人数，并通过实际测试的方法使人员的配备达到适合的标准。

3. 营业量预测和人员配置标准

营业量预测是人工成本控制中的重要环节。对于餐厅来说，一般按照餐厅的面积和就餐客人最大容量进行预测。

例如：某餐厅有十个包厢、一个大厅，约有标准餐桌 20 个（10 人 / 桌），四人桌4 个，最大客容量 216 位。由于餐厅需要提供贴身服务，即每包厢至少一位服务人员，大厅共有十个标准餐桌和四个小桌可配备六名服务人员，传菜员约六名。餐厅标准配备计算如下：

中档中餐厅，营业系数 0.7～0.8（即考虑到餐厅客流的非满员因素，人员总数应乘以 0.8 的客满量系数），经营时间、工作量和排班的因素系数 1.2～1.4。

人员配备 = 216 ÷ 8 ×（0.7～0.8）× 1.2≈22～26（其中 8 为员工一天的工作时间）

通过核算餐厅用工总数约为 22～26 名服务人员。含有客房的饭店常常依据客房数和出租率来预测各部门营业量。

人员的配置标准主要是通过人员劳动定额来进行推算。餐厅用工总数包括餐厅的经理、收银、主管、领班、服务人员、传菜员等。对于高档餐厅还要包括迎宾，所以，高档餐厅的人员配置（人工成本）要高于一般的餐厅。

4. 餐厅员工工时安排

为了保证正常营业，餐厅在合理配置人员之后，还要合理安排工作时间，以保证餐厅在正常经营的时间内，有足够的工作人员提供食品生产和餐厅服务。各餐厅规模不同、类型不同，工作班次安排也不一样。某五星级酒店自助餐餐厅，约 56 张台最大客容量为 224 位，排班表如 8-3：

表 8-3 排班表

员工	星期一	星期二	星期三	星期四	星期五	星期六	星期日
经理	休息	休息	B	B	B	B	B
副经理	B	B	D	D	休息	休息	D
主管	F	F	休息	休息	F	F	F
领班 1	A	A	A	C	C	休息	休息
领班 2	C	休息	休息	A	A	A	A
领班 3	休息	C	C	休息	F	C	C
酒水员 1	H	H	H	H	E	休息	休息
酒水员 2	休息	休息	F	F	H	H	H
领位 1	F	F	F	F	I	休息	休息
领位 2	G	休息	休息	F	F	F	F
服务员 1(替补领位 1)	F	F	F	G	休息	休息	F
服务员 2(替补领位 2)	I	休息	休息	F	F	F	F
服务员 3	A1	A1	A1	E	E	休息	休息
服务员 4	休息	F	F	A1	A1	G	休息
服务员 5	B1	B1	G	休息	休息	F	E
服务员 6	休息	休息	B1	B1	B1	F	G
服务员 7	F	I	休息	休息	F	F	F
服务员 8	F	F	休息	休息	F	F	F
服务员 9	E	E	F	F	休息	休息	I
服务员 10	F	F	I	休息	休息	A1	A1
服务员 11	休息	休息	F	F	F	I	E
服务员 12	休息	F	F	I	休息	B1	B1
说明	班次	工作时间					
	A 班	5:30~14:00					
	B 班	8:00~14:00;		18:00~21:00			
	C 班	14:00~23:00					
	D 班	7:30~10:00		11:00–14:00		17:30~21:00	
	E 班	11:00~15:00		18:00~22:30			
	F 班	7:30~11:00		17:30~10:00			
	G 班	12:00~15:00		18:30~23:00			
	H 班	11:00~15:00		18:00~22.00			
	I 班	7:30~11:00		18:30~23:00			

某社会餐厅营业十张台，最大客容量 80 人，其员工工作时间安排如表 8-4：

表 8-4　排班表

员工排序	周日	周一	周二	周三	周四	周五	周六
员工 -1	早一	早一	早一	早一	休息	早一	早一
员工 -2	晚一	晚一	晚一	晚一	晚一	晚一	休息
员工 -3	晚二	晚二	晚二	晚二	晚二	休息	晚二
员工 -4	休息	早一	早一	早一	早一	早一	早一
员工 -5	早二	休息	早二	早二	早二	早二	早二
员工 -6	早一	早一	休息	早一	早一	早一	早一
员工 -7	晚三	晚三	晚三	休息	晚三	晚三	晚三
员工 -8	晚一	晚一	晚一	晚一	晚一	休息	晚一
说明	班　次	工作时间					
	早一	10:00～18:00					
	早二	12:00～14:00	18:00～12:00				
	晚一	12:00～15:00	17:00～22:00				
	晚二	12:00～15:00	18:00～23:00				
	晚三	12:00～14:00	18:00～24:00				

（四）经营成本的核算与控制

除了餐饮食品原材料、人工成本外，还需要考虑在经营过程中为保证餐厅的产品生产和经营所需要使用和消耗的费用，其中包括：房屋租金或建筑折旧金、设备折旧金、燃料和能源费、低值易耗品费用、办公费用、采购运输、保洁与治安费、广告促销费、公共关系费等。

六、设备物品管理

餐厅的设备物品很多，要注意保持这些设备物品的完好无损以及干净卫生。

（一）餐厅家具管理

餐厅家具主要指餐桌、餐椅、餐厅用柜橱、酒柜、服务台（服务桌）、茶几、沙发和转盘及窗帘等，也包括餐厅的装饰品如画框、盆景、雕塑等。

餐厅使用的家具，一般会根据餐厅的规模、档次和整体风格来进行选择。餐桌有圆形、椭圆形、正方形和长方形等几种。在中餐厅中以圆桌和长方形餐桌为主，西餐厅中多选择方形和长方形，椭圆形餐桌在欧洲一些高档餐厅的隔间内使用(欧洲餐厅很少使用包房形式)。餐椅则根据餐厅配用的餐桌种类和级别不同而有所不同。

酒柜是陈列和销售酒水的设施。服务台也称为服务桌或服务柜,里面装着服务用品和餐具,服务台常常是服务员分菜的地方。茶几和沙发常用于高级餐厅的顾客休息室。转台是中餐厅大圆桌上面摆设的,并且可以转动的小餐台。餐厅最常用的家具是以木头为原料制作的。但是,也有一些餐厅用木头和金属合成的家具。餐厅的家具是餐厅的最基本的经营设施,必须加强管理。

餐厅家具的保养与管理:

(1)防止餐厅家具受潮、曝晒与虫蛀。餐厅家具多为木质材料,受潮后容易膨胀变形。因此切忌把湿毛巾长时间放在家具上,如果发现有潮湿的毛巾或其它材料放在家具上,应马上拿掉,餐桌和餐椅有水渍要及时擦干。餐厅家具受到阳光曝晒容易收缩、开裂,所以应避免家具长时间遭受阳光爆晒而变形、开裂和褪色等。在有暖气设备的餐厅,家具的摆设不能靠近暖气片,以防止被烘干而破裂。另外,竹木制品有时会生虫,如发现家具出现空洞和木屑,应及时处理。

(2)一般竹木器家具都是经过油漆涂层的,为了保持家具的整洁、光亮,需定期为餐厅家具上光打蜡。

(3)经常调节室内的空气,保持室内通风。房间久闭,门窗不通风,湿度过大或在雨季会使家具发霉;木板的家具还会脱胶变裂。餐厅应适时地打开门窗进行通风。

(4)餐厅家具必须轻拿轻放,搬动家具时一定要两人搭配好才能搬动,切忌一人在地板上生拖硬拉,如有损坏及时修补,避免营业时造成不必要的麻烦。

(二)餐厅用品管理(服务车、托盘、加热保温设备)

餐厅服务车的种类很多,包括菜肴运输车、开胃菜车、切割车、牛排车、甜点车、烹调车、酒水车、送餐车和餐具运送车等。

餐具和菜肴运输车常用于宴会的摆台和撤餐具等。开胃菜车用于餐厅摆放开胃凉菜,车上常放少许冰块保持菜肴的凉爽。切割表演用车专门用于烧烤等方法制作的菜肴,例如北京烤鸭、广式烤乳猪、烤牛肉、牛排等的切割分餐和表演。烹调车有各式各样,适合不同菜肴烹调和销售,例如煮粥车、蔬菜车、小笼蒸车等。

甜点车是餐厅推售点心如蛋糕、派、布丁及其他甜点和水果的小车。一个由厨师精心布置的甜点车是非常有吸引力的。

酒水车常用于西餐厅和咖啡厅，它包括酒水车和咖啡车等。酒水车主要用来陈列和销售各种开胃酒、高度酒、餐后甜酒和饮料等，备有相应的酒杯、饮料杯和冰块等，相当于一个餐厅内的流动小酒吧。咖啡车是餐厅推销咖啡的小车，车内展示几种最受顾客欢迎的咖啡豆，车上装有小型的煮咖啡装置，该装置将咖啡豆煮成咖啡只需一分钟。有时，咖啡车上还装有酒精炉，可以制作爱尔兰咖啡。

送餐车是餐厅服务员向客房运送菜肴和酒水的服务车。为了运送热的菜肴，一些送餐车还装有保温设备。为了保证餐厅服务质量，必须正确的使用服务车和不断的进行保养。

此外，还有大托盘用于传送大型烧烤食品（西餐大型宴会中常见，如扒鲟鱼全鱼），以及各种保温设备（自助餐中使用较多）等。

餐厅用品的保养与管理应注意以下几个方面：

(1)服务车不能装载过重的物品。多数餐厅内使用的服务车都是轻便和灵活的，因此，应当专车专用。服务车的车轮较小，在使用时，速度不能过快。如遇地面不平或餐厅内地面有异物，服务车极容易翻倒。

(2)每次使用完服务车一定要用洗涤剂认真擦洗，镀银的车辆应定期用专用银粉擦净。

(3) 托盘、加热保温设备每次使用完后，一定要洗净擦干，并保持干燥。

（三）餐厅餐具管理

餐厅餐具是餐厅服务的重要工具，也是餐厅管理的重要内容。同时餐厅的餐具还反映了餐厅的特色和风格。餐厅的餐具主要有陶瓷器类、玻璃器皿类、不锈钢和银器类。各类餐具的保养方法各不同。分述如下：

(1)陶瓷器类是餐厅服务的主要用具。陶瓷器类餐具常常可以衬托和反映餐饮产品的效果。通常陶瓷器类餐具都有完整的釉光层，餐盘和菜盘的边缘都有一道服务线，以方便服务。陶瓷器类餐具主要有各类型盘、碗、碟、盅、茶杯等。

陶瓷器类餐具质地硬脆，边沿部分容易损坏，使用时应注意（特别是撤台时，餐具堆放量过大极易造成破损）。每次客人用餐完毕要及时清洗和检查，如有破损应及时登记，视情况更换。陶瓷器类餐具每次使用完毕要洗净消毒，用专用布擦干水渍，然后分类整齐放在指定的碗橱内，防止灰尘污染。在搬运碗碟等瓷器时,要装稳托平,防止因碰撞而失落打碎。餐后收拾餐具时要根据瓷器的尺寸,整齐地堆放在碗橱架上,其高度便于存放和取出。

(2)餐厅使用的玻璃器具主要指玻璃杯等。玻璃杯是餐厅酒水销售和服务的重要工具,不同的玻璃杯体现了不同特色的酒水。如白酒杯、葡萄酒杯、啤酒杯、香槟酒杯、白兰地酒杯和果汁杯等。

玻璃器具也是容易损坏的餐厅用具,服务时应加小心。不要损坏,更不应发生损坏后碰伤客人的现象。玻璃器具撤台时应少量多次,尽可能不堆放。各种玻璃器具使用过后都要及时清洗、消毒。消毒后的玻璃器具使用干毛巾擦拭干净,透明光亮、无任何痕迹。擦干后的玻璃杯和酒杯需要倒扣在盘子内,依次摆放整齐。

(3)不锈钢餐具和银器类也是餐厅常用餐具,特别是西餐厅需要使用各种不锈钢刀具、餐具,如叉、勺、菜盘盖、热水壶、冰壶和银器餐具等。

各种不锈钢餐具和银器使用完毕必须细心擦洗, 精心保养。凡属贵重的餐具,一般都由餐饮后勤管理部门专人负责保管,对银器的管理分出种类并登记造册。餐厅使用的银器需要每天清点。大型西餐宴会上使用的不锈钢餐具和银器数量大,种类多,更需要认真的清点。在营业时间结束时,尤其在倒剩菜时,应当防止把小型的银器倒进杂物桶里。

各种不锈钢餐具和银器的贮放容器是盒子或抽屉。如将每种刀叉分别放在一个特定的盒子或抽屉中,每个盒子或抽屉可垫上粗布,以防止滑动和相互碰撞而留划痕和印记。垫布要定期换洗,保持卫生。其他金属器具应编号排在架子上,其高度应方便服务员放置和取用。有些餐厅甚至将这些贵重的银器和其他金属器皿装在碗橱中上锁保管。

各种不锈钢餐具和银器需单独清洗,避免与陶瓷、玻璃器具混放混洗,造成不必要的破损。

(四)餐厅暖通设备管理

随着经济的发展,人民生活水平的提高,餐厅用餐环境也越来越好。许多餐厅都有暖通设备,因此暖通设备的维护也成为餐厅日常服务工作的基本内容。

暖通设备主要是指排风扇、暖气片和空调机。这类设备日常维护主要有二点,其一是运转正常,如有异常或停止工作,应及时报告并做记录。其二是排风扇和空调机的通风口,应当定期(1~2个月)清扫一次,避免积累灰尘和给顾客带来病患的隐患。

七、餐厅安全管理

安全管理是餐厅的重中之重，它不仅要保证就餐客人的安全，同时也要考虑餐厅生产和服务人员的人身健康和安全。因此，餐厅从厨房生产到菜品销售的每个环节必须自始至终重视和强调卫生与安全。餐饮管理人员和各岗位员工都必须意识到安全的重要性，并在工作中时刻注意正确防范。餐厅安全管理主要包括：餐厅的卫生安全、餐厅的生产安全、餐厅的治安安全。

（一）餐厅的卫生安全

餐厅的卫生安全是指由餐厅的食品、餐具、环境及各种人员引发的，造成用餐顾客身体或心理产生疾病现象的卫生安全问题。主要包括：餐厅员工个人卫生和健康、餐具卫生、餐厅环境卫生和食品生产环境卫生。

1. 餐厅员工个人卫生和健康管理

餐厅员工个人卫生和健康是餐厅卫生管理的重要问题之一。个人卫生管理包括员工的身体健康管理和员工的个人清洁、员工工作服管理和员工卫生制度管理。

员工的身体健康管理必须按《食品卫生法》、《餐饮业食品卫生管理办法》的要求，进行定期检查并持健康证上岗，生病期间不得参加餐饮服务工作。

个人清洁是个人卫生管理的基础，个人的清洁状况不仅体现个人的修养，也体现了餐厅的卫生情况。根据国家卫生法规，只准许健康的人参与餐饮产品的制作和服务。因此，餐饮工作人员的个人清洁管理应以培养个人良好的卫生习惯为前提。如每天洗澡和更换衣服、服装整洁；每天刷牙保持口腔卫生；上岗时头发清洁无异味无头屑；上班前和使用了卫生间后必须洗手；勤剪指甲保持指甲卫生，不可在指甲上涂抹指甲油；厨房工作的员工必须戴帽子；工作时不可用手摸鼻子、不可以打喷嚏、擦鼻子等。

员工工作服管理是指在餐厅和厨房工作人员的工作服应合体、整洁、无破损，便于工作。餐厅应为餐饮工作人员准备两套以上的工作服，特别是厨师和餐厅服务员应准备3～4套。工作服必须1～2天清洗更换一次。厨师的工作服应具有在生产过程中保护厨师的作用（一般工作服应当是结实、耐洗、颜色适合、轻便、舒适并且具有吸汗作用）。

厨师工作服应包括上衣、裤子、帽子、围巾和围裙。厨师目前工作服多为长袖、双排扣式,便于保护员工的胸部及胳膊以免热汤汁溅在身上。厨师工作服一般为上衣白色、深色裤子,这样易于发现工作服上的污点,保持服装的卫生。

餐厅服务员穿的民族服装和制服最好每天更换。工作服应当熨烫平整和保持干净,没有油污和破损。女服务员穿裙子时,一定要穿长筒浅褐色丝袜;男服务员应穿深色袜子、黑色皮鞋。

2. 餐具卫生管理

餐具卫生是餐厅顾客关注的主要问题之一,也是餐厅的日常工作。餐具卫生管理不仅包括客用的餐具用具,也包括工作人员使用的设备和用具,如厨房的炊具、刀、案板、切菜机、绞肉机、拌面机,各种盆、盘、筐等。由于它们与生料直接接触,受微生物污染的可能性较高,因而对这些设备、厨具的每日洗涤、消毒显得十分重要。还包括服务人员使用的卫生工具,如餐车、毛巾、抹布等,必须保持随时清洁。在清洗电器设备时,应关闭机器,切断电源,用布、小刀或其他工具去掉食物残渣,用热水和清洁剂清洗设备部件,尤其应注意清洗刀具和盘孔,然后擦干。

3. 餐厅与生产环境卫生管理

根据《餐饮业食品卫生管理办法》和《食品卫生法》的要求,餐饮服务与生产的环境卫生对餐饮经营有着重要意义,忽视环境卫生极容易造成食品的污染。而清洁的餐厅和厨房会增加顾客对餐厅的信任,以及提高饭店和餐厅的知名度。同时,洁净的工作环境可增加员工的自尊心,使他们更加轻松和愉快地工作。

餐厅卫生管理包括餐厅和厨房的地面、墙壁、天花板、门窗、灯具及各种装饰品的卫生管理。如保持餐厅地面的清洁,每天清扫并用墩布擦拭地面。定期除去地板上的油渍污迹等。对高档餐厅的地毯应保证客人离开后即行吸尘,每日用清洁剂将撒在地毯上的汤汁擦干净。

保持餐厅和厨房的墙壁和天花板的洁净。每天对1.8米以下的墙壁清扫一次,每月定期消毒一次。餐厅应当对门、窗、通风口及玻璃保持清洁。如每二天清洁玻璃门,雨雪天气还要保持随时擦拭。此外,餐厅装饰用的花草树木和隔栏、画框等也要定期管理。

(二)餐厅的生产安全

餐厅的生产安全是指餐饮生产与服务的安全,与餐厅的经营有着密切的联系,不论餐厅或是厨房出现安全事故都会影响餐厅的经营及声誉。因此,在餐厅经营中不仅应保证顾客的安全,还必须要保护员工的人身安全。这是餐饮管理人员义不容辞的职责。餐厅的安全事故,多发生在餐饮高峰时间,由于工作量大、繁忙而造成员工的跌伤、烫伤、切伤和火灾等事故等。

预防餐饮生产和服务安全事故的发生,主要从日常工作抓起,使员工懂得发生各种安全事故的原因, 以及如何预防事故的发生, 掌握事故发生后的处理方法,并加强管理。常见的各种安全事故与预防如下:

1. 跌伤与撞伤的原因及其预防

跌伤和撞伤是餐饮服务和生产中最容易发生的事故。在餐厅中,顾客和服务人员摔伤的原因主要是餐厅入口处的冰雪雨水、餐厅的地面潮湿、地面存有油渍以及楼梯损坏和照明原因等。

服务人员撞伤的原因主要是服务线路不明确及不遵守服务规范等原因。因此要求员工在走路时,应靠右侧行走、不能奔跑,出入门时,注意过往的其他员工。

厨房中的跌伤与撞伤多发生在厨房通道和门口处。因此要求餐厅与厨房内的各种门应有缓速装置。厨房及通道的地面潮湿、油污和杂物及员工没有穿防滑的工作鞋等都会造成跌伤。员工在搬运货物时,由于货物堆放得过高造成视线障碍或员工在门口的粗心也是造成撞伤的主要原因。

预防餐饮服务和生产中的跌伤和撞伤必须做好:保持工作环境内地面的清洁,厨房入口及厨房内应做防滑处理。员工走路时不能奔跑,注意观察前方和周围情况,穿防滑工作鞋或低跟防滑鞋,系好鞋带等。地面破损要及时修补,服务区和生产区应有足够的照明,工作区域及时清理掉杂物。

2. 扭伤的原因和预防

扭伤是餐厅和厨房员工搬运过重物体或使用不正确的搬运方法造成腰部肌肉损伤。防止扭伤的发生要求员工在搬运物品时,应量力而行。不要举起过重的物体并且掌握正确搬运姿势等。例如举高物品时应使用腿力,被举物品不宜超过头部。通常男员工可举起的重量约是 25 千克,女员工正常举起的重量约是 15 千克。

3. 烫伤的原因及其预防

烫伤主要是由于员工服务或工作时的粗心大意造成的。餐厅在营业高峰时非常繁忙,一些员工容易在忙乱中触碰到热锅、热油、热汤汁和热蒸气等造成了烫伤。防止烫伤的方法是餐厅服务员服务过热菜品如铁板、熱煲、热汤时,应谨慎小心,并按规程操作不要匆忙,以免发生不必要的事故。

例如餐厅服务员运送热汤、热菜时,一定注意周围的顾客和服务员,当将热汤菜送至餐桌时,一定要对客人说声“打扰了!”并注意餐桌周围顾客的动态。

另外厨房烹调时,炒锅一定要放稳。不要使用手柄松动的锅。容器内不要装入过多的液体。也不要将锅柄和容器柄放在炉火的上方。厨师打开热锅盖时,应先打开离自己远的一边,再打开全部锅盖。油炸食物应先沥去水分,防止锅中的热油外溢伤人。经常检查蒸气管道和阀门,防止出现漏气伤人事故。厨师应随身携带干毛巾,养成使用干毛巾的习惯。

4. 切伤的原因及其预防

在餐饮服务和生产中,切伤发生率仅次于跌伤和撞伤,尤其是厨房的切伤事故。造成切伤的主要原因是职工在工作时,精神不集中,工作姿势或程序不正确,刀具钝或刀柄滑,作业区光线不足或刀具摆放的位置不正确等原因。同时,切割设备没有安全防护装置也是造成切伤的主要原因。预防切伤应注意:餐饮工作人员应熟悉使用工具和设备,非厨房员工不得使用刀具和切割设备;厨房工作人员杜绝手持刀具、用具打闹,各种刀具、切割设备应有专人使用和管理制度等。

5. 电击伤的原因和预防

电击伤又称触电,在餐饮服务和生产中很少发生。但电击伤的危害很大,应当特别注意。电击伤发生的原因主要是设备老化,电源线路绝缘下降或有破损处等。其次,操作不当如湿手接触电设备也是造成电击伤的主要原因。其预防措施为:厨房和备餐间中所有电设备都应安装地线。不要将电线放在地上,即便是临时措施也很危险。保持配电盘的清洁,所有电设备开关应安装在操作人员的操作位置上。工作结束后用电设备立即切断电源。在容易发生事故的地方涂以标记。

6. 火灾的原因和预防

餐厅的火灾主要来源于厨房。由于厨房内存在有各种电器、管道和易燃物品,所以厨房是火灾易发区,火灾将危害顾客和工作人员的生命,造成财产损失。因此,厨房防火教育是十分必要的,要使厨房工作人员了解火灾发生的原因,懂得如何预防火灾的发生及如何灭火。餐厅内的火灾有时是服务人员操作不当引起的,如火锅服务,韩式烧烤等。相对厨房来说,比较好预防,主要是通过加强培训完成。

(1)火灾发生的原因主要有三个基本条件:可燃物质(油、木料)、助燃物(氧气)和火源(温度或燃点)。当这三个要素都具备时,火灾便发生了。如炒锅中的油加热到一定温度时,虽然没有明火但锅内温度已经达到燃点,加上空气中的氧气作用,锅内的油便会燃烧。此外,厨房生产中离不开明火,同时厨房内还有燃气管道等。所以厨房容易导致火灾的发生。

(2)火灾类型及灭火物质。火灾分为三种类型:A型、B型和C型。A型火灾表示由木头、布、垃圾和塑料引起的火灾,扑灭A型火灾使用的物质有水、干粉和干化学剂;B型火灾由易燃液体引起,如酒精炉、火锅固体燃料、油脂等,灭B型火的物质有二氧化碳、干粉、干化学剂,也可以使用专用灭火毯;C型火灾由电动机、控电板等电设备绝缘物质老化引起,扑灭C型火适用的物质与B型相同。

(3)灭火工具。厨房常备的灭火工具,有石棉毯和手提灭火器。石棉毯在厨房非常适用。当炒锅中的食油燃烧时,可将石棉毯盖在炒锅上,阻断可燃物与助燃物(氧气)的接触即可扑灭火焰,这样不会污染食物。手提式灭火器一般配有泡沫、二氧化碳和干化学剂等类型。关于灭火器的使用,一般消防部门会做专门辅导。

(4)火灾预防措施。发现火险应立即采取措施灭火,并同时向餐饮管理人员报告。餐厅的员工,特别是厨房工作的员工,应当熟悉灭火器存放的位置和使用方法。经常维修和保养电器设备,防止发生事故。控制油炸锅中热油的温度,防止热油溢出锅外。厨房内严禁吸烟,注意煤气灶的工作情况等。

(三)餐厅的治安安全

餐厅的治安安全是指在餐厅内,保证顾客人身安全和财物的安全,也要保证员工的工作安全。餐厅是一个复杂的社会公共场所，各类人员都可能来餐厅就餐。因此,维护餐厅的治安安全,成为保证餐厅正常经营的主要任务。一般说来主要有:其一,防止偷盗和抢劫。其二,防止酒后滋事和无端争吵。前者随着经济的发展,科学技术手段的应用,大中型餐厅都采用了闭路监控系统,来保证顾客和员工的人身与财产安全,遇到问题及时处理或与当地派出所联系。后者主要依靠有经验的管理者,通过说服协调,稳定顾客情绪,获得妥善解决的方式。

总之,餐厅是一个公共场所,有可能会发生一些治安问题。餐厅必须提前做好应对各种可能发生问题的准备。

复习思考题

1. 简述餐饮管理的目标与任务。

2. 简述餐厅成本控制的主要内容。

3. 简述厨房安全生产的预防。

主要参考文献

蔡万坤. 餐饮管理[M]. 北京:高等教育出版社,2005.

黄文波. 餐饮管理[M]. 天津:南开大学出版社,2003.

林德荣. 餐饮经营与管理[M]. 厦门:厦门大学出版社,2003.

吴克祥. 餐饮经营与管理[M]. 天津:南开大学出版社,2004.

赵承金,赵倩. 现代饭店餐饮管理[M]. 大连:东北财经大学出版社,2003.

第九章 餐饮销售与推销管理

对餐厅来说，经营的目标均是盈利，产品的销售与推销直接决定着餐厅的经济目标是否最终实现，是满足顾客需求和提供优质服务的关键环节。成功的餐饮销售并不是某一次活动的成功，它是多种因素组合协调的结果。

本章就如何做好餐饮产品的推销与销售作出阐述，使学习者了解餐饮产品销售计划内容和餐饮产品推销的程序；掌握餐饮产品价格制定过程和餐饮销售控制的方法；掌握产品推销的基本要求；熟练运用各种餐饮推销形式进行推销。

第一节　餐饮产品销售计划

计划，是餐厅实施目标的首要任务。它告诉人们为实现既定目标需要在什么时间、由什么人、采取什么方法、去开展什么活动以最终实现目标。餐饮产品的销售计划是实现销售目标首要完成的工作，它为销售者指明了完成销售任务的方法，对以后餐饮销售的顺利进行起着重要的作用。本节就如何完成餐饮产品销售计划、销售计划制定的过程和策略做阐述。

一、餐饮产品销售计划的特点

餐饮产品销售计划是根据市场供求关系，在分析市场内外客观环境的基础上，对餐饮销售的任务和目标及其实现措施所做出的安排，它有以下四个特点。

（一）目标性

从本质上说，计划管理就是确定目标，组织业务活动的开展，保证计划指标的实现。因此,餐饮销售计划必须以经营方针为指导,以市场竞争为导向,在收集计划资料的基础上,对市场的需求做好预测。然后通过财政预算,对餐饮收入、成本、费用、利润等做出全面安排。这些指标一经确定和分解,就成为企业、部门和基层管理的具体奋斗目标,指导餐饮管理各项业务活动的开展。因此,餐饮销售计划实质上是目标管理的具体运用。

(二)综合性

产品销售计划是一项综合性较强的工作,它涉及餐厅及各部门、各环节各项业务活动的开展。具体说来,业务上涉及采购、储藏、生产和销售;内容上涉及各级、各部门的收入、成本、费用和利润;计划的贯彻执行涉及业务管理的全过程,体现在供、产、销活动的各个方面。因此,餐饮销售计划必须以经济效益为中心,以销售预测为起点,以业务经营活动为主体,以经营措施为保证,具有较强的综合性。

(三)专业性

产品销售计划是一项专业技术性较强的工作。在编制计划以前,要做好调查研究,分析经营环境,掌握市场供求关系的变化;编制过程中,要做好销售预测,搞好财政预算,合理安排各种指标;执行过程中又要利用信息反馈,掌握计划进展和可能出现的偏差,发挥计划控制职能。因此,餐饮管理人员只有掌握这些专业技术,并善于灵活运用,才能做好计划管理工作。

二、餐饮产品销售计划的内容

由于餐饮业综合性的特点，餐饮产品的销售要包括食品原材料的采购、生产、销售和服务等一系列的环节,故餐饮销售计划除对市场的调研预测制定的销售计划本身外,还应包括食品原料计划、产品生产计划、餐厅服务计划等。

(一)销售计划

产品销售计划是市场销售的前提和基础，也是市场销售的本质表现和各种交易行为的直接反映。因此必须制定餐饮销售计划。它是根据市场需求,在确定产品风味和花色品种的基础上,分析餐厅档次结构、接待对象、接待能力来制定的,其内容主要包括餐厅接待人次、上座率、人均消费、不同餐厅的食品收入、饮料收入、烟草和其他收入及总销售额等。

(二)食品原材料计划

食品原材料是保证餐饮产品生产需要,完成销售计划的前提和保证。其计划指标以食品原材料采购为主。由于食品原材料种类很多,难于确定各种原材料的具体需要量,因此,计划的内容主要包括采购成本、库房储备、资金周转、期初库存、期末库存等。

(三)产品生产计划

厨房生产是餐饮业务经营活动的中心环节之一,生产过程的组织直接影响产品质量、客人需求和食品原材料消耗,是确保销售计划得以顺利完成的基本条件。饭店宾馆、涉外餐馆厨房较多,各个厨房的生产任务不同,因此,餐饮产品生产计划是以餐厅销售计划为基础,通过计划指标的分解来制定的。它以短期计划为主,其内容主要包括花色品种安排、食品原材料消耗、厨师任务安排、单位产品成本控制等。

(四)餐厅服务计划

餐厅服务过程就是餐饮产品的销售过程。餐厅服务质量是餐饮管理的生命,它直接影响客人需求、产品销售和营业收入的最终完成。餐厅服务计划以提高服务质量、扩大产品销售为中心,根据餐厅类型、就餐环境和接待服务规格来制定。其内容主要包括服务程序安排、服务质量标准、人均接待人次、职工人均创收、人均创汇、人均创利、优质服务达标率、客人满意程度、投诉降低率等。

三、餐饮产品销售计划的过程

(一)分析市场,确定销售目标市场

餐饮管理的市场销售目标是企业总体目标的一部分。它必须以市场需求为中心,从长远来看,重点是确定产品风味、产品结构、花色品种和经营特色;从短期来看,重点是客人的具体需求、市场范围、主要目标市场所在;从营销效果看,重点是餐厅上座率、接待人次、客人人均消费水平、消费结构、营业收入等。将这些内容综合起来,就成为餐饮管理的市场销售目标。

（二）销售策略的制定

制定销售策略，需要知道餐厅的目标市场是什么？餐厅规格是什么？餐厅的产品是什么？餐厅等级规格不同，经营风味和产品结构不同，接待对象不同，营销策略也不完全一样。其具体内容又包括产品策略、价格策略、渠道策略、形象策略、市场细分策略、促销手段等等。各种策略的运用都必须根据营销目标和市场需求变化而灵活选择和运用。

（三）实施销售策略

1. 做好客源组织

市场销售是供求双方之间的交易行为和过程，也是客源组织过程。做好客源组织要以突出产品风味和经营特色、确保产品质量和服务质量为基础，采用灵活多样的方式，将预订推销、外出联系、形象吸引、销售推广等各种方式结合起来，才能确保营销目标的最终完成。

2. 提供优质服务

服务是餐饮产品的重要组成部分，按照选择的销售目标和制定的产品销售策略，为消费者提供优质的服务。根据餐厅类型和销售方式，提供舒适、典雅、美观的就餐环境，搞好餐厅布置，是做好餐饮产品销售策略的保障。

3. 加强反馈，灵活更新策略

餐饮产品市场销售还要不断观察和反馈市场信息，根据就餐客人需求状况的不同，采用灵活的方式。具体说来包括：当客人对餐厅产品和服务不满意时，要创造条件改变客人的看法；当客人需求下降时，要开发市场、增加客源；当客人需求处于潜在状态时，要激发客人的需求；当客人消费结构和人均消费不理想时，要调节供给。总之，必须根据客人的需求变化而灵活掌握销售策略。

四、餐饮产品市场销售策略

市场销售策略是在市场供给和需求之间实现产品和劳务交换所采取的各种措施和手段。它涉及市场供给和市场需求两个方面，反映在餐饮业务经营活动的全过程，其基本策略包括四个方面。

（一）产品策略

产品策略是餐饮市场销售的基础，是市场供给的本质表现。餐饮产品策略除产品本身以外，还应包括提供产品的环境和条件。

餐饮管理要正确运用产品策略，关键是要抓住五个环节：第一，要根据市场需求和餐厅技术力量，选好经营风味、安排花色品种，形成产品组合，并随时根据客人需求变化做好必要的调整。第二，要保证食品原材料供应，做好生产过程的组织，确保产品色、香、味、形的并重，坚持以产品特色取胜。第三，要加强厨房和餐厅的联系，提供优良就餐环境，扩大产品销售，实现餐饮产品的交换价值。第四，要做好餐厅服务过程的组织，切实提高服务质量，树立餐厅形象，提高餐厅声誉。第五，要根据市场需求变化和餐厅设施条件，采用灵活多样的销售方式，将餐厅销售和食品展销、文化娱乐、宴会推销、会议推销、饭店宾馆客房送餐、大中型餐饮推销活动等结合起来，使餐饮产品市场交易方式和交易活动多样化。

（二）价格策略

价格是联结市场供给和市场需求的纽带和桥梁，是影响餐饮市场销售的重要条件。在餐饮市场销售活动中，价格属于运动参数，它的变化既影响供给，又影响需求。

餐饮管理要正确运用价格策略，不仅仅是运用毛利标准简单地制定价格，其关键是根据市场供求关系的变化而变化。灵活掌握价格，以刺激需求，扩大销售。因此，价格策略的运用，重点要区别不同情况，根据供求关系的变化，采用不同的策略。主要包括：

1. 差别价格策略

根据不同风味、不同档次产品的供求关系，分别采用不同毛利率标准，形成价格差别，适应不同消费者需要。如宴会经营、特殊食品展销活动，都面向较高层次的消费者，但不同客人的消费水平和支付能力不同，价格水平区别较大。如宴会经营，高档宴会的人均标准可达3000～5000元，低档宴会往往只有几十元。

2. 满意利润策略

即在市场竞争条件下，分析边际收入和边际成本的变化，以边际收入和边际成本相等时的价格作为订价或调价的标准，使产品价格补偿原材料成本和流通费用后，有比较合理的利润。需要注意的是餐厅在获得满意利润的同时，要注意需求市场的可接受程度。

3. 迅速渗透策略

产品价格以占领市场为主要目标，其具体目标又有两种：一是占领新的市场,二是扩大原有产品的市场占有率。运用市场占领策略在价格制定上,要大力降低成本费用开支,然后以较优惠的价格吸引就餐客人,迅速占领市场。从表面看,产品价格比同行同类产品略低,但成本低,质量好,餐厅具有竞争优势,有利于占领新的市场或扩大市场占有率。

采用市场占有策略,餐饮产品的价格水平相对较低,有一定风险性。为此,需要具备两个条件:一是餐厅有较大的规模、资金技术雄厚、有一定承受能力。这样,才能在较长时期内扩大市场占有率、取得预期效果。二是目标市场对餐饮产品的价格变化比较敏感,能够较快引起客人的重视。否则,价格较低,而市场反映不大,反而造成餐厅的经济损失。以餐饮风味和产品占领新的市场或扩大市场占有率为目标,努力降低成本,使自己的产品在周围同类产品中以最优惠的价格吸引客人,冲击竞争者。

4. 撇油价格策略

如果估计自己的产品投入市场,会受到就餐客人的广泛欢迎,就趁价格弹性较小时的机会,制定高价,创造出自己产品的名贵形象,获得丰厚利润。当市场需求下降时,降价也有较大的余地。

5. 稳定价格策略

为保证客源,适应竞争需要,保持价格的相对稳定,有节制的选择部分产品调价,升降结合,防止价格过高导致需求下降。如,有竞争优势的产品,餐厅采取稳定价格,取得顾客对于产品的信任,形成餐厅的竞争优势。

6. 折扣让价策略

将餐饮产品价格和市场推销结合起来,对老主顾、老客户、老关系,分别采用交易折扣、数量折扣、同行业折扣、现金折扣等手段,以稳定和扩大市场销售份额。同时,根据季节变化,采用季节折扣,调节供求关系。

7. 声望价格策略

企业档次高,声誉高,对主要追求享受的客人,采用声望价格策略。如高档宴会或名酒销售,尽力提高价格,确保产品质量和服务质量,满足客人享受需要。为创造餐厅某种风味、某类产品的名贵形象,形成市场声望, 在一定时期内采用高价,尽快取得高额利润。这种策略主要适用于两种类型的餐厅:一是餐厅刚开业,设施设备及产品质量高,估计自己的某类产品投入目标市场后,会深受客人的欢迎，趁产品对顾客有较大吸引力，价格弹性较小之时，制定较高价格，形成自己产品的名贵形象，获得丰厚利润。如果随着时间的推移，市场需求发生了变化，餐厅再采用正常价格，仍能获得满意利润。二是餐厅经营某种特殊风味，其产品在市场上具有较高的垄断性，如北京饭店的谭家莱，仅此一家，别无分店。为保持餐厅产品的名贵形象，采用较高价格，从而获得优良经济效益。

8. 竞争订价策略

以开展市场竞争，扩大产品销售，增强竞争能力为主要订价目标。采用这种策略，餐饮经营者的眼光始终瞄准同行竞争对手同类餐饮产品的价格。如果自己的产品和服务明显高于竞争对手，深受客人欢迎，立即采用较高价格，造成产品名贵形象；如果自己的产品和同行竞争对手没有太大区别，则以竞争对手同类产品价格作为自己的比较参数，价格略低，形成竞争优势；如果同类产品竞争激烈，餐厅则尽快开发新产品，吸引对方顾客，加速市场分化，形成局部优势。因此，采用竞争价格策略，餐饮产品的价格是随竞争对手的价格水平而变化的。正确运用这种策略，关键在于及时掌握餐饮产品价格的调价时期和价格水平，竞争价格既不能过高，又不能过低。否则，必然影响餐厅经济效益，反而削弱了竞争实力。

9. 心理定价策略

掌握顾客心理，通过订价刺激客人消费，获得优良经济效益。餐饮产品心理价格策略，主要有三种表现：一是对追求餐饮享受的客人。他们的主要目的是通过餐饮消费体现自己的身份地位和消费水平，或在客户面前显示自己公司的经济实力以便获得合同或订单。他们认为，价格反映产品质量和服务质量，不计较花钱多少，价格越高，越能反映产品质量，提高自己的声望，因而，餐饮价格应尽量从高。二是多数客人对产品价格比较敏感，可采用尾数订价，以适应客人的消费心理。如盘菜价格 29.95 元，不要订为 30 元；19.8 元不要订为 20 元。多数客人乐于接受尾数订价，认为是在某一整数范围内的开支，有利于扩大销售。三是对有一定声望的企业和一些高质量的产品，可采用整数订价法，如 48.5 元可直接订为 50 元，吸引部分消费水平较高的客人。

在餐饮市场供给和需求关系中，要针对不同情况，分别采用不同的价格策略，促进餐饮市场营销活动的顺利开展。

（三）促销策略

促销策略是采用不同的促销手段去宣传餐厅产品，广泛组织客源，扩大产品销售。它是餐饮产品从经营者手中转化为就餐客人实际消费的重要条件。没有促销措施,坐店等客,无法适应市场竞争的客观要求。

在餐饮管理中,正确运用促销策略,其重点是做好四个方面的工作:第一,建立销售机构,配备推销人员。第二,根据营销计划,将餐饮营销目标落实到有关部门和人员,使他们明确责任和任务,保证餐厅上座率、接待人数、人均消费、营业收入等计划目标的实现。第三,根据市场竞争需要,采用灵活多样的推销措施,主要包括餐厅销售推广、预订推销、订座销售、电话联系、外出推销、形象广告推销、公共关系等。第四,要控制销售成本,降低费用消耗,主要是交际费用、广告费用、公关费用等。这部分费用是不可缺少的,但应有计划、有安排,防止盲目请客吃饭。要定期考核费用消耗情况,以降低费用开支,提高推销效果。

(四)销售渠道策略

销售渠道是指在市场销售中主要通过哪些方式、哪些途径向哪些类型的客人推销,它和促销策略是一个问题的两个方面,也是影响餐饮市场销售的重要条件。

餐饮管理要正确运用销售渠道策略,重点是抓住三个环节:第一,选好主要目标市场。除饭店宾馆餐饮管理以店客为主外,其他目标市场可根据餐厅自身条件,分别选择旅游客人、商业客人、公司团体、企事业单位和零散客人等。第二,选择主要客户,包括旅行社、外交机构、当地社团、企事业单位等。第三,针对不同的客户,运用不同的推销策略,加强同客户的联系,争取他们前来用餐,成为回头客。

第二节 餐饮产品价格制定

价格是价值的货币表现,是产品成本、费用、利润和税金的综合反映。餐饮产品价格的合理程度直接影响餐饮收入、市场竞争和经济效益。合理制定产品价格,保持产品价格和市场需求的最佳适应性,是餐饮管理的重要任务。

一、产品价格的组成

餐饮产品的价格是以价值为基础的。其价值主要包括三个部分:一是物化劳动转移价值。它以食品原材料价值、设施设备、家具用具、餐茶用品和水电燃料消耗价值为主。其中,既有物化劳动价值的直接转移,又有物化劳动价值的渐进补偿;二是活劳动消耗中的必要劳动价值。它以劳动者的工资和工资附加费、劳保福利和奖金消耗为主，即劳动力价值；三是活劳动消耗中的剩余劳动价值，它以税金和利润的形式为国家提供公共积累，并为餐厅的生产和再生产积累资金。

餐饮产品的价格构成同其价值是相适应的，在价值向价格的转化过程中食品原材料价值转化为产品成本。生产加工和销售服务过程中的设施设备、家具用具、餐茶用品、水电燃料、工资及工资附加费、福利费等转化为流通费用。产品成本和流通费用形成餐饮经营成本。税金以公共积累的形式上交国家，其余额为餐饮产品的利润。因此，餐饮产品的价格是由产品成本、流通费用、税金和利润四个部分构成的，其公式为：

产品价格 = 产品成本 + 流通费用 + 税金 + 利润

在实际工作中，除食品原材料成本以外，餐饮产品的流通费用、税金和利润很难按花色品种单独分摊到各个产品中去进行单独核算。这是由餐饮产品花色品种复杂、产销服务融合在一起、产品销售随时处于变化之中的特点决定的。因此，其价格构成中的流通费用、税金和利润融合在一起，形成产品毛利。由此可以得出结论：餐饮产品的价格是由成本和毛利构成的，其公式为：

餐饮产品价格 = 产品成本 + 产品毛利

二、产品价格特点

餐饮产品不同于其他企业的产品，它的价格有其特殊性。

（一）价格形成的复杂性

餐饮产品的价格是在生产、销售和消费过程中形成的。其价格形成和一般商品不同，它没有收购、批发和零售价格之分。从生产到销售过程中所产生的一切耗费和利润、税金，最终都通过零售价格表现出来，这是其一。其二，餐饮产品的价格构成应包括成本、费用、税金和利润。但除食品原材料成本可以按品种核算外，其他各种合理的劳动消耗、税金和利润都难于按品种、分环节核定。所以，在餐饮产品价格形成过程中，是把生产费用、管理费用、利润和税金合并在一起，形成毛利，加上原材料成本来制定价格。

（二）价格水平的多变性

餐饮产品的价格受原材料进价成本、产品类型、质量、企业等级规格、生产加工的复杂程度等多种因素的影响，餐厅各种餐饮产品的类型不同，花色品种不同，毛利率不同,价格区别较大。特别是餐饮产品烹调制作取材灵活,加工方式各不相同,烹调技术千差万别,即使是同一种产品,在质量上也存在差别,必然带来价格上的差异。所以,餐饮产品的价格水平是很灵活的。为此,餐饮经营者必须根据餐厅的等级规格、设备条件、产品类型和花色品种、产品质量和服务质量及市场供求关系的变化,灵活掌握餐饮产品的价格水平,始终保持和市场的最佳适应性。

(三)价格形式的多样性

餐饮产品价格种类是多种多样的,有食品、酒水、饮料、特殊服务项目价格等。其中,食品价格又有盘菜价格、服务价格、自助餐价格、宴会价格等多种,其花色品种成千上万,表现形式各不相同。酒水饮料价格既有瓶装、杯装价格,又有各种鸡尾酒价格。特殊服务项目往往根据客人的需求而灵活掌握,如宴会服务,会议包餐、鸡尾酒会等,其收费标准各不相同,价格通过各种形式表现出来。为此,餐饮经营者必须充分认识餐饮产品价格形式的多样性,既要根据餐厅类型和销售方式不同,分类制定餐饮产品的基本价格,又要根据客人需求和消费方式不同,灵活掌握各种特殊服务项目的收费标准,以适应各种类型消费者的各种形式的消费需求。

(四)价格管理的时令性

餐饮产品价格管理的时令性是由食品原材料的时令性、市场需求的季节性和波动性决定的。常年生产的食品原材料,其餐饮产品价格比较稳定;季节性、时令性食品原材料,由于受进价成本的影响,其产品价格必然也有时令性。同时,旅游的季节波动性又使市场需求具有季节性和波动性。餐厅为调节市场需求,菜单经常调整,既有常年菜、季节菜、时令菜,又有特别推销菜。举办食品展销活动,每次还要推出与食品节、食品周、烧烤会相适应的特式菜肴,由此,必然带来产品价格的时令性。为此,餐饮经营者在价格管理中,一方面必须坚持灵活进出,时菜时价的原则;另一方面又要根据季节、时令和市场需求变化,在调整菜单的过程中,同时调整产品价格。

三、影响产品价格变动的因素

餐饮产品的价格会变动,其影响因素主要有以下几个方面。

(一)产品在市场上的地位

如果本餐厅的菜品在整个餐饮市场竞争中处于优势,餐厅可以考虑提高价格，一般竞争优势包括产品的质量、特色、服务质量、店堂环境等；相反如果不如对手，就要考虑降价。

(二)竞争对手的价格

餐厅的经营要知己知彼，在同类产品中，如果竞争对手选择降价，那么我们就要考虑是采取同样的措施，还是提高质量，来与之抗衡。

(三)政府对餐饮价格的控制

政府为了引导公平竞争，会对产品价格进行监控，例如在世博会期间就规定了餐饮价格的调整范围。

(四)需求弹性的变化

需求弹性是指产品价格对产品销售影响的程度。弹性较大，适当降低价格会带来销售量的增加；如果弹性较小，价格对产品销售的影响不大，升降价格不会给销售量带来太大的影响。例如一品鲍鱼，其档次高，需求弹性就很大，当价格降低时，消费者就会增加。

(五)经济发展状况

一个地区的经济发展状况，直接影响着消费者的消费水平和餐厅产品的成本，会给产品价格的制定产生影响。

四、产品价格制定过程

餐饮产品的价格组成是制定产品价格的理论基础，它对价格的实际制定和调整都有重要的指导作用。其订价程序主要包括六个步骤：

(一)判断市场需求

餐饮产品正式订价前，只有在做好市场调查，判定某种风味某类产品的市场需求量，探测消费者对产品价格的态度后，才能合理制定产品价格。为此，要区分市场类型，根据不同餐厅的具体情况来确定。高档餐厅的市场需求是确定和探求消费水平和支付能力较强的客人对产品的需求量和对价格的态度；中低档餐厅的市场需求是探索和制定一般用餐客人对餐饮产品的需求和价格的态度。

(二)确定订价目标

在判断市场需求的基础上，其订价目标是要保持产品价格和市场需求的最佳适应性,既要让客人接受又使餐厅获得一定的利润。在实际工作中,由于餐厅等级规格不同,产品风味不同,餐厅类型和销售方式不同,其订价目标也不完全一样。主要有五种:一是市场导向目标。它以增加市场份额为中心,采用市场渗透策略订价;二是利润导向目标,它以追求利润为中心,多采用声望订价策略订价;三是成本导向目标,它以降低成本为中心,多采用簿利多销策略订价;四是竞争导向目标,它以开展市场竞争、增强企业产品竞争能力为中心,多采用观望策略订价;五是享受导向目标,它以满足客人物质和精神享受为重点,多采用高价促销策略订价。

(三)预测产品成本

成本是影响价格的重要因素。餐饮产品的价格是以单位产品成本为基础来制定的,但价格又受毛利率的重要影响。因此,从订价目标的要求来看,预测产品成本主要是分析成本、费用水平,掌握餐饮经营盈利点的高低,以便为制定价格提供客观依据。

(四)分析同行竞争对手价格

价格是开展市场竞争的重要手段。在餐饮经营过程中,同行竞争对手的同类产品的价格高低直接影响餐厅定价。因此,分析同行竞争对手的产品价格,主要是对同一档次、同种规格和同类产品的价格进行具体分析,然后选择订价策略。其订价方法又有三种:一是按市场价格定价,不管竞争对手的价格,这样可以保证一定利润,不致因高价将客人吓跑;二是按高于竞争对手的价格定价。这样可以强调产品质量,但可能减少收入;三是按低于竞争对手的价格定价,这样可以树立价格低廉的产品声誉。具体采用哪种价格竞争策略,也要根据餐厅的实际情况确定。

(五)制定毛利率标准

餐饮产品价格是根据产品成本和毛利率来制定的，毛利率高低直接决定价格水平。因此,正式订价前要合理制定毛利率标准。其毛利率有两种:

1. 分类毛利率

分类毛利率是某一种类餐饮产品的毛利额占该类产品销售额或原材料成本

的比率。其表现形式有销售毛利率（又称内扣毛利率）和成本毛利率（又称外加毛利率）两种。前者是以销售额为基础制定的毛利率，后者是以原材料成本为基础制定的毛利率。它们是企业制定餐饮产品价格的主要依据。其计算公式为：

销售毛利率 =（销售额 − 原材料成本）÷ 销售额 × 100%

成本毛利率 =（销售额 − 原材料成本）÷ 原材料成本 × 100%

2. 综合毛利率

综合毛利率是某一等级、某种类型的餐厅其产品的平均毛利率。它是餐饮产品的毛利总额占其销售总额或原材料成本总额的比率。它的作用是控制餐饮产品总体价格水平。其表现形式也有两种，计算公式与分类毛利率相同。但其数值是以餐厅全部餐饮产品销售额和成本额为基础的。

分类毛利率和综合毛利率的关系是相辅相成的。分类毛利率是形成综合毛利率的基础，综合毛利率则控制分类毛利率。综合毛利率是在各种分类毛利率和各类餐饮产品经营比重的基础上确定的。

（六）选择订价方法

选择订价方法是餐饮产品价格制定的最终落实。订价目标不同，订价方法也不完全一样。如有以成本为中心、以利润为中心和以竞争为中心等类型，饭店宾馆、餐馆应根据企业餐饮产品的订价目标来选择其具体订价方法。

五、产品价格制定方法

餐饮产品价格的制定方法很多，现将主要的方法简介如下。

（一）成本导向定价法

成本导向定价法，是指餐厅以餐饮产品的成本为基础，再加上一定的利润和税金而形成价格的一种定价方法。成本导向定价法简便易行，是最基本、最普遍的定价方法。

多数餐厅主要是根据成本来确定食品、饮料的销售价格，这种以成本为中心的定价策略有各种不同的方法：

1. 成本加成定价法

即按成本再加上一定的百分比定价（加价率），不同餐厅定价采用不同的加价率。这是最简单的方法。

餐饮产品的价格＝成本×(1＋加价率)

2. 成本系数定价法

成本系数定价法适用于餐饮企业的菜品定价，其步骤为：

(1)计算产品成本(成本指菜肴的直接成本)；

(2)估计产品成本加成百分比；

(3)计算成本系数，用100%除以成本加成百分比；

(4)计算价格，用产品成本乘以成本系数。

例：某菜肴原料成本为5.86元，餐饮经理确定的成本加成百分比为40%，那么该菜肴的成本系数为100%÷40%＝2.5，该菜肴的价格应为5.68×2.5＝14.2元。

该方法的关键是：餐饮定价人员要合理地估计产品成本的加成百分比，加成百分比越高，价格就越低。所以要调高价格就应相应地降低加成百分比。

成本系数定价法最大的优点是使用方便，调整价格时只须用新的成本直接乘以不变的成本系数即可。最大的缺陷是，对不同的菜肴没有体现出它们的市场表现。

3. 分类加价法

分类加价法也是适用于餐厅菜肴定价。为了考虑不同的菜肴在市场上受欢迎的程度，克服成本系数法的不足，分类加价法是一个更好的选择。但分类加价法比成本系数法要复杂一些。分类加价法的步骤如下：

(1)确定某菜肴的“加价率”；

(2)计算“菜肴食品成本率”：菜肴食品成本率＝100%−(营业费用率＋该菜肴的加价率)；

(3)计算价格：价格＝食品成本÷菜肴食品成本率。

分类加价法中的菜肴食品成本仍然是指菜肴的直接成本。

例：某餐厅在其一预算期内的营业费用率为52%，该餐厅的两道菜式“腰果鸡丁”和“清炒西芹”的标准食品成本分别为9.82元和2.25元，加价率分别为10%和30%，两种菜肴的价格应为：

“腰果鸡丁”：食品成本率＝100%−(52%十10%)＝38%

销售价格＝8.82÷38%≈26(元)

“清炒西芹”：食品成本率＝100%−(52%+30%)＝18%

销售价格＝2.25÷18%＝12.5(元)

在该方法的计算步骤中，只有一个参数需要确定，即菜肴的加价率。使用的关键是餐饮定价人员对加价率的合理估计。加价率越高，价格就越高。

根据经验，高成本的菜肴和销量大的菜肴应适当降低加价率；低成本和滞销的菜肴应适当提高加价率；开胃品和点心可以采用高加价率。

（二）竞争导向定价法

竞争导向定价法是餐厅根据市场竞争状况确定商品价格的一种定价方式。其特点是价格与成本和需求不发生直接关系。竞争导向定价法的具体做法是：餐厅在制定餐饮产品价格时，主要以竞争对手的价格为基础，与竞争产品价格保持一定的比例，即竞争产品价格未变，即使本餐厅餐饮产品成本或市场需求变动了，也应维持原价；竞争产品价格变动，即使自身产品成本和市场需求未变，也要相应调整价格。

这种以竞争为中心的定价方法既体现按同行价格决定自己的价格，以获得合理的收益且避免风险的定价策略，又体现“捞一把就走”的展销新产品定价策略。以竞争为中心的定价方法由于不以成本为出发点，也不考虑消费者意见，因此这种策略往往是临时性的或在特殊场合下使用的。定价人员必须深入研究市场，充分分析竞争对手，否则，很可能定出不合理的菜单价格。

（三）需求导向定价法

需求导向定价法又称为顾客导向定价法，是指餐厅根据市场需求状况和餐饮消费者的不同反应，分别确定产品价格的一种定价方式。其特点是：平均成本相同的同一餐饮产品价格随需求变化而变化。

需求导向定价法一般是以该产品的历史价格为基础，根据市场需求变化情况，在一定的幅度内变动价格，以致同一餐饮产品可以按两种或两种以上价格销售。这种差价可以因顾客的购买能力，对餐饮产品的需求情况，餐饮产品的种类以及消费的时间、地点等因素而采用不同的形式，如以菜品为基础的差别定价，同一菜品因装盘或其他改良情况不同而售价不同，但与改良所花费的成本并不成比例；以场所为基础的差别定价，虽然成本相同，但具体销售地点不同，价格也有差别。

因此，这是根据消费者对商品价值的认识程度和需求程度来决定价格的一种策略，亦有两种不同方法：

1. 理解价值定价法

根据餐厅所提供的食品饮料的质量以及服务、广告推销等"非价格因素"，客人会对该餐厅的产品形成一种观念或态度，依据这种观念制定相应的、符合消费者价值观的价格。

2. 区分需求定价法

餐厅在定价时，按照不同的客人(目标市场)，不同的地点、时间，不同的消费水准、方式区别定价。这种定价策略容易取得客人的信任，但不容易掌握好。

以需求为中心的定价方法是根据市场需求来制定价格。如果说，以成本为中心的定价方法决定了餐饮产品的最低价格，那么以需求为中心的定价方法则决定了餐饮产品的最高价格。在实务中，根据市场情况，可分别采取以高质量、高价格取胜的高价策略；也可采取以薄利多销来扩大市场，增加市场占有率为目标的低价策略；还可灵活采用优惠价格策略，给客人以一定的优惠，来争取较高的销售额和宣传推销本餐厅产品的效果。如在餐饮的旺季可以稍微提高销售产品的售价；而在餐饮的淡季，可以稍微降低销售产品的售价，以争取更多的顾客，提高餐饮产品的销售额，达成餐厅赢利的目标。这种菜单定价我们称为优惠价格策略。以上的做法都是经过市场调查与研究，了解顾客的需求后决定的。

第三节 餐饮销售控制

一、餐饮销售控制的意义

销售控制的目的是要保证餐厅向客人提供的菜品都能产生收入。成本控制固然重要，但销售的产品若不能得到预期的收入，则成本控制的效率就不能实现。假如餐厅售出金额为1000元的食品，耗用原料的价值为350元，食品成本率为35%。如果餐厅销售控制不好，只得到900元的收入，则成本率会提高至38.9%，这样毛利额就减少100元，成本率就提高了3.9%。

由此可见，对销售过程要严格控制。如果缺乏这个控制环节，就可能出现内外勾结、钻制度空子、使餐厅利润流失等问题。控制是现代餐厅管理的一个重要环节，是餐厅内部自我协调和自我制约的机制。自我协调是指餐厅内部的各职能部门及各类人员在明确分工基础上进行的相互联系、相互协助、相互适应和相互接续。自我制约是指各部门及各类人员之间的相互监督、相互促进和相互制约。

二、餐饮销售的特点

餐饮销售的特点决定了餐饮销售控制的必要性和复杂性,主要表现在:

(一)餐厅种类多,相应的收银点多

一家饭店可能有几个甚至十几个风格、主题、服务方式、服务时间不同的餐厅、酒吧,每个餐厅都需要设置相应的收银点。

(二)餐厅服务项目繁多,价格差异较大

餐厅提供的服务项目既有食品、菜肴,又有酒水、饮料,还有香烟及其他服务。由于各种服务项目价格各异,因此,计价的工作量较大。即使是同一种服务,在不同的餐厅或不同的时间,收费标准亦出入很大,有的设最低消费,有的要给折扣,名目繁多不一。

(三)餐厅空间大,人员流动性大

餐饮销售活动在一个较大的空间内进行,服务及管理需要较多的人手,劳动密集型特点比较明显,客人及服务人员都处于流动之中。

上述种种都为餐钦销售控制增加了一定的难度,也使控制显得更为重要。

三、餐饮销售中的舞弊行为

为了获取餐厅的销售额,餐厅员工会采取各种方法进行舞弊取巧。目前,在餐厅中常见的舞弊行为主要有以下几方面。

(一)走　单

走单指故意使整张单走失,以达到私吞餐饮收入的目的。其作弊手段是:

(1)有意丢弃或毁掉残单,私吞相应的收入。

(2)不开账单,私吞货款。

(3)一单重复收款。

通常一张餐单只能用于一个对象,收一次钱,但收银员或其他人取出已收过钱的餐单向另一台客人收款。由于同一张餐单收了两次款则可把其中一次装入私囊。

(二)走 数

走数指账单上某一项目的数额或者该项目数额中的一部分走失。其作弊手段是:

(1)擅改菜价。在结算时把价格高的项目金额擅自减小,或者开账单时,把实际消费的价格高的项目换为价格低的项目,使实际收取的餐饮费用大大小于应该收取的费用。

(2)漏计收入。在结算时故意漏计几个项目,以减少餐单上的餐饮费用总额。

(三)走 餐

走餐指不开账单,也不收钱,白白走失餐饮收入。其作弊手段是:餐厅服务人员与客人串通一气,客人用餐后,让其从容离去,而不向其结算餐费;或者客人实际消费的菜品式样多,而送到收银台结账的菜品单少,使客人少付款。在餐饮服务人员的亲朋好友用餐时,这类作弊尤易发生。

(四)走 汇

走汇主要指餐厅收银及有关人员私兑收入的外币而使餐厅的营业收入因私兑外币蒙受损失。近年来,由于改革开放,餐厅接待国外、港澳台以及华侨客人的人数逐年增多,外汇收入也随之增加,餐厅有关人员私兑外币、损公肥私的事件时有发生。其作弊手段是:收款时把自己的人民币偷偷放进营业收入里,换出收进的外币;或者相反,把自己的外币放进去,换出营业收入的人民币,视哪种货币有利可图而定。如果餐厅的汇价与市面汇价差额较大时,这种私兑外币的现象尤为严重。

四、销售收入控制的基本程序

餐饮销售收入活动涉及钱、单、物三个方面。三者的关系是:物品消费掉,账单开出去,货币收进来,从而完成餐饮收入活动的全过程。在钱、单、物三者之间,物品是前提,因为物品不消费,其余二者都是空的;货币是中心,因为所有控制都是紧紧围绕款项收进而进行的,保证正确无误地收进货币,是收入控制的基本任务;单据是关键,因为物品是根据单据制作和发出的,货币是根据单据计算和收取的,失去了单据,控制就失去了依据。因此,设计餐饮销售收入控制的基本程序,既要把握三者的有机联系,并进行综合考虑,又要将三者分开单独进行考察和控制,而“三线两点”正是这一原则的具体体现。

所谓“三线两点”，是指把线、单、物分离三条相互独立的线进行传递，在三条传递线的终端设置两个核对点，以联络三线进行控制。经手物品的人不经手餐单和货币，而仅仅从事物品传递，形成一线；经手餐单和货币的人又将餐单和货币分开进行传递形成另二线，从而形成餐饮收入的三条传递线运作。而每一条传递线又由许多紧密相联、缺一不可的传递链条或传递环节组成。每向前传递一步，就对上一步的传递核查、总结一次，以保证每条传递线传递结果的正确性。最后再将三个传递结果互相核对、比较，从而进一步提高了整个控制系统的可靠程度。

现将“三线两点”的运作程序简述如下：

（一）物品传递线

一般来说，餐饮食品的传递自厨房取出始，送至餐桌客人消费掉为止。但从内部控制的角度上看，餐饮物品送到餐桌至客人消费掉，仍不能看作是物品传递的结束，而应该把这部分物品传到财会部门计入成本为止。这一传递线主要是由代表实物的单据传递所构成。这个单据即是“取菜单”，或称“点菜单”、“出品单”。饭店对物品（或称出品）的控制就是通过取菜单进行的。其具体步骤如下：

(1)餐厅服务员根据入座客人的要求开出取菜单。

(2)餐厅服务员把一式三联的取菜单交给收银员盖章，收银员留下一联，用于开立或打印账单，其他两联还给服务员。

(3)服务员自己留存一联取菜单，把第三联取菜单送到厨房或酒吧。

(4)厨房或酒吧根据取菜单制作菜品或配制酒水。

(5)送菜员将菜品或酒水送到餐台上（不专设送菜员的餐厅由服务员送菜）。

(6)每班结束后，厨师或调酒师把取菜单按餐厅名称及编号顺序整理好，并送交其主管。

(7)厨房及酒吧将各厨师或调酒师交来的取菜单进一步汇总整理，交送财务部。

（二）餐单传递线

餐单是餐费账单的简称。

(1)收银员将取菜单的内容键入收银机（没有收银机的则开立账单），打印出餐单，并把取菜单附在其后，按餐台号码的顺序排放好，等待客人结账。如果服务员又送来的取菜单属于已打印出餐单的餐台，即该餐台的客人又增要菜品或酒水，收银员应按照服务员开来取菜单上的餐台号，再键入收银机，接着餐单上前面的项目打印餐单。

(2)客人结账时,打印餐单的下角,即计结餐单的总金额。根据餐单的最后总金额向客人收款,并把结完账的餐单按餐单的编号顺序放好。

(3)每班或每更结束时,根据餐单编制本班或本更收银员报告,在收银机上打印出本班本更的收入情况,并记录纸带,将此纸带与收银员报告核对后,连同餐单一起交到夜间稽核处。

收银员报告主要由两大部分组成:收入项目和结算项目。收入项目的合计数额必须与结算项目的合计数额相等。收银员报告中的更正栏目是用于修改已输进收银机但在结账后发现记错的项目，如把应属酒店开支的应酬费账单误作挂账结算账款了;或应计入食品项目的,误计到饮料项目里等,这就需要更改。更改时用正数表示调增,负数表示调减。无论调增还是调减,需更改的账单号码一律在“账单号码”栏里填写清楚,有几个账单就填几个账单号码。最后一栏“总计”是更改后的金额。

收银员报告下面的“账单使用情况”是用来统计该收银员使用账单的情况。夜间稽核人员把一天的餐单及收银员报告全部审核一遍，编制当日“餐饮收益表”,然后把餐单、收银员报告、当日餐饮收益报告表一起交日间稽核人员,由日间稽核人员进一步稽核。

(三)货币传递线

(1)收银员根据餐单向客人结算收款。有些餐厅的结账收款采用柜台方式,即让客人自己到收银台付款。而正规的方式是餐台付款,即服务员从收银台拿来账单,把账单放在托盘上,送到餐台送给客人。许多客人匆匆看过总数就付款,而欧美人比较认真,不但看总数,也审看明细项目,所以付账时英语称“check”。客人检查账单后,把钱放在托盘上,由服务员交到收银台并负责传递找零。这种结账方式,一方面避免收银员直接接触客人,减少发生舞弊的机会;另一方面餐厅提供了全套服务,方便了客人。

在餐单结算时,如属信用卡、挂账、支票等非现金结算,收银员应严格按照有关程序办理结算。

(2)收银员下班时,按币种、票面清点现金,填写交款信封,将现金装进信封后,投进指定的保险箱。

(3)总出纳员与监点人一起打开保险箱,点收当日全部收银员投交的现金,并将现金送存银行。

(4)根据现金送存银行的回单,编制“总出纳员报告”,并把银行回单附在此报告上,送交日间收入稽核员审核。

(四)取菜单与餐单核对点

收入稽核人员将厨房交来的取菜单与收银员交来的餐单进行核对，以检查或测试餐单上的项目是否与取菜单的项目相符，即餐单是否完全根据取菜单的内容开立,有无遗漏,如有不符,应追查原因并写出处理报告或建议。

(五)餐单与货币核对点

收入稽核人员将根据餐单编制的餐饮收入日报表中的各币种现金结算数(有的餐厅把银行支票收入数也包括在现金里边)与总出纳员交来的“总出纳员报告”及银行回单有关单据的数额进行核对,根据核对的结果,编制现金收入控制表,并对现金溢缺写出追查结果的报告。

上述两个核对点是整个收入程序的关键控制点。核对取菜单与餐单是保证单单相符,揭露走单、走数的关键;核对餐单与货币是保证账款相符、揭露现金短缺的重要环节,两者缺一不可。如果缺少取菜单与餐单的核对点,就难以搞清应记入餐单的账目是否实际全部记入,亦难以发现有无跑、漏的账项,一些诸如一单重复收款、私送客人餐饮等舞弊行为亦难以及时揭露;如果缺少餐单与货币核对点,就难以发现和控制应收进的款项是否全部收入,以及现款短缺等现象。

上述控制程序如图 9-1 所示。

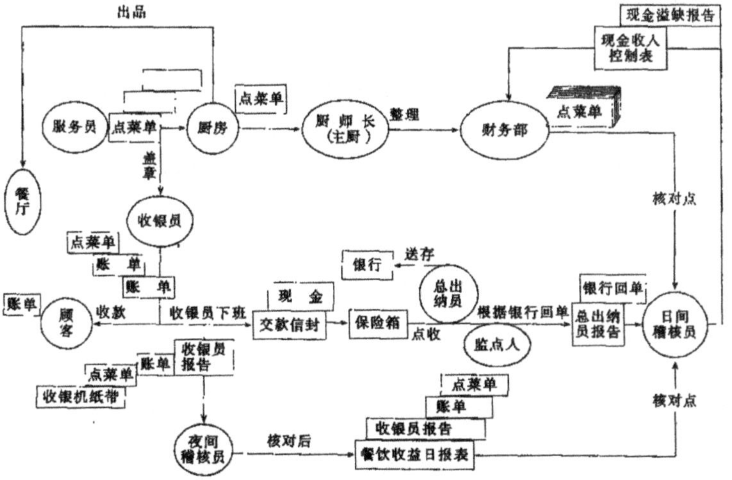

图 9-1　三线两点控制过程

销售中的舞弊行为及防范

1. 餐厅服务员的舞弊行为及防范

(1)从厨房领取饭菜或从酒吧领取酒水后，没有在客人订单上记录下来，而把这些食品饮料的收入私吞。

防范措施：不准生产职工在没有拿到客人订单副联前给服务职工提供食品或饮料；或者象鸡尾酒服务员那样，服务员一面领取酒水一面付账。

(2)重新使用顾客已付了账的订单，或用已给另一个客人看过的订单收取现款，或收款后把客人订单毁掉。

防范措施：发给餐饮服务员的订单用编号记录下来，并与副联核对。不准餐饮服务员在食品准备区领取食品时不给订单副联。

(3)为亲友订单少算账或少算项目以获取较多的优惠。

防范措施：对客人订单进行审计；核对正、副联账单。

(4)用私带的客人订单收取现金。

防范措施：使用餐厅特有的客人订单。

(5)为亲友提供高价食品，但在订单上以低价食品记录。

防范措施：使用双联订单并进行核对，务使餐饮服务员在客房或酒吧领取的项目与订单上收款项目相符。

(6)从客人处收款后却说客人未付款就溜走了。

防范措施：密切监视全部餐饮区，尽可能地减少溜走事件；全体餐饮服务员必须记录溜走事件。应该重新训练并密切监督经常发生溜走事件的服务员。

(7)收取了从大厅到采纳台呈收的酒水账，毁掉了客人订单，把账款放入私囊，却说未曾收到订单。

防范措施：采取一个酒水转送程序，既在客人订单上做记号，又让餐厅招待员亲自把转送来的订单交给餐饮服务员。

(8)收了销售账、毁了订单，说是丢掉了，回来说找到了，但账款比原账少。

防范措施：如果法律允许，让服务员对丢失订单负责并赔款；记录丢失订单的情况；重新训练并密切监督经常丢失订单的服务员。此外，检查副联以核实丢失订单上的账目。

(9)按订单收了账，说是有几项食品退了，把订单上的项目划掉了，实际上把这些项目的钱装进了自己的口袋。

防范措施：要求服务员在出现退货、烧糊等类问题时要向经理人员汇报。

(10)给顾客提供了食品，收了账目，说是客人强说没有吃或没有喝而划去了某些项目、但事实上把钱装进了白己口袋。

防范措施：核对客人账单的正联和副联。

(11)供应了食品(咖啡、甜食等)，服务员自己吃了，但收了这些账款，把某些项目删去后才交给经理人员，并把钱装进了自己私囊。

防范措施：只要有可能，不许服务员吃他们给客人供应的食品。

(12)服务员随意吃喝而不付钱。

防范措施:经常性地执行职工吃喝的规定。

2.餐厅收银员舞弊行为及防范

(1)按客人订单收了现款,而以无效登记。

防范措施:把客人订单与其副联核对;并要求收银员把全部无效订单向经理人员汇报。

(2)按客人订单收了现款,但按记账记录。

防范措施:要求收银员始终遵照有关信用卡使用的全部程序。

(3)收了账款,却按客人溜走未付登记。

防范措施:要求收银员把所有溜走事故记录下来,重新训练或重新安排经常发生客人溜走事故的职工。

(4)把现款偷走,说是不明原因短缺。

防范措施:使用有效销售收入控制系统来标出现金记录机里应该有的销售收入额;把经常出现短缺现款的职工从收银员岗位调开。

(5)从记录机中取款私用并写了支付单。

防范措施:要求收银员从记录机中取款要预先得到经理人员允许;同时规定职工借贷要从小额现金中支付。

(6)在每班结束时少算现金账。

防范措施:只准经理人员进行现金账计算以确定总销售收入;安排另一些人进行审计。收齐客人订单后,把现金账总数与客人订单上的总数加以核对。

(7)退瓶、自动机售货及其他杂项收入没有入账。

防范措施:只准经理人员收取杂项收入费用。

(8)将订单款项减额输入记录机,统算订单上款项,漏记账目,在记录带上做手脚等等方法私偷现款。

防范措施:要求出纳员在任何时候都要遵守企业关于收银机使用的程序。

(9)把自己的销售账目记入另一个出纳员的键盘上致使他现金短缺,而把账目钱数放入自己钱袋。

防范措施:如有可能,结每一个出纳员配置一个记录机,至少各人配一个用各自钥匙开启的现金钱柜。

(10)从顾客处收了账款,却说顾客不满意拒绝付账。

防范措施:不经经理人员许可不准出纳员提供免费饮食。

(11)收了现款,毁掉了订单,却说从未收过订单。

防范措施:下面这个措施是把食品或饮料服务员当成有罪一方看待。如果订单短缺出乎异常,就要求饮食服务员把各自的订单交给收银员,让他拿出用姓名开头字母标志出各自的客人订单记录说明已经送过订单。或许,还可以考虑使用一个餐饮服务员银行系统,这样就不需要收银员了。

(12)篡改订单,把账目减少,差额放进腰包。

防范措施:要求收银员在收款时记录在记录机上;不准对订单进行涂改。此外,还可核对正、副联订单。

(13)把一笔小账记在欠账单上,而把现金收入私囊。

防范措施:要求收银员遵守包括接受信用卡有关的全部程序,不准在信用卡上作任何改动。如果在原欠账单上出现书写错误,要收银员重写。

(14)从现金柜私取现金,而用偷来的支票或假造欠账单替代。

防范措施:要求收银员遵守有关接收支票和信用卡的全部程序,同时密切监督收银员遵守程序情况。

第四节 产品推销的基本要求

由于餐饮产品是一种产销同步的产品,消费者在购买产品的同时,还购买了无形的服务。在进行餐饮产品推销的同时,推销员也将服务工作融入其中,让消费者感受到热情的服务。对于餐饮产品,推销是十分有效的手段。

一、影响产品推销的因素

餐饮产品推销可以增加产品的销售量和销售额,但是其推销会受到很多因素的影响,主要有以下几方面。

(一)顾客对餐饮的需求

餐厅所面临的并非是由需求基本相同的顾客所组成的一个简单的同质市场,相反,它是一个由许多具有不同需求的顾客所组成的异质市场。

根据马斯洛的需求层次理论,顾客对餐厅食品和饮料的需求出于两个原因:一是为了替代家中日常的进餐活动;二是把在餐厅进餐看做是消遣和娱乐活动。客人对餐厅的需求实际上隐含了客人对情感、社交、自我实现等较高层次的需要。餐厅要使顾客满意,必须使顾客在这些高层次需要方面得到满足。因此,餐饮市场的消费者需求,一般可分为两大类:一是生理方面的基本需求,二是由于受到社会影响产生的各种心理方面的需求。

1. 基本需求

(1)安全。在餐厅可能发生的安全事故有:汤汁洒滴在客人的衣物上;破损的餐具划伤宾客的手;路面打滑引起客人摔跤;甚至用餐时吊灯脱落击伤客人。凡此种种,造成的后果都是难以挽回的。所以要经常进行安全检查,采取必要的安全防范措施。

(2)卫生。食品餐具及餐饮环境的卫生是宾客关注的重点。每当宾客进入餐厅,他们就开始自觉或不自觉地观察和判断各方面的卫生状况。一旦顾客发现餐厅存在不清洁的地方,即使是不太显眼的地方,也会产生反感。如发生食物中毒,会给客人带来极大伤害和痛苦,也会严重影响餐厅的声誉。所以,卫生是顾客基本的生理需求,餐厅要重视卫生,确保顾客不受到病菌的威胁和感染。

(3)营养。人体的营养是从饮食中获得的,营养离不开每一天每一餐的饮食质量。因此顾客希望餐厅提供的饮食能够符合他们的营养需求,并希望标明饮食的营养成分及其含量。餐饮经营管理人员有责任提供营养成份合理的饮食,以供顾客挑选,并保证食物质量优良。

(4)风味。人们光临餐厅的主要目的,是为了品尝菜肴的风味。风味是指客人用餐时,对菜肴或其他食品产生的总的感觉印象,它是对食物进行挑选的最重要的依据,人们凭借味觉、嗅觉、触觉等感觉器官体验菜肴的风味。顾客对风味的期望和要求各不相同,有的喜爱清淡爽口,有的愿意色浓味重,有的倾向于原汁原味,餐厅应尽量针对宾客的不同需求,提供各种风味的菜肴。

2. 心理需求

顾客的精神享受欲望越高, 他们对餐厅的环境、气氛及服务的要求也就越高。也就是说,他们的心理需求更加复杂和苛刻,主要表现在以下几个方面:

(1)方便的需求。所有的宾客都希望饭店能够提供种种方便,希望起居饮食等和在家一样便利,这就要求服务人员提供周到的服务,处处为宾客着想,如:餐厅对诸如出入口、洗手间、酒吧、吸烟室和安全门等应设置明显易懂的指示牌。

(2)受欢迎的需求。“宾至如归”是表示餐厅对顾客光临的欢迎,希望他们如同生活在自己家中一样,不感到陌生、拘束,这正迎合了客人希望受到欢迎的需求。客人一进餐厅,餐厅引位员应立即上前欢迎客人,并根据不同的对象,迅速安排他们所喜欢的座位。尤其是当餐厅举办重要宴会时,餐饮部经理、公关人员等应亲自迎接客人。另外,不可忽视对客人的送别,如“欢迎再次光临”、“请您慢走”等语言,将欢迎送别的气氛融为一体,把微笑持续到客人离店的最后时刻,给客人留下美好愉快、难忘的印象。

(3)“物有所值”的需求。“物有所值”通俗的说,就是花钱花得值得。“高价优质”,是高消费层次的需求。例如,豪华或高级餐厅中,总要设置食品陈列柜或陈列桌,放上大龙虾、牛肉、水果、蔬菜等正宗新鲜的食品和各种高级饮料,以显示其优良品质,使顾客相信其购买的是货真价实的食品。相反,餐厅服务员不善于介绍和推荐餐厅的菜式,客人等候上菜的时间过长,服务操作不熟练,动作迟缓,上桌的菜肴温度过热或过冷,菜肴不熟等现象,均表明餐厅没有做到“物有所值”,必然会遭到客人的抱怨和不满。

(4)受尊重的需求。尊重客人是服务人员必须做到的。如,当顾客需要帮助时,服务人员应该表现出真诚与热情,并立即彬彬有礼地提供必要的服务;服务人员任何时候都不能对客人的谈话表现出特别的兴趣或偷听;绝不允许随便插话,特别是不能与客人发生争执;不可催促客人用餐;对女宾更要礼让三分,倍加尊重,切记“女士优先”的原则。

(5)显示气派的需求。气派的专用餐厅及宴会厅,配以高标准、高消费的美味佳肴,环境布置高雅,气氛热烈,餐具用品讲究,可以充分显示用餐或来宾的非凡身份。

(二)影响宾客饮食爱好的因素

1. 内在因素

内在因素指食品本身的色、香、味、质量等以及与此直接联系在一起的因素,如装盘的方式,食品提供的温度等。

2. 外在因素

外在因素主要包括以下几点:

(1)环境。环境在销售活动中的作用和商品包装在销售中的作用类似。光线、装饰、色彩、温度、噪声等环境因素构成服务的“包装”,向顾客表明餐厅能提供什么样的服务,并对人们的饮食爱好产生一定的影响。

(2)情境。人们对食品质量的期望与用餐时的情境有关。如人们在社交、典礼等场合希望食品质量高,服务质量好;而在一般的朋友聚会时的要求则要低得多。

(3)时间和季节性变化。某些季节性食品,特别是蔬菜和水果,对人们选择食品的方式有很大影响。此外,餐饮营业时间、就餐时间、用膳时间的长短等,都会对宾客选择食品产生影响。

(4)广告。广告起导向作用,能对人们的消费态度产生影响。

(三)生理和心理的因素

生理机能失调会引起食欲变化,对人们的饮食爱好产生极大的影响,而这些变化常常与心理因素的影响有关。

(四)个人因素

1. 期望标准

人们对食品或餐饮服务的期望，会影响饮食爱好和食品选择。到餐厅就餐时，一般来说客人的期望标准比较高。如果食品质量比预期的差，就会影响人们对食品的爱好程度。

2. 考虑的重点

这个因素和期望标准有直接关系。如人们在乘机旅行时，同样也需要餐饮服务，但他们优先考虑的事情是何时抵达旅行目的地，因此，其他因素就可能比食品重要。

3. 熟悉程度

服务员在描述菜单内容时，使用顾客熟悉的术语，能使顾客更容易接受菜单上的食品，另外，描述性的有彩照的菜单也能增强食物的吸引力。

4. 他人的影响

人们的餐饮爱好，与家庭、朋友的影响有关。如在自助餐厅里，排在前面的人挑选什么食物，对后面的人会产生一定的影响。一般说来，人们愿意接受专家和亲友的建议。

5. 食欲和心情

如果顾客心情好，对餐饮的欲望就强，同时，对服务人员的过错就能够谅解。反之，他就会对什么都看不顺眼，对食品也会挑剔。

6. 家庭结构

年轻的家庭注重消费能力，而 45 至 66 岁的夫妇偏好低热量和低胆固醇的食品。

7. 文化水平

文化水平也影响人们的饮食爱好和食品选择。接受过营养学方面教育的顾客，对饮食爱好和食品选择与不具备营养学知识的人有很大区别，前者不受他人影响，在选择菜肴时，更注重营养成分的搭配。

(五)社会经济因素

社会经济因素决定了人们的消费能力，人们选择的菜肴食品与其经济收入有密切的联系。

(六)文化和宗教因素

了解文化传统和宗教信仰对人们饮食爱好的影响，是餐饮推销过程中一项重要的工作，餐厅提供的食品和服务要尊重传统习俗和宗教信仰对人们饮食的制约。

(七)环境气氛因素

餐厅有形气氛是餐厅整体设计的重要部分，有形气氛设计的优劣对顾客有很大的影响,从而直接关系到餐厅经营的成败。主要表现在以下几个方面：

(1)餐厅有形气氛与餐厅的其他设计共同组成一个有机的整体,反映餐厅经营的主题思想；

(2)餐厅气氛的主要作用在于影响消费者的心境。所谓心境就是指顾客对组成餐厅气氛的各种因素的反映。优良的餐厅气氛能给顾客留下深刻的印象,从而增强顾客的消费动机。

(3)餐厅气氛设计是占有目标市场的良好手段。顾客的职业、种族、风俗习惯、社会背景、收入水平、就餐时间以及偏好等因素都直接影响餐厅的经营。餐厅气氛设计既要考虑到消费者的共性,又要考虑到目标市场消费者的特性。针对目标市场特点进行气氛设计是占有目标市场的重要条件。

(4)餐厅的气氛能影响消费者的行为,从而加速或延缓顾客就餐的时间。

二、产品推销的基本技巧

餐饮销售人员掌握必要的推销技巧,是人员销售获得成功的前提。对于销售技巧,餐饮销售人员必须努力学习并在实践中加以训练。下面介绍几种推销产品的基本技巧。

(一)直接交流技巧

直接交流是产品推销中最基本也是运用最广泛的技巧，推销人员在推销的过程中要注意以下几个方面：

(1)以诚恳的态度对待客人。与客人交流,首先要尊重客人,让客人感受到你的诚意,愿意与你交谈,这是进行直接交流推销的首要条件。

(2)注重自己仪容仪表。餐饮销售人员的外表和气质对推销活动的成功尤为重要。在与客人沟通、交流时必须注重自身的形体修饰,包括服饰、发式、身体清洁、口齿、精神面貌等,这是接近客人并获得客人认同的重要要素。

(3)注意掌握对客交流的技巧。餐饮销售人员说话应简练并直接切题;认真学会倾听客人的意见,杜绝自己滔滔不绝地说话;同时要学会有效地利用形体语言的影响力。此外,对客人应适时表示赞许,对客人的讲话内容表现出热情和认真。

(4)把握好与客人交流的内容。销售人员应尽量围绕预先准备好的内容向客人介绍餐饮产品及服务项目,把握客人感兴趣的产品利益和真正的需要,对客人可能提出的异议和问题做好准备。不贬低竞争对手,不与客人发生争论,不向客人许下得不到保证的承诺。

(二)电话销售的技巧

电话在餐厅销售中所起的作用已经越来越大,如广告、公共关系、人员销售,很多都要通过电话订餐或推销的形式最终实现交易。电话不仅仅是一种通讯工具,还是一种重要的促销工具。为有效提高促销效率,餐厅在进行电话销售时应注意以下一些问题:

(1)避免让客人等待。要求订餐电话有专人值守,保证人不离机,电话铃声响起马上拿起听筒,迅速应答。一般应在电话响三声内,接听电话并礼貌的问候客人。

(2)接通电话自报家门。为了提高工作效率,接听电话时应当自报家门。告诉对方你的餐厅名称,这样可以尽量控制对话的时间,也能减少打电话顾客内心的顾虑。

(3)询问和回答简明扼要。餐饮销售人员接电话时语言应该简明扼要,尽量使用短句和明确的表达来询问和回答顾客。

(4)电话内容紧扣客人需要。在接听电话时,销售人员应注意倾听客人说话内容,并以此来推测客人可能的需要,满足客人的需要,适时的提出自己的建议和意见,帮助客人解决问题。

(5)认真做好电话记录,撰写电话访问报告。餐厅应当为电话销售人员配备电话记录本,记录客人的电话内容,以免遗忘。也可设计并印制列有订餐客人姓名、单位、电话、宴会标准、时间、喜好等内容的订餐表格,让销售人员边接听边记录。

(6)及时完善预订程序。如有必要,对电话中确认的交易意向,应立即与客人接触并完善预订程序,追加确认预定。

(7)使用恰当的结束语。电话结束时,销售人员应当使用"谢谢"、"再见"等礼貌用语来结束通话。另外,接听和拨打电话时还应注意尽量使用与对方相同的语言,声音富有感情,衣着整洁,坐姿或站姿切忌随意(应像与客人面对面交谈一样)。

第五节 餐饮推销形式

餐饮业的推销是餐厅的重要促销手段,对产品的销售起着举足轻重的作用,推销的形式有以下几种:

一、餐饮服务人员推销

客人来餐厅就餐,购买餐饮产品,直接接触的就是餐饮服务员。餐饮服务人员不仅要完成服务工作,同时他们也是餐饮业的销售人员,承担着对餐饮产品的内部推销工作。

(一)认真观察客人

主动和客人打招呼,通过聆听客人对话,观察客人穿着打扮、行为特点,向客人提问等,分清客人宾主关系,并对客人进行必要的分类(按消费目的),以便预测客人需求。

(二)引导客人点菜及酒水

(1)餐饮服务人员必须熟悉菜单全部菜品的特点及价格,以便根据对客人需求的预测来向顾客推荐菜点和酒水。

(2)在客人刚落座时,服务人员不要立即请客人点菜,如果先送上茶水,等客人定定神,再送上菜单请客人点菜,会有事半功倍的效果,而且给自己留出观察客人的时间。

(3)消费者往往反感一味强调推荐高价菜肴的服务员,餐饮服务人员有责任控制客人的人均消费,以使餐饮企业的既定人均消费水平得以真正实现。

(4)作为餐饮企业的服务人员，要用适当的方式向客人推销合适的菜品。这样既能保证餐饮企业的销售，同时也能够使客人满意。

(三)鼓励客人作出决定，完成推销

在客人对菜品犹豫不决或向服务员询问时，餐饮服务员可乘机向客人推荐餐厅的招牌菜、特别风味菜点等，以此来引导客人的消费，使客人在服务员的引导下完成购买。

二、全员推销

所谓全员推销，就是指餐厅中每一个与顾客直接接触的员工都应把自己看成是餐厅的推销员，在同顾客接触中，通过热城、礼貌的言谈举止，树立餐厅形象，扩大餐厅知名度，使更多的顾客购买餐厅的菜品和服务。

被誉为英国现代饭店之父的斯塔特勒曾说："谁是饭店的销售人员？是全体员工。"这句至理名言影响着一代又一代的饭店经营管理者。餐饮业的全员推销具有以下几个方面的涵义：

(1)将推销作为餐饮经营的哲学和理念，而不是将它视为某一个部门或某几个人的工作。它贯穿于餐饮经营和餐饮服务的始终。

(2)树立"服务即推销，推销即服务"的思想，将餐厅的迎宾员、服务员、订餐员、酒水员、领班、主管等，都纳入到餐厅整个销售环节中。

(3)全员推销强调的是持续和日常性的工作，而不是某个部门或某些人在淡季或经营不景气时接受的临时和突击性的任务。

(4)全员推销要求饭店所有部门和人员能够树立全局观念，顾全大局，相互协作与支持，通过各自不同的工作共同创造企业的形象，为共同的推销目标而努力。

三、特殊活动推销

为搞活经营，餐厅根据自身情况，结合消费者的需求、特点和爱好，选择不同的时机，在不同的环境和场合下，举办各种各样的特殊活动推销，以刺激消费者增加对本餐厅餐饮产品的消费数量。

(一)特殊活动销售形式

(1)美食性活动。餐厅利用自身的特点，举办例如美食节、美食大赛这样的活

动来吸引消费者购买本餐厅产品,以促进销售。

(2)演出性活动。聘请专业的文艺表演团体或者人员来餐厅为就餐消费者表演文艺节目,增加消费者购买餐饮产品的附加值,刺激消费者的购买欲望。

(3)艺术性活动。在餐厅举办如绘画、书法、雕塑等形式的展览或拍卖来吸引消费者。

(4)娱乐性活动。利用餐厅自身的条件,在餐厅举办消费者参与的娱乐活动,例如猜谜、抽奖、娱乐游戏等,还可以在餐厅内设置娱乐设施,吸引消费者前来餐厅就餐。

(5)实惠性活动。利用消费者喜欢追求实惠的消费心理,开展一些例如赠送、折扣推销、免费礼品等活动来吸引消费者。

现代餐厅,尤其是具有休闲特色的餐厅,其功能已经不仅仅是供消费者就餐,同时也是消费者享乐的场所。因此,餐厅的产品和服务的附加值对销售有着直接的影响。

(二)特殊活动推销的时机

(1)特殊的节日。节日是人们愿意庆祝和娱乐的时间,也是餐厅通过特殊活动推销的大好时机。每逢节日,餐厅的工作人员需要利用餐厅的特点,将餐厅装饰出节日的气氛,让消费者乐于来餐厅度过节日。对于不同的节日,餐厅应当结合实际情况把节日的活动设计得丰富多彩,使消费者有新鲜感。

(2)相对清淡的时段。餐厅为了增加清淡时段的消费者数量,促进其餐饮产品在清淡时段的销售,可以在这些时间进行各种特殊推销活动。例如:进行限时折扣活动、抽奖活动、赠送活动等,这些都可以增加餐饮企业在清淡时段的销售。

(3)季节更替的时候。对不同的季节,餐厅可以结合该季节的特点,进行多种推销活动。由于季节的原因,消费者的就餐习惯和上市的新鲜原料不尽相同,餐厅可根据这些变化,适时地推出适应顾客就餐习惯的产品和服务。在季节性推销中,最常见的是时令菜的推销。

(4)餐厅认为可利用的其他时间。进行特殊活动推销应该结合餐厅和目标消费者的实际情况,可以利用各种能够促进餐饮产品销售的机会来开展特殊活动推销。

四、赠品推销

利用赠品进行推销是餐厅可使用的一种重要的推销手段。赠品推销的关键是赠品种类的选择和赠送方式的采用。在赠品的选择上应有创造性和新颖性,在赠送方式选择上尽可能突出参与性和趣味性。

(一)赠品的类型

依推销目的不同,餐厅赠品一般可分为四种类型:

(1)商业性赠品。餐厅为了鼓励一些消费额较大的顾客常来消费,会赠送一些商业礼品。

(2)个人性赠品。鼓励个人顾客来餐厅消费,餐厅免费赠送顾客一些小礼品,特别是节日或者顾客生日的时候,向顾客赠送礼品或纪念卡以表达祝贺。

(3)广告性赠品。餐厅为了宣传企业自身及其产品,可以选择一些价格便宜、可大量派送的物品,印上餐厅推销介绍文字,赠送给前来就餐的客人。例如:一次性打火机、火柴、菜单、购物袋等,这些物品能够起到提高餐厅知名度,使更多的消费者了解餐厅的作用。

(4)奖励性赠品。为了鼓励消费者购买餐饮产品,餐厅可以选择一些价值较高的礼品,依据消费者的消费金额、消费次数等向消费者赠送。这样可以刺激消费者在就餐时多消费菜品和服务以及增加就餐的频率。

(二)赠品推销的要点

赠品的选择和赠送时机直接影响着赠品推销活动的效果,餐厅在进行赠品推销活动时,需要特别注意赠品和赠送场合的选择以及赠送方式的设计。采用赠品推销的促销方式应注意以下要点:

(1)赠品应符合不同年龄消费者的心理需要。

(2)礼品必须符合餐厅的形象。赠送给消费者的礼品应该与餐厅的形象相符,赠品能够沟通消费者和餐厅的关系,应该选择能够代表餐厅特色的、符合餐厅形象的赠品来招徕顾客。

(3)赠品应采用精美的包装。包装精美的赠品能够提高消费者对赠品价值的认知。因此,赠品尽量使用精致、美观、特别的包装,同时还可以结合包装的再利用性使用手帕、购物袋等包装。

(4)赠送的气氛要热烈。在赠送顾客赠品时,应该结合赠品的特点作一定的策划和设计,加深顾客的印象,同时也可以感染其他的顾客。

五、展示推销

在现代餐饮业中,展示推销是一种有效的推销方式,这是一种利用视觉效应,诱发顾客的消费欲望,吸引顾客购买餐饮产品,并刺激顾客增加购买的一种销售促进形式。展示推销是无形产品有形化思想的具体体现。

(一)原料展示推销

在餐厅中展示菜品使用的原料,使顾客相信所消费菜品的原料都是新鲜的。陈列原料一般是要向顾客强调"新鲜"、"活"的特点。例如,餐厅可以在门口摆设水缸,养殖鲜鱼活虾,供顾客直接挑选,然后由厨师加工烹调。这样,顾客知道原料是鲜活的,会对餐饮产品产生信任;同时,原料的展示要注意视觉的舒适,一些让消费者反感的原料不仅不会促进销售,还会适得其反。

(二)成品展示推销

餐厅可以将外观精美的成品菜肴在陈列柜里展示给消费者。给消费者直接的视觉刺激,使顾客通过视觉直接观察来选择菜品。确定陈列的菜品种类时,应注意选择外形美观、不易变色变形的菜品,例如将甜点、沙拉等陈列在玻璃冷柜中,会取得较好的推销效果,餐厅陈列一些名酒也会增加酒水销售的机会。

(三)推车服务展示推销

餐厅将一些价格不高,放置一段时间质量不易下降的小菜、凉菜、点心、糕点等放置在推车中,由服务员推车在餐厅中向客人推销。顾客在需要加菜又不愿意等待时,这些菜品可以满足顾客的需求,有时候顾客虽然已经点够了菜,但是看到这些琳琅满目的菜品,价格又不高,常常会追加购买这样的菜品。消费者如果看不见这些菜品,往往不会产生购买欲望,通过推车服务提示,消费者就有可能有购买的冲动。

这种推销形式在方便了客人就餐的同时,还增加了餐厅的额外销售。粤菜的早茶都是采用这种方式进行推销服务的。

(四)制作展示推销

在客人面前展示菜品的制作过程，表演烹调艺术，会使客人对菜品产生兴趣,引起客人的购买欲望。同时现场烹调还通过烹调过程的视觉刺激以及产生的香味和声音来刺激顾客的食欲,促使消费者购买。餐厅应该选择一些原料外形美观、烹调速度快且简单、烹调过程中不散发异味的菜品向消费者展示。例如:对烧烤类、铁板类等菜品展示制作过程,可以促进消费者对餐饮产品的购买。

六、亏损先导推销形式

亏损先导推销和其他促销行为一样,必须对顾客有吸引力,才能发挥其应有的作用。

(一)亏损先导推销的概念

亏损先导推销,是餐厅通过亏损先导产品吸引消费者前来餐厅就餐,借助次级推销效应,增加销售进而增加餐厅赢利的推销手段。前面所提到的餐饮折价促销,也会增加其他餐饮产品的销售,但与亏损先导推销的差别主要在于价格折扣的程度差异,折扣推销时的定价不会低于其成本;而亏损先导产品,是餐厅经过选择将那些价格定得低于成本的、用来做诱饵吸引客人光顾餐厅的产品。“次级推销效应”就是餐饮企业推销一种产品对其他产品销售带来的影响。这一效应是亏损先导推销的基础。

例如:某餐厅为增加客源,向前来就餐的客人免费提供一杯葡萄酒,预计客人会增加一倍,从原先的 200 位增加至 400 位,每位客人的平均消费额为 8 元,增加销售额 1 600 元;再扣除所有成本后,企业的净利润比以前提高了 30%。

(二)亏损先导产品的选择原则

亏损先导推销和其他促销行为一样,必须对顾客有吸引力。因此,需要不断变换和选择新的亏损先导产品是使亏损先导推销不断更新的基础。餐饮市场营销人员必须掌握选择亏损先导产品的原则,才能正确选取用于促销的先导产品。亏损先导产品的选择通常满足以下要求:

(1)备选产品应被消费者广泛喜爱。只有消费者广泛喜爱的产品,才会更有效地激起消费者的消费欲望,产生次级推销效应,带动其他产品的销售。

(2)备选产品应是消费者熟知正常价格的产品。消费者对产品的正常价格一无所知的话,就难以对餐厅推出的亏损定价产生认知,换句话说,消费者无法知道该产品异常实惠。只有消费者熟知正常价格,才能对低价迅速产生反应。

(3)备选产品最好是高价值或消费量大的产品。人们对高价值产品的消费机会较小,容易产生消费欲望。当价格降到成本之下时,顾客便会争相购买,满足长期压抑的消费需要。对消费量大的产品,消费者也能够从中获得较大的实惠,因此也对顾客有较大的吸引力。

(4)备选产品最好与其它餐厅不同。使用与其他餐厅相同的亏损先导产品进行推销,使促销活动失去新颖性,对顾客的吸引力会降低。因此,在激烈的市场竞争中,餐饮市场推销者只有不断更新亏损先导产品,才能在竞争中取胜。

七、其他推销

餐厅还有一些其他的推销方式可以运用。如:

(一)针对儿童的推销活动

儿童是许多家庭外出就餐的决策者,针对他们的推销有以下几点:

(1)提供儿童菜单和儿童份额的餐饮品,多给儿童一些特别的关照。

(2)提供为儿童服务的设施。例如儿童座椅、儿童餐具、围兜,一视同仁地对待小客人。

(3)赠送儿童小礼物,尤其选送他们喜欢的与餐厅宣传密切联系的礼品。

(4)娱乐活动。儿童对新奇好玩的东西较感兴趣,餐厅常在一角设有儿童游戏场,放置一些木马、积木、跷跷板之类的玩具,还有的专门为儿童开设专场木偶戏表演、魔术和小丑表演等,尤其在周末或儿童节日,这是吸引全家用餐的好方法。

(5)儿童生日推销。餐厅可以印制生日菜单进行宣传,并给予一定的优惠。从长远来看,这些小朋友是餐厅的潜在顾客。

(6)抽奖和赠品。常见的做法是给每位小朋友一张动物画,让儿童用蜡笔涂上颜色进行比赛,给获奖者颁发奖品,可以增加儿童的不少乐趣。

(7)赞助儿童事业,树立餐厅形象。餐厅可以给孤儿院等儿童慈善机构进行募捐,设立奖学金,赞助儿童体育、绘画、音乐等比赛,可以吸引新闻焦点,树立餐厅在公众中的形象。

(二)试 吃

有时餐厅想特别推销某一种某肴,可采用让顾客试吃的方法促销。用车将菜肴推到客人的桌边,让客人先品尝一下,如喜欢就请现点,不合口味的再点其他菜肴,这既是一种特别的推销,也体现了良好的服务。大型宴会也常采用试吃的方法来吸引客人,将宴会菜单上的菜肴先请主办人来品尝一下,取得认可。这样可使客人放心,同时也是一种折扣优惠,免费送一桌筵席。

(三)让顾客参与推销

推销只有让顾客自己参与进去才能起到好的效果,也才能成为话题,给客人留下较深的印象。

(四)组织俱乐部进行推销

各种餐厅、酒吧可以吸引不同的俱乐部成员, 酒店是俱乐部活动的理想场所。餐饮部门一方面可以自己组织一些俱乐部,如常客俱乐部,让他们享受一下特别的优惠;另一方面,也可以和当地的一些俱乐部、协会联系,提供场所,供这些协会活动。餐厅通过组织这样的活动,既可吸引更多的客人,也可以扩大自己的影响,成为当地的新闻中心,起到间接的推销作用。

(五)酒瓶挂牌推销

对光顾酒吧的客人,在他品味过或饮剩下的某种美酒酒瓶上挂上写有其“尊姓大名”的牌子,然后将酒瓶陈列在酒柜里,高贵名酒与客人身份相映成辉。当客人再次光临时,必定与亲朋好友结伴而来,各类名酒摆设越多,越有名气。这是充分利用了顾客炫耀心理进行推销的方式之一。

(六)知识性服务

在餐厅里备有报纸、杂志、书籍等以便客人阅读,或者播外语新闻、英文会话等节目,或者将餐厅布置成有图书馆意义的餐厅。

(七)附加服务

如在下午茶服务时,赠送一份蛋糕;扒房给女士送一支鲜花等等。

(八)情调服务

白天是正统的餐厅,晚间则改为俱乐部、酒廊、卡拉OK歌舞厅,具有充分利用场地的优点。

这些推销形式要注意:要有新奇性,不落俗套;要有主题性,能吸引人们的注意,并有一定的影响;要有幽默性,生动活泼。

第六节 产品推销的程序

在长期的餐饮销售过程中,形成了多种多样的推销形式。总结餐饮销售人员的推销程序,主要有以下几个步骤:

一、收集有关信息,发现潜在客人,并加以筛选

餐饮销售人员需要建立各种资料信息的纪录,设立客史档案,注意餐饮市场的动态,随时关注目标市场客人的各项活动,寻找并发现推销的机会。比如一些大型公司和机构的庆祝活动,周年纪念、活动开幕式、年度会议以及大型城市举行的商品交流会、商业洽谈会等大型商业活动。这些会议和活动的主办单位及其经办人都是餐饮人员推销的潜在客人。

通常寻找潜在客人的方法有:

(1)盲目寻找。即通过电话簿、单位名录、企业名录等资料查找。

(2)陌生拜访。即对毫无资料的对象进行拜访,随着销售人员拜访技巧的提升,陌生拜访可以获得大量的客人。

(3)通过各种介绍和推荐获取潜在客人。

二、拜访前的准备和计划

在拜访目标客人之前,餐饮销售人员应该做好销售访问的准备工作,确定本次访问的对象、要达到的目的,并准备本次访问的大纲,同时还要备齐餐饮产品的相关资料,如菜单、宣传手册、照片、图片等。

三、实施客人拜访

实施拜访的过程中,餐饮销售人员应准时到达,注意自己的言谈举止,直截

了当地说明来意，尽量引起对方注意自己的谈话。在谈话的过程中，应利用语言、图片、照片、文字等多种手段着重介绍本餐厅产品和服务项目的特点，针对客人的需求，引发客人对餐饮产品的兴趣。在谈话过程中，要多听和善于倾听客人的意见，以便充分了解客人的想法和要求，有针对性地突出说明本餐饮产品最能满足客人的利益所在。

四、处理客人的异议，解答客人的问题

餐饮销售人员应认真听取客人的异议，并保持自信，让客人直截了当地说明理由，再通过与他们的提问交流，设法让客人在回答问题的过程中自己否定这些理由。在解答客人关于产品和服务的问题时，应耐心细致，努力让客人了解餐饮产品的信息并产生购买欲望。

通常餐饮销售人员遇到的客人异议其处理方式主要有：

(1) 对餐饮产品的细节提出异议。这种异议可能来源于客人自己的消费经验，也可能源于他人。销售人员可在有新的促销活动时，赠送折扣券或邀请客人用餐。

(2)要求更高的折扣。告知客人更高的折扣政策正在评估和争取之中，如在折扣方面不能让客人满意，可以在其他方面搭配赠送，如增加配菜等。

(3) 抱怨服务或菜品不周。这多半来源于客人本人在本餐厅的消费经历，应对措施是将客人抱怨的具体内容记录在该客人的档案中，杜绝再次犯同样的错误。

五、诱导客人完成交易

在访客过程中，应随时注意客人的口气和肢体语言，及时发现客人认同的态度和有购买意图的要求(比如再打点折扣、能否多保留半小时预订等)，看准时机后，利用给客人额外利益、优惠等技巧促使客人完成交易，签订订单。

诱导客人完成交易的模式有三种可供参考：

(1)试探性诱导完成交易。比如使用“需要我帮您查一下订位状况吗？”、“您喜欢坐大厅还是包间”等问话，试探客人的态度。

(2)给予利益选择，诱导完成交易。如果销售人员判定给予利益的选择能诱发客人购买的话，可以在自己的权限范围内，向客人提供可选择的方案。使用的语言如：“如果有100人以上的话，可以有5人免费；若只有80人就只能有两位

免费”、“如果现金结算可以免去10%的服务费”等等。

(3)直接邀约购买完成交易。对已明确购买意向的客人,可以直接邀约购买,比如向客人表示“我现在就帮您预订一下”、“我给您订个包间”等等。

六、跟踪推销

餐饮销售人员和消费者签订了订单后，应该与客人保持联系，采取跟踪措施,达到确认预定的目的。最后如果不能成交,应分析其原因,总结经验,保持向对方推销的机会,以便以后销售活动的继续进行。

复习思考题

1. 简述餐饮产品销售计划的特点及其具体的实施措施。
2. 简述餐饮产品价格的特点及价格制定策略。
3. 简述餐饮销售的控制过程。
4. 简述影响产品推销的因素。
5. 请举例说明餐饮推销的形式和技巧。
6. 试述餐饮产品推销的过程。

主要参考文献

蔡万坤.餐饮管理[M].北京:高等教育出版社,2005.
黄文波,赖剑飞.餐饮业营销[M]. 北京:企业管理出版社,1999 .
姜红.餐饮服务与管理[M].大连:大连理工大学出版社,2006.
李贤政.餐饮服务与管理[M].北京:高等教育出版社,2007.
杨善林.企业管理学[M]. 北京:高等教育出版社,2004 .
于英丽,李丽.餐厅服务技能实训教程[M]. 大连:东北财经大学出版社,2006.
赵承金、赵倩.现代饭店餐饮管理[M]. 大连:东北财经大学出版社,2003 .

第十章 餐饮投诉管理

餐饮投诉是顾客对餐厅所提供的设施、设备及员工的服务等方面表示不满而提出的批评、抱怨或申诉。餐饮部作为一个复杂的整体运作系统,每天面对着形形色色的顾客和千差万别的顾客服务需求。同时,餐饮产品生产和消费的同一性特征往往使服务过程中有许多不可预见的情况发生。因此,无论餐饮经营得多么出色,都不可能百分之百让顾客满意,顾客投诉就不可能完全避免。

本章的学习目的在于使学习者了解顾客投诉的原因及心理需求;熟练掌握投诉的应对措施与技巧。

第一节 正确对待顾客投诉

投诉一方面意味着餐厅所提供的服务没达到顾客的期望、没满足他的需求,另一方面也表示顾客仍旧对餐厅具有期待,希望能改善服务水平。而建立顾客忠诚是现代餐厅维持顾客关系的重要手段, 对于顾客的不满及投诉应采取积极的态度来处理,对于服务等原因所带来的失误进行及时补救,帮助餐厅重新建立信誉,提高顾客满意度,维持顾客的忠诚度。美国营销学界的研究表明:如果顾客对服务非常不满,那么91%不会再回来光顾。但如果他的投诉得到了迅速解决,其中82%还会再回来。妥善地投诉处理可以将顾客流失从90%降低到18%,对于一些不严重的投诉,如能妥善处理则会将顾客流失率降低到5%以下。如此来看,顾客投诉并不是坏事,对餐厅反而是求之不得的好事。

投诉产生后, 关键是服务人员怎样看待顾客的投诉, 采取怎样的态度来面对、解决顾客投诉。如果餐厅对顾客的投诉给予充分地重视,采取积极有效的措施及时补救，就能消除顾客的不满，赢得顾客的好感及信任，这样往往会取得意想不到的效果。

大量的研究资料表明：争取一个新顾客的成本是维持一个老顾客的7～10倍。如果餐厅对顾客投诉的态度及处理方式不当，顾客因不满而离去，真正受损失的还是餐厅。同时，顾客并不轻易投诉，如果投诉的顾客受到不公正的待遇后，把不满留在心里，会拒绝下次光顾，或向其它亲友、同事宣泄，影响餐厅的形象和声誉。因此虽然投诉并不令人愉快，但顾客的投诉可以帮助餐饮管理者发现自身服务及管理的问题与不足，了解自身与市场的差距，使餐厅找到改进和提高服务质量的途径，还为餐厅提供了一个改善顾客关系、将不满意顾客转变为满意顾客的机会。因此，正像珍妮尔在《抱怨是福》一书中写到的那样：顾客的投诉实为对餐饮的一种赠予。

香港新皇都餐厅大型招牌敬告顾客们：凡来本店用餐者，对本店的服务态度、卫生、菜肴、质量等一切感到满意而提不出意见者，加收10%服务费；同样，对餐厅提出宝贵意见者，在基本菜价的基础上奖励10%咨询费，最终使宾客享受到"无缺点服务"，这叫收买投诉。

宾客的满意度，是餐饮服务质量的晴雨表，宾客信息的反馈，是调整餐饮未来经营管理思路的重要依据。所以，餐饮管理者应重视顾客投诉，在宾客意见中寻找新的商机。

投诉产生后最为重要的是怎么正确对待顾客的投诉，采用何种方法来处理投诉。不同的顾客有不同的投诉目的：有的是出于经济上的原因，希望得到经济补偿，这是较为常见的；有的是出于心理上的原因，希望通过投诉来求得心理平衡，满足自己能受到尊重和照顾的心理需求。许多情况下，顾客投诉的目的是综合的，既有经济上的需求，又有心理上的需要。

一、了解投诉的原因

就顾客投诉内容不同，我们总结主要有以下几种类型。

（一）对餐厅某工作人员服务态度的投诉

对餐厅服务员服务态度优劣的辨别评定，虽然根据不同消费经验、不同个性、不同心境的顾客对服务态度的敏感度不同，但评价标准不会有太大差异。尊重需要强烈的顾客往往以服务态度欠佳作为投诉内容，具体表现为：

(1)服务员待客不主动，给顾客以被冷落、怠慢的感受。

(2)服务员待客不热情,表情生硬、呆滞甚至冷淡,言语不亲切。

(3)服务员缺乏修养,动作、语言粗俗、无礼,挖苦、嘲笑、辱骂顾客。

(4)服务员在大庭广众中态度咄咄逼人,使顾客感到难堪。

(5)服务员无根据地乱怀疑顾客行为不轨。

(二)对餐厅某项服务效率低下的投诉

如果说以上投诉是针对具体服务员的，那么以下内容的投诉则往往是针对具体的事件而言的:如餐厅上菜、结账速度太慢,就坐后长时间无人理会或等待太久、算错账等,在这方面进行投诉的顾客有的是急性子,有的是要事在身,有的确因餐厅服务效率低而蒙受经济损失,有的因心境不佳而借题发挥。

(三)对餐厅设施设备的投诉

因餐厅设施设备使用不正常、不配套、服务项目不完善而让顾客感觉不便也是顾客投诉的主要内容,如空调过冷或过热、背景音乐太吵、电器噪音太大等,这也是引起顾客投诉的一个重要原因。

(四)对服务方法欠妥的投诉

因餐厅服务方法欠妥,而对顾客造成伤害,或使顾客蒙受损失。如服务态度不好、服务程序不对、上菜速度没有达到预定的要求、上菜操作不当、餐厅突发事故、在结账中产生疑问等。

(五)对餐厅违约行为的投诉

当顾客发现,餐厅未实践给予优惠的承诺,或某项餐厅接受的委托代办服务未能按要求完成或过时不复等,就会产生被欺骗、被愚弄、不公平的愤怒心情。

(六)对商品质量的投诉

餐厅的食具、食品不洁、变质,菜的味道偏咸、偏淡、不熟、过熟等,烹法不当,怀疑酒水假冒伪劣品等均可能引起投诉。

(七)其他(餐厅方面的原因)

服务员行为不检、违反有关规定:如向顾客索要小费;损坏、遗失顾客物品;

服务员不熟悉业务，一问三不知；顾客对价格有争议；对周围环境、治安保卫工作不满意；对餐饮管理人员的投诉处理有异议等。

引起顾客这些投诉的原因是双方面的，一是餐厅方面，另一方则是顾客自身原因：

餐厅方面的原因主要表现为消费环境、消费餐厅、设施设备未能满足顾客的要求；服务员服务水平低，工作不称职，工作不负责任，岗位责任混乱，经常出现工作过失；缺乏沟通和协作精神，餐饮管理人员督导不力；对顾客尊重程度不够；服务指南、宣传手册内容陈旧、说明不详实等。

顾客方面的原因表现为对餐厅的期望要求较高，一旦现实与期望相去甚远时，会产生失望感；对餐厅宣传内容的理解与餐厅有分歧；个别顾客对餐厅工作过于挑剔等。

谁应对“一连串的不满”负责？

杨女士欲为将要过生日的母亲预订几桌宴席，于是在某酒店的宴会预订处看完菜单后表示很满意，并当即预交了押金，接着便与营销部的小张进行了进一步的接洽。

为了给宴会增添气氛，她提出通过付费的方式请酒店协助对餐厅装饰一下。小张答复客人酒店最多只能帮助提供一条横幅，收费是200元。客人听后觉得酒店的收费过高，而且能够提供的服务项目太少，对酒店较为失望。无奈之下杨女士自己请来了礼仪公司，花了800元将餐厅进行了一番装饰。之后，客人又提出需要在餐厅放置卡拉OK设备，小张说提供设备可以，但提醒客人：酒店的设备可能不太好。事后，小张对设备到底能不能用心里不太踏实，便打电话到工程部确认，谁知工程部回答说，酒店目前只有一台设备可以使用，但已经被另一批客人预订了。因此小张只得又去向客人说明情况，请客人自己从家中带设备过来。到了这种程度，杨女士也只能又一次向酒店做出让步，同意了自带设备的要求。而与此同时，宴会预订处的小孙又向客人提出自带酒水必须在当天15:00前送至酒店。客人虽对此有所不快，但考虑是办喜事，便再一次同意了酒店的这一要求。

最后，杨女士提出宴会后准备以每人50元的标准到歌厅唱歌娱乐一下，可歌厅的主管小刘却说客人消费标准太低，50元的标准只能喝茶，如需唱歌至少每人需要60元的标准。同时告诉客人，酒店的碟片不好，需自带碟片。至此，客人针对一连串的不满，终于忍无可忍，向酒店提出了抗议。

二、顾客投诉的表达方式

当然，我们餐饮服务人员在面对顾客投诉时，一方面要分析顾客投诉的原因，同时也有必要对顾客投诉类型有所了解。顾客投诉时的表达方式一般分为三种：

(一)理智型

这类顾客在投诉时情绪显得比较压抑，他们力图以理智的态度、平和的语气和准确清晰的表达向受理投诉者陈述事件的经过及自己的看法和要求，善于摆道理。这类人的个性处于成人自我状态。

(二)火爆型

这类顾客很难抑制自己的情绪，往往在产生不满的那一刻就高声呼喊，言谈不加修饰，一吐为快，不留余地。动作有力迅捷，对支吾其词、拖拉应付的工作作风深恶痛绝，希望能干脆利落地彻底解决问题。

(三)失望痛心型

这类顾客情绪起伏较大，时而愤怒，时而遗憾，时而厉声质询，时而摇头叹息，对餐厅或事件深深失望，对自己遭受的损失痛心不已是这类顾客的显著特征。这类顾客投诉的内容多是自以为无法忍耐的，或是希望通过投诉能达到某种程度的补偿。

三、投诉顾客的需求心理

从心理学的角度来说，顾客投诉是指消费者因需要未获满足，对为其提供需要的对象进行批评抱怨，要求对消费者自己所感知的精神和物质损失进行赔偿的一种情绪状态和行为。投诉顾客的心理需求主要有以下四种：

(一)求尊重的心理

相当部分顾客之所以向餐厅提出投诉，是因为他们认为没有受到餐饮服务人员的尊重，或尊重得不够，所以提出投诉以维护其尊严。这些一般是有一定社会地位的人士，主要是通过投诉获得其所希望获得的尊重，而对于经济补偿则不大重视。所以，在处理其投诉时要考虑到投诉者的这种心理特征，对其表示出较高的尊重态度。通常，这类顾客一旦心理上感到满足，就会平息怨气，甚至会请求不要惩罚被投诉者。

（二）求发泄的心理

这是另外一些顾客的心理状态。他们会在投诉时喋喋不休，反复述说其不幸遭遇，或态度激动，使用激烈的语言对被投诉者进行指责。他们的主要目的是发泄其不满和怨气。在遇到这种顾客时，可以耐心地倾听其投诉，不要急于安抚，也不必为了澄清真相而打断对方，等投诉者把话讲完后，再给予适当的安慰。

（三）求补偿的心理

还有些投诉者投诉是为了得到一定的补偿，这种补偿可能是物质性的，也可能是精神性的。在处理这种投诉时，要分析其心理，区别对待：如确实造成了顾客的经济损失或精神损失的，可以给予一定的经济补偿和赔礼道歉；如是属于误会，则可婉转解释，以消除误会。也可以向其赠送小礼物，以满足其要求补偿的心理。如有些餐馆规定，若顾客用餐时发现菜品如果存在严重质量问题，则可获得所有餐食免费的补偿。还有许多餐厅，设有专门的免费投诉电话，这些做法可称为“超额”补偿。

（四）关心餐厅发展心理

然而并不是所有的顾客投诉都是为了满足个人的需求，有些顾客投诉是出于对餐厅的关心，他们希望通过投诉引起有关部门的重视，这样既有利于顾客，也有利于餐厅的发展。例如：顾客发现餐饮服务设施不周全，无法满足顾客的需要；发现餐厅服务员的衣着不整洁；发现餐厅提供的电话号码或邮政编码不准确等等。这些因素都可能会导致顾客投诉，针对这些问题顾客都会提出自己的看法与建议。其目的是期望餐饮管理者不要忽视这些“不重要的”“小”问题，因为这些问题会影响到服务性企业的形象与声誉。

第二节 如何应对投诉

不把顾客当回事，投诉升级是必然，这已经成为各行业的社会热点。餐厅在处理顾客投诉的过程中，态度是非常关键的。许多对处理投诉没有经验的人员，认为对顾客说了“对不起”就等于承认责任是自己的。事实上，道歉和承担责任并不是等同的。因此，顾客投诉产生后如何采取应对措施也是非常重要的。

一、对宾客投诉的处理

处理好投诉，首先必须明确一个观念，那就是顾客的价值。

一位顾客的价值，即给服务组织带来收益的多少。西方服务组织对此有两点认识：首先，顾客的价值，远不止一次消费的总额，而体现在顾客终生价值，顾客一生中某项服务消费的总额。其次，顾客的价值还体现在其连带价值上，因为一位顾客至少可以影响10名其他人。所以，失去一位顾客，就相当于失去多位顾客。

在这一认识的指导下，餐厅可明确投诉管理的原则和要点。当服务失败出现后，餐厅应迅速推出补救服务，纠正失误，力争使不满意的顾客重新成为自己的顾客。

（一）做好心理准备

为了正确、轻松地将顾客的投诉处理完，首先应在心理上做准备，要确立"顾客总是对的，顾客是上帝"的信念。一般顾客总是在万不得已的情况下才来投诉的，所以要做到站在顾客的立场，换一个角度去想如果你是顾客，在餐厅遇到了他目前这个问题，你会有什么样的感觉。而且在服务行业都遵循一个原则：即使是顾客有错，也要当他是对的。不要发生对抗，和顾客争个高低，那样不仅于事无补，反而破坏双方的和谐关系。其次，负责对投诉进行处理的员工应了解投诉顾客的三种心态：发泄，要求补偿及希望得到尊重。员工应根据具体情况来进行判断，顾客究竟是属于哪种类型，是出于何种目的来投诉的，然后再区别对待。如果顾客的目的在于发泄或是求得尊重，就要耐着性子听，给顾客发泄的机会，不与顾客争辩，并尽可能地安慰顾客，平息其心中的怒气；有些顾客则是为了求得补偿，虽然他可能一再强调"并非是钱的问题"，对于这类顾客，如没有这样的授权，就要请示上级出面接待处理。

（二）从倾听开始

倾听是解决问题的前提，为了更好的了解顾客所提出的问题，必须认真听取顾客的叙述，使顾客感到餐厅服务人员十分重视他的问题。倾听者要注视顾客，要听他表达的内容，注意他的语调与语气，这有助于你了解顾客语言背后的内在情绪。不时的点头示意，让顾客明白“服务人员在认真听取我的意见”，而且听取顾客意见要不时地说，“我理解，我明白，一定认真处理这件事情。”为了使顾客能逐渐消气息怒，服务人员可以用自己的语言重复顾客的投诉或抱怨内容。在听的过程中，要认真做好记录，所要表达的意思一定不能理解有误，注意捕捉顾客的投诉要点，以做到对顾客需求的准确把握，为下一步对症调解打好基础。

（三）认同顾客的感受

顾客在投诉时会表现出烦恼、失望、泄气、发怒等各种情感，你不应当把这些表现当作是对你个人的不满。特别是当顾客发怒时，你可能心里会想：“凭什么对着我发火？我的态度这么好。”我们要知道愤怒的情感通常都会潜意识中通过一个载体来发泄。因此对于愤怒，顾客仅是把你当成了倾听对象。顾客的情绪是完全有理由的，是理应得到最大的重视和最迅速、合理的解决的。所以让顾客知道你非常理解他的心情，关心他的问题。

餐厅服务人员要让顾客理解，你是非常关心他的光临以及那些服务是否令人满意。如果顾客在谈问题时表示出十分认真，作为餐厅的服务人员就要不时地表示对顾客的同情，如：“我们非常遗憾，非常抱歉地听到此事，我们理解你现在的心情……”假若餐厅对顾客提出的抱怨或投诉事宜负责，或者餐厅将给予一定赔偿，这就要向顾客表示歉意并说：“我们非常抱歉，先生。我们餐厅将对此事负责，感谢你对我们餐厅提出的宝贵意见。”

（四）同意顾客要求并决定采取措施

作为餐厅服务人员，也是餐厅的顾客代表，你要完全理解和明白顾客为什么抱怨和投诉。同时当你决定要采取行动纠正错误，你一定要让顾客知道并同意你采取的处理决定及具体措施内容。如果顾客不知道或不同意你的处理决定，就不要盲目采取行动。你要十分有礼貌的通知顾客你将要采取的措施，并尽可能让顾客同意你的行动计划，这样你才会有机会使顾客的抱怨变为满意，并使顾客产生感激的心情。

（五）感谢顾客的批评指正

一位明智的餐饮管理者经常感谢那些对餐厅服务水平或服务设施水平准确无误提出批评指导意见的顾客，因为这些批评指导意见或抱怨，甚至投诉会协助餐厅提高管理水平和服务质量。假若顾客遇到不满意的服务，他不告诉餐厅，也不做任何投诉，但是他作为光临餐厅的顾客会讲给餐厅以外的其他顾客或朋友，这样就会极大地影响餐厅的未来客源市场，影响了餐厅的声誉。为此，当餐厅遇到顾客的批评、抱怨甚至投诉的时候，不仅要欢迎，而且要感谢。

（六）快速采取行动，补偿顾客投诉损失

耽误时间只能进一步引起顾客不满，此时此刻，时间和效率就是对顾客的最大尊重，也是顾客此时的最大需求，否则就是对顾客的漠视。速度是关键，速度体现了态度，一旦解决问题的时间被拖延，不论结果如何顾客都不会满意，而且拖得越久，处理的代价越高昂。顾客投诉是由于顾客的需求在餐厅得不到满足而引发的。顾客在哪里有困难，哪里就有我们的责任。抚慰措施一定要迅速而有力，态度一定要诚恳和谦恭。调查及流转工作应快速进行，要根据所闻所记，及时弄清事情的来龙去脉，然后做出正确的判断，拟定解决方案，与有关部门取得联系，找出餐饮工作的薄弱环节，把握改进工作的机会。

（七）落实、监督、检查补偿顾客投诉的具体措施

处理顾客投诉并获得良好效果，其最重要的一环便是落实、监督、检查已经采取的纠正措施。首先，要确保改进措施的进展情况；再者，要使服务水准及服务设施均处在最佳状态；最后再用电话问明顾客的满意程度，对待投诉顾客的最高恭维，莫过于对他的关心。许多对餐厅怀有感激之情的顾客，往往是那些因投诉问题得到妥善处理而感到满意的顾客。

投诉顾客的最终满意程度，主要是取决于对他抱怨后的特殊程度和关心程度，另外餐厅所有管理人员和服务员也必须确信：顾客，包括那些投诉的顾客，都是有感情的，也是通情达理的。餐厅的广泛赞誉及其社会名气是来自餐厅本身的诚实、准确、细腻的感情及勤奋服务。

处理顾客投诉，“真诚”二字也非常重要。应理解顾客的心情，同情顾客的处境，努力识别和满足他们的需求，站在顾客的立场上满怀诚意的帮助顾客解决问题。只有这样，才能赢得顾客的信任和好感，才有助于问题的解决，并在此基础上给顾客带来精神上的满足和愉悦，成为忠诚顾客。在受理投诉时，凡是在自己职权范围内能解决的问题，应迅速为顾客解决，并告诉顾客处理意见。对服务工作的失误，应勇于承认错误，立即向顾客致歉，在征得顾客的同意后，做出补偿性的

处理。凡是顾客投诉超出自己权限的，要及时转交上级，并制定相应的投诉处理跟进制度。对暂时不能解决的投诉，要耐心地向顾客解释，取得顾客的谅解。对待顾客的投诉，要推行“一站式”服务，切记不能推委和转移，否则将会引起顾客更大的不满。如果缺乏诚意，即便在技术上做了处理，采取了相应的补偿措施，也不能赢得顾客的好感。

正确对待游客投诉要牢记50条建议

法国菲利普·布洛克等人在《西方企业的服务革命》一书中，提出了处理顾客投诉的50条建议，牢记这50条建议对旅游企业提高和改进服务质量是非常有益的。

1. 对待任何一个新接触的人都要像对待老顾客一个样。
2. 没有无关紧要的或不重要的顾客。
3. 投诉总不是容易辨认清楚的。
4. 没有可以忽视的投诉。
5. 每一份投诉都是一次机遇。
6. 发牢骚的顾客不是在打搅我们，而是在行使其最高权利。
7. 处理投诉的人一定被认为是企业中最重要的人。
8. 迅速判明投诉的实质。
9. 用关键词限定投诉内容。
10. 每当无理投诉出现高峰时，应该设法查明来源。
11. 在采取纠正行动之前，应该及时给投诉者一个礼节性的答复。
12. 要为投诉顾客投诉提供方便。
13. 使用提问调查表以方便对话。
14. 组织并检查答复投诉后的善后安排。
15. 接待不满意的顾客时，要称呼他的姓，握他的手。
16. 处理投诉应该因人制宜。
17. 请保持轻松、友好和自信。
18. 让顾客说话。
19. 要做记录，可能时使用一份印制的表格。
20. 告诉顾客他的问题要由你负责处理，并切实去办理。
21. 要答应采取行动，还要设法使人相信你的许诺。
22. 要证明投诉登记在案后会立即开始行动。
23. 告诉顾客他的投诉是特殊的。
24. 不谈与顾客无关的私事。
25. 防止露出羡慕、烦躁或偏执等情绪。
26. 既要让人说话，又要善于收场。

27. 学会有效发挥电话的作用。
28. 要像对待你的老主顾那样对待新顾客。
29. 决不要在地位高的顾客和棘手的问题面前胆怯。
30. 要核实别人向你传递的消息。
31. 要让别人听你讲话,扯着嗓门叫喊是徒劳的。
32. 复述事实不要带有偏见。
33. 切忌轻率地做出判断。
34. 想一想有否立即答复的可能,问一问顾客希望你做些什么。
35. 别急于在电话中商讨解决问题的方案。
36. 请留下您向顾客所作的任何许诺或保证的书面记录。
37. 如您当时爱莫能助,不妨先宽宽他的心。
38. 在双方交谈时,对方未说完之前,切莫打断。
39. 对话完毕,立即开始行动。
40. 写一份意见书给你作为顾客的某个企业,试探一下别人对待你的方式。
41. 千万别对顾客说:"你应该……"
42. 收到和寄出的一切文书都要注明日期。
43. 要结识那些多次不满意的顾客。
44. 除非万不得已,不用电话答复书面投诉信。
45. 尽快索取你可能需要补充的信息。
46. 若情况允许,可以用幽默的方式致歉。
47. 受过你服务的顾客可能成为你的朋友。
48. 总是由顾客说了算。
49. 用典型模式提高服务速度。
50. 时刻为顾客着想,为顾客工作,如同你是顾客一样。

二、如何减少顾客投诉

餐饮服务部门对顾客投诉问题最明智的选择就是尽量避免投诉的发生。力争为顾客提供完美的服务,使顾客高兴而来、满意而归才是餐饮服务部门追求的目标。这个目标的完全实现,当然可以避免投诉的发生,然而受各种条件制约及一些无法预测因素的影响,顾客对服务产生不满也是不可避免的。当服务工作已经出现了缺陷,已经使顾客产生了不满时,餐饮管理者必须尽一切努力,及时从"功能"和"心理"两个方面去为顾客提供补救性服务,使顾客的不满意变为满意。

(一)未雨绸缪

餐饮服务的对象是人，由于顾客的生活背景、行为方式、性格特点的不同，表现出对服务的需求不同。同时，由于顾客对服务评价的主观性，导致不同的顾客对同样服务的评价各不相同，甚至大相径庭。但不管投诉如何多样、复杂，其原因归纳起来主要集中在以下几个方面：设施、设备问题；服务质量问题；食品及饮料问题；安全状况问题；相应的规定及制度问题。针对这些问题，餐饮可采取以下措施加强服务的预见性、有效地预知顾客的需求，从而有效地预防或减少投诉的发生。

1. 加强服务质量管理

服务质量涉及到整个餐饮系统的各个方面。加强服务质量管理，使员工了解服务质量管理的内容及标准，能更新员工的服务质量观念，增强服务技能，掌握质量管理的方法，提高执行服务质量标准的积极性和主动性，自觉地将“全面服务质量管理”和“零缺陷管理”应用于具体的服务运作当中。良好的服务质量管理，有助于管理者和员工正确、全面地理解餐饮服务质量的本质、内涵和内在联系，树立现代服务意识与质量观念，明确服务质量管理的目标。在工作中，员工就会通过顾客的言行举止、表情变化，敏锐地捕捉到顾客的需求信息，及时准确地做出判断，不断地发现问题、解决问题，真正起到防微杜渐的作用，使各种可能的投诉消除在萌芽状态。

2. 提高员工的素质

投诉处理是餐饮一种特殊的对客服务项目，它经常处于矛盾的焦点。现在餐厅的顾客大多层次高、法律维权意识强，如果餐饮员工不能与之匹配，不仅会增加顾客投诉，更难以使投诉得到满意的处理，甚至会陷入难堪的境地。因此，要求餐饮员工，特别是经常受理顾客投诉的员工，除了要有良好的思想品质、熟练的业务知识、微笑的服务态度外，更需要有良好的心理承受力、较强的社交能力、与相关部门的协调能力、运用法律知识分析和解决问题的能力，及前瞻性的洞察力。另外，高素质的员工所具有的积极主动为顾客服务的责任心和执着的敬业精神，使他们对餐饮赖以生存的顾客和自己赖以谋生和发展的企业，始终抱以恭敬之心、感恩之情，并把这种感恩之情融入对客服务中，主动地将为顾客提供优质服务变为自觉行动。通过他们细心地观察，了解并掌握顾客的物质和心理需求，及时察觉顾客的不满并采取相应的措施，不断地改善对客服务，用符合顾客需要的服务来提高其满意程度,可有效地减少顾客投诉。

3. 加强店客沟通,创建良好的顾客关系

沟通对餐厅的运作至关重要。良好的店客沟通,能传递餐饮专业化及积极主动的形象。保持餐厅与顾客的良好关系,将直接影响到顾客对餐饮服务质量的肯定与评价。经常性地沟通还能了解顾客的看法和建议,从顾客细微的情绪与行为变化中揣摩顾客的感受,化解顾客的误解,降低因服务不到位而引起的顾客不满,避免因顾客不满得不到及时处理所造成的负面影响扩散。

4. 建立顾客档案

建立顾客档案有助于餐厅掌握顾客的需求特点,了解顾客的偏好,是餐厅提供个性化服务、改进服务质量不可缺少的依据。建立顾客档案能预知顾客的需求,有助于餐厅做好有针对性的促销和服务工作,有利于与顾客建立良好、稳定的关系,便于餐饮把服务做在"顾客开口之前",能最大限度地培养忠诚顾客,减少顾客的不满。

(二)抱怨是福

美国营销专家珍妮尔·巴诺在他的著作《抱怨是福》中写到:"当顾客对服务不满时,他们有两种选择:一是他们可以说点儿什么,二是一走了之。如果他们一走了之,就等于根本不给企业消除他们不满的机会。提起投诉的顾客仍在和我们沟通,在给我们机会让我们的服务回到令人满意的状态,顾客也更有可能再次光顾本企业。所以,尽管我们不愿听逆耳之言,但顾客的抱怨实为一种赠予。"

当餐厅的服务很差时,顾客的反映是到处散布他们的感受。一项由美国"技术支持研究计划"所做的研究发现:当顾客有了一次愉悦的体验时,他们会把这种体验转告 5 个人;如果他们有了一次糟糕的体验,他们平均会把这种体验转告给 10 个人,而每 5 个不满的顾客中就有 1 个会对 20 个人诉说。

顾客往往是不轻易投诉的,研究表明:每四次服务交易就有一次顾客不满,但只有 5%的人可能去投诉,而其它人则会选择其它组织。

(三)有则改之,无则加勉

处理顾客投诉时要有心理准备,即使顾客怒气冲冲而来,或是使用过激的语言及行为,也一定要在冷静的状态下同顾客沟通。虽然顾客并不总是正确的,但把"正确"让给顾客往往是必要的,也是值得的。因为有的时候,对一个未有充分理由的投诉者给予适当的补偿,不仅可以挽留一个顾客,而且还可能赢得一个新的顾客群。我们必须清楚地认识到:顾客不是我们争论斗智的对象,我们永远不会赢得争辩,即使把“理”争回来了,可能就失去了这个顾客。同时,也不要试图说服顾客,因为任何解释都隐含着“顾客错了”的意思。态度鲜明地接受顾客的投诉,能使顾客的心理得到满足、尽快地把情绪稳定下来,显示餐厅对顾客的尊重和对投诉的重视,有助于问题的解决。

(四)迅速行动

迅速行动不仅可以表达餐厅对顾客的重视,同时可以减少顾客在等待中支出的时间成本和因等待产生的不满。投诉实际是一次使不满意的顾客重新评价服务质量的有效机会。如果投诉处理得恰当、及时,不仅能重新建立因对服务质量不满意而导致的受损的顾客关系,还能使顾客更加体验到餐厅对顾客的诚意,增加其对餐厅的满意度和忠诚度。研究表明:如果能当场为顾客解决问题,95%的顾客以后还会再来购买;如果拖到事后再解决,处理好则会有 70%的顾客再次光顾;若餐厅对顾客投诉反应时间超过四周或更长,顾客的满意程度会降低一半以上。因此,迅速、及时处理顾客投诉是消除顾客不满、赢得顾客的重要保证。

三、处理投诉过程中服务人员应端正心态

在处理客人的投诉过程中,服务人员的心态应该端正,这样才能处理好相应的投诉。

(一)坚持“宾客至上”的服务宗旨

对顾客投诉持欢迎态度,不与顾客争吵,不为自己辩护。接待投诉顾客,受理投诉,处理投诉,这本身就是餐厅的服务项目之一。如果说顾客投诉的原因总是与服务质量有关的话,那么,此时此刻代表餐厅受理投诉的管理人员真诚地听取顾客的意见,表现出愿为顾客排忧解难的诚意,对失望痛心者宽严安慰,深表同情;对脾气火爆者豁达礼让、理解为怀,争取完满解决问题,这本身就是餐厅正常服务质量的展现。如果说投诉顾客都希望获得补偿的话,那么,在投诉过程中对方能以最佳的服务态度对待自己,这对通情达理的顾客来说,也算得上是某种程度的补偿。

(二)处理投诉要注意兼顾顾客和餐厅双方的利益

服务人员在处理投诉时,身兼两种角色:首先,他是餐厅的代表,代表餐厅受理投诉。因此,他不可能不考虑餐厅的利益。但是,只要他受理了宾客的投诉,只要他仍然在此岗位工作,他也就同时成为了顾客的代表,既是代表餐厅同时也是代表顾客去调查事件的真相,给顾客以合理的解释,为顾客追讨损失赔偿。顾客直接向餐厅投诉,这种行为反映了顾客相信餐厅能公正妥善解决当前问题。为回报顾客的信任,以实际行动鼓励这种"要投诉就在餐厅投诉"的行为,服务人员必须以不偏不倚的态度,公正地处理投诉。

这个钱包该不该赔?

在某餐饮的峡秀厅里,新世纪的第一个婚宴正在这里举行。该店的值班周经理早上一接班就来过这个餐厅,叮嘱餐厅主管注意菜品质量和服务质量,保证婚宴喜庆顺利。可是刚刚过了 12 点,餐厅就来电话找周经理:婚宴顾客的钱包丢了,包里有 3000 多元现金。

周经理闻讯后,马上赶了过去。事情的经过是这样的:原来婚宴中的欢乐高潮迭起,一对前来贺喜的小夫妻也被气氛感染,那女的按捺不住激动,把装着钱的小包交给丈夫看管,也上台凑热闹去了。谁知,这丈夫也是一个喜欢凑热闹的人,也将包扔在椅上不管,上台逗乐去了。可没过几分钟,他下台来后,才想起夫人交给他的包。他四下一瞧就傻了眼:包不见了。于是,就找到餐厅投诉,坚持要酒店赔偿。餐厅主管劝解不了,只好找到值班经理。

周经理首先听顾客介绍了一下,就对情况有了大致了解。他问:"您的包刚才放在什么地方?""放在椅子上。""旁边有什么人?您认识吗?""旁边有一男青年,我不认识。当时,我们几个都上台敬酒去了,这桌好像只剩一两个人。""您回座后,男青年在吗?""刚坐时未注意,找包时才发觉那青年不见了。""先生,您认为这包会是谁'拿'走的呢?""肯定是那男青年,当时我们以为都是新娘新郎的什么亲戚或朋友,也没问姓名,更没有怀疑和警惕。""那既然是这样,我们只能向派出所报案了。"那先生一听,就恼了:"报案?那你们酒店就没责任了?我要求你们赔偿。"为了不影响婚宴的喜庆气氛,周经理将顾客请到另一间房里去协商。

周经理说:"你们到我们这里用餐,发生了这种不愉快的事情,我们也深感遗憾和歉意。当然,我们也对顾客的财产安全有一定的责任。但这包是你们自行随身保管的物品,你夫人也委托你看好。而且你也承认,这包是外人拿走,是一起来用餐的'顾客'所为,不是我们酒店的工作人员拿的,我们酒店自身也没有违法。我们开婚宴也没有什么过错,和你丢包不存在必然的联系。"青年夫妇听了这一席话,只好同意向派出所报案。

复习思考题

1. 简述顾客投诉的原因及心理需求。

2. 简述投诉的处理过程与技巧。

主要参考文献：

蔡万坤.餐饮管理[M].北京：高等教育出版社，2002.

程新造，王文慧.星级饭店餐饮服务案例选析[M].北京：旅游教育出版社，2005.

李昕，李晴.旅游心理学基础[M].北京：清华大学出版社，2006.

千高原.餐馆经营金点子[M].北京：中国纺织出版社，2003.

徐文苑，贺湘辉，章建辉.酒店餐饮管理实务[M].广东：广东经济出版社，2005.